भ्रष्टाचार का कड़वा सच

भ्रष्टाचार का कड़वा सच

शान्ता कुमार

प्रभात प्रकाशन, दिल्ली
ISO 9001:2008 प्रकाशक

प्रकाशक • **प्रभात प्रकाशन**
1/19 आसफ अली रोड,
नई दिल्ली–110002

संस्करण • 2015
मूल्य • तीन सौ रुपए
मुद्रक • नरुला प्रिंटर्स, दिल्ली

BHRASHTACHAAR KA KADVA SACH *by* Shankta Kumar
Published by Prabhat Prakashan, 4/19 Asaf Ali Road, New Delhi-2
e-mail: prabhatbooks@gmail.com ISBN 978-93-5048-059-5
Rs. 300.00

मेरी बात

'भ्रष्टाचार का कड़वा सच' में उन सामयिक लेखों का संकलन है, जो गत तीन वर्षों में विभिन्न पत्र-पत्रिकाओं में प्रकाशित हुए हैं। देश के समक्ष इतनी अधिक ज्वलंत समस्याएँ है कि यदि एक भी समस्या को लेकर चिंतन-मनन किया जाए तो ढेरों ग्रंथ लिखे जा सकते हैं।

मैं मूलतः लेखक हूँ। राजनीति में मेरा प्रवेश संयोगवश रहा है। मुझे याद है, गाँव के स्कूल से दसवीं की परीक्षा पास करने के बाद जब रोजी-रोटी की तलाश में घर से बाहर कदम रखा तो देश का गौरवमयी इतिहास, राष्ट्र प्रेम और बलिदान की सैकड़ों गाथाओं ने जीवन की दिशा खुद-ब-खुद निर्धारित कर दी। राष्ट्रीय स्वयं-सेवक संघ के प्रचारक के रूप में उन्नीस वर्ष की उम्र में मैंने देश सेवा का निर्णय लिया। तब राजनीति सत्ता भोगने का साधन नहीं थी। निस्वार्थ देश सेवा एकमात्र ध्येय था। देश गुलामी की मानसिकता से उबरा नहीं था। सच भी था, सैकड़ों वर्ष राजे-रजवाड़े और उसके बाद अंग्रेजों ने देश का आर्थिक, सामाजिक और सांस्कृतिक शोषण इस कदर कर रखा था कि आम आदमी की सोच कुंद होकर रह गई थी। आजादी और अभिव्यक्ति तो बहुत दूर की बात थी। इस धुँधलके से देशवासियों को बाहर निकालने के लिए जिन महान् विभूतियों ने अपना सर्वस्व देश के प्रति अर्पित किया, उनके प्रति हम आज भी कृतज्ञ हैं।

देश आजाद तो हो गया, लेकिन देशवासियों की आकांक्षाओं के अनुरूप राजनैतिक व्यवस्था आगे नहीं बढ़ पाई। परिणामतः आर्थिक व्यवस्था चरमराने लगी। आर्थिक उदारीकरण के साथ ही देश में भ्रष्टाचार का बोलबाला होने लगा और दो दशकों में हालत इतनी बदतर हो गई कि पूरे-का-पूरा तंत्र भ्रष्टाचार के मकड़जाल में फँसता गया। परिणामतः आम आदमी की मुश्किलें दिन-प्रतिदिन

बढ़ती गईं। गरीबी, भुखमरी, बेबसी और लाचारी हर देशवासी को परेशान करने लगी। जाहिर है, ऐसी स्थिति में जागरूक नागरिक के लिए खामोश बैठना संभव नहीं था। अत: खुद-ब-खुद विचार कलमबद्ध होते रहे।

इतना ही नहीं, सामाजिक मुद्दों पर जब कभी देश उद्वेलित हुआ, मैंने बिना किसी राजनैतिक प्रतिबद्धता के प्रयास किया कि मैं इन मुद्दों पर स्वस्थ, स्वच्छ और पारदर्शी विचार पाठकों तक पहुँचा पाऊँ। इस प्रयास में मैं कितना सफल हो पाया, इसका मूल्यांकन पाठक इन लेखों को पढ़कर स्वयं करेंगे।

देश की अर्थव्यवस्था को प्रभावित करनेवाला सबसे अहम मुद्दा विदेशों में जमा काले धन का है। इस विषय पर स्वाध्याय के बाद मैंने महसूस किया कि बेईमान लोगों द्वारा पिछले 60 वर्षों में जितना धन स्विस बैंकों में जमा कराया गया है, यदि वह सारा धन भारत वापिस लाया जाए तो देश का कायाकल्प हो सकता है। पिछले वर्ष संयुक्त राष्ट्र की सामान्य सभा में भारतीय संसदीय दल के सदस्य के रूप में जब मैं न्यूयॉर्क गया था, मुझसे पहले स्विस प्रतिनिधि ने असेंबली को संबोधित किया। स्विस प्रतिनिधि मिथाई बैचमैन ने अपने संबोधन में इस अवैध धन को 'चुराई हुई संपत्ति' का दर्जा दिया था। बैचमैन ने तो यह भी स्पष्ट कर दिया था कि स्विस सरकार यह अवैध धन वापिस लौटाने के लिए सदा तैयार है, लेकिन यह धन वापिस प्राप्त करने के लिए संबंधित देश की प्रबल इच्छाशक्ति होनी चाहिए। स्विस प्रतिनिधि का भाषण सुनने के बाद मुझे लगा कि हमारे देश में विदेशों में जमा काले धन को लेकर जो भ्रम फैलाया गया है, वह निराधार है और देशवासियों को सही स्थिति से अवगत कराना जननेताओं का कर्तव्य है। मैंने इस विषय में स्विस बैंक खातों के संबंध में अपने लेखों के माध्यम से जो योगदान संभव हो पाया है, दिया है। मुझे आशा है मेरा प्रयास अवश्य पाठकों द्वारा सराहा जाएगा। तीन वर्षों के लंबे अंतराल में अलग-अलग समय पर विभिन्न विषयों पर लिखे इन लेखों में पाठकों को कहीं-कहीं पुनरावृत्ति दिखेगी, जो स्वाभाविक है।

राजनीति में रहकर मुझे विभिन्न पदों पर कार्य करने का अवसर मिला। इन पदों पर रहकर जो मुझसे संभव हो सका, किया, परंतु बहुत कुछ अभी शेष है। मैं मूलत: कलम का सिपाही हूँ। देश की हर ज्वलंत समस्या ने मुझे उद्वेलित किया है, प्रेरित किया है, और इन विषयों पर मैं लगातार लिखता रहा हूँ। अलग-अलग समय पर विभिन्न विषयों पर लिखे गए ये लेख पाठकों ने सराहे भी हैं। इससे पूर्व भी मेरे लेखों के दो संग्रह प्रकाशित हो चुके हैं। इस क्रम में हिंदी जगत् को यह मेरा तीसरा संग्रह समर्पित है।

देश में भ्रष्टाचार के संबंध में एक प्रबल बहस चल रही है, जनभावनाएँ उमड़ रही हैं, इसलिए कुछ दिन पूर्व ही मित्रों ने आग्रह किया कि इन लेखों को पुस्तकाकार में शीघ्र प्रकाशित किया जाना चाहिए। इस काम को सुचारू रूप में अति अल्प समय में संपन्न कराने का श्रेय स्नेही सुशील राजेश को है। उनके इस श्रम–साध्य प्रयास के लिए मैं आभार प्रकट करता हूँ!

सार्वजनिक जीवन की व्यस्तता में इतना सब सीखने के लिए मेरी धर्मपत्नी संतोष व पूरे परिवार का सहयोग भी मेरा सौभाग्य रहा है।

मेरा यह सौभाग्य है कि मुझे राजनीति का और निर्वाचन संस्था में कार्य करने का व्यापक अनुभव प्राप्त हुआ है। कश्मीर आंदोलन के दौरान जेल से राजनीति का सफर शुरू हुआ, जो आज तक चल रहा है। 1963 में अपने गाँव में पंचायत का पंच बना, फिर पंचायत समिति और जिला परिषद् का अध्यक्ष बना। विधायक, मुख्यमंत्री और लोकसभा सदस्य के बाद केंद्र में मंत्री भी बना, और फिर अब राज्यसभा का सदस्य। भारत की प्रत्येक निर्वाचित संस्था में कार्य करने का सौभाग्य मिला। पिछले वर्ष अक्तूबर में विश्व की सबसे बड़ी संसद् राष्ट्रसंघ में भी मुझे बोलने का अवसर मिला। मेरा समस्त अनुभव इन सब लेखों में समाहित है। आशा है, पाठक इन्हें पढ़कर आनंदित होंगे।

—शान्ता कुमार

यामिनी परिसर
पालमपुर (हि.प्र.)

अनुक्रमणिका

भ्रष्टाचार का कड़वा सच

'वह' अकेला नहीं था

राजीव गांधी ने प्रधानमंत्री बनने के बाद कहा था कि दिल्ली से गाँव के लिए जो एक रुपए चलता है, उसमें से केवल पंद्रह पैसे गाँव में पहुँचते हैं। अब राहुल गांधी ने कहा है कि दिल्ली से चलने वाले एक रुपए में से केवल पाँच पैसे ही गाँव तक पहुँच पाते हैं। राजीव गांधी ने प्रधानमंत्री होते हुए भी यह नहीं बताया था कि 85 पैसे कहाँ चले जाते हैं। यह भी नहीं बताया था कि उन 85 पैसे को बीच में ही खानेवालों को सरकार आज दिन तक क्यों नहीं पकड़ पाई।

देश के धन को लूटनेवालों को पहचानना अब कठिन नहीं है। एक छोटे से प्रदेश झारखंड में केवल 23 महीने मुख्यमंत्री रहनेवाला बिलकुल अनुभवहीन, गाँव के गरीब घर से आया हुआ मधु कोड़ा यदि चार हजार करोड़ रुपए का घोटाला कर सकता है तो इस देश की लूट का अनुमान लगाया जा सकता है। कुछ चालाक व बेईमान नेता वर्षों से पदों पर बैठे हैं, अधिक अनुभवी है। उनके छोटे-बड़े राजनैतिक दल भी हैं। उन सबने इस देश को इतना अधिक लूटा है जितना इतिहास में बताए लुटेरों चँगेज खाँ, गौरी, गजनवी और अंग्रेजों ने भी नहीं लूटा होगा।

इस लूट का एक हिस्सा स्विट्जरलैंड के बैंकों में गुप्त खातों में जमा है। केवल वही 64 लाख करोड़ रुपया है। पूरे भारत का एक साल का पूरा बजट केवल 10 लाख करोड़ रुपए का होता है।

यह बात बिलकुल समझ नहीं आती कि एक मुख्यमंत्री 23 महीने इस प्रकार की लूट कैसे करता रहा! हिसाब लगाएँ तो प्रतिदिन 3 करोड़ रुपए लूटता रहा। उस लूट का पैसा उसने हवाला के द्वारा विदेशों में भेजा। प्रदेश की बहुमूल्य खदानों को बहुत अधिक दलाली लेकर इधर-से-उधर नीलाम किया। जाली कंपनियाँ बनाईं, उनके नाम से करोड़ों रुपए इधर-से-उधर भेजे। विदेशी कंपनियों में धन लगाया।

देश-विदेश में संपत्तियाँ खरीदीं। उसके साथ इस काम में कुछ और लोग भी मिले हुए थे। इतना सबकुछ होता रहा परंतु किसी को कुछ पता नहीं चला। राजस्व विभाग का अपना सतर्कता विभाग होता है। पुलिस का एक अलग सतर्कता विभाग होता है। 50 लाख रुपए से ऊपर के लेन-देन पर बैंक नजर रखते हैं। रिजर्व बैंक ऑफ इंडिया बड़े-बड़े लेन-देन पर कड़ी निगरानी रखता है। पूरी सरकार के सतर्कता विभाग 23 महीने क्या करते रहे?

प्रदेश में इतनी बड़ी नौकरशाही के साथ-साथ विधायक, मंत्री और राजनैतिक दल भी थे। उन्हें भी इतने बड़े घोटाले का पता क्यों नहीं लगा?

मधुकोड़ा और उसके कुछ साथियों पर तो काररवाई हो रही है परंतु जिन लोगों ने अनुचित काम करवाने के लिए करोड़ों रुपए की रिश्वत दी, उन्हें पकड़ा नहीं जा रहा है।

इस सबसे एक ही निष्कर्ष निकलता है कि कुछ लोग तो इस घोटाले में मधुकोड़ा के साथ थे। अकेला मधुकोड़ा यह सब नहीं कर सकता था। बहुत से लोगों को पता था परंतु वे खामोश तमाशाई बने रहे। यह देश का दुर्भाग्य है। बहुत से लोगों ने भ्रष्टाचार से समझौता कर लिया है। वे या तो स्वयं उसमें शामिल हो जाते हैं या फिर चुपचाप देखते रहते हैं और यह सब होने देते हैं। यह चुप रहनेवाले लोग भी भ्रष्टाचार करनेवालों से कम दोषी नहीं हैं। इनके व्यवहार से ही अपराध करनेवालों को सहायता मिलती है। दुर्भाग्य से यह प्रवृत्ति लगातार बढ़ती जा रही है। 'सब होता है, सब चलता है, हम क्या कर सकते हैं, जो करेगा वह भरेगा'—इस प्रकार की बातें करनेवाले बहुत से लोग हो गए हैं।

हिंदी के प्रसिद्ध कवि दिनकर ने ऐसे लोगों के संबंध में बड़ी रोचक टिप्पणी की थी। उन्होंने एक कविता में इन तटस्थ रहनेवाले लोगों को अपराधी कहा है। उनकी कविता की पंक्तियाँ हैं—

समर शेष है नहीं पाप का भागी केवल व्याध
जो तटस्थ हैं समय लिखेगा उनका भी अपराध।

यह संभव ही नहीं है कि मुख्यमंत्री मधुकोड़ा द्वारा किए जा रहे इतने बड़े घोटाले का पता सरकारी विभागों, सी.आई.डी. तथा अन्य सतर्कता विभागों को न लगे। निष्कर्ष एक ही है कि पूरी व्यवस्था भ्रष्ट और अकुशल हो गई है।

इस संबंध में मुझे अंग्रेजी के एक लेखक जेफरी आर्चर की कहानी याद आ रही है। कहानी रोचक है और भारत के आज के संदर्भ में बिलकुल ठीक उतरती

है। नाइजीरिया में नया प्रधानमंत्री चुना गया। उसने पत्रकार–वार्त्ता करके भ्रष्टाचार को समाप्त करने की घोषणा की। किसी भी अखबार ने कुछ नहीं छापा। पूछा गया तो कहा कि पिछले प्रधानमंत्री भी ऐसी घोषणा करते रहे परंतु हुआ कुछ नहीं। इसलिए कुछ नहीं छापा। नए प्रधानमंत्री ने योजना बनाई। भ्रष्टाचार को जड़ से उखाड़ने के लिए सभी विभागों ने बहुत कुछ करना शुरू कर दिया। उसे लगा कि बहुत से बेईमान लोगों के स्विट्जरलैंड के बैंकों में गुप्त खातों में धन रखा है। उसने सारी औपचारिकताएँ पूरी कीं। स्वयं स्विट्जरलैंड गया। अनुमति ली और सबसे बड़े बैंक के प्रबंधक को होटल के कमरे में बुलाया और उसे कहा कि नाइजीरिया के उन सब लोगों के नाम बताएँ, जिनका गुप्त खातों में धन जमा है। प्रबंधक ने मना किया और कहा कि नियम के अनुसार गुप्त खाते के नाम बताने का अधिकार उसे नहीं है। बार–बार पूछा, पर यही उत्तर मिला। अंत में उसने अपने सूटकेस से पिस्तौल निकाली और उसके माथे पर रख दी, तब कहा कि बताओ नहीं तो मैं तुम्हें गोली मार दूँगा। प्रबंधक घबराया पर नाम बताने से हिचकचाता रहा। प्रधानमंत्री ने एक–दो कहा, फिर भी प्रबंधक नहीं बोला तब उसने पिस्तौल बंद करके रख ली और कहा कि अब मुझे पूरा भरोसा हो गया। पास पड़े संदूक में मेरा धन है, इसे आप अपने बैंक में गुप्त खाते में रख लीजिए। भारत का भी यही हाल लगता है। ईमानदारी का दावा करनेवाले दिखावे के लिए पिस्तौल घुमाते फिर रहे हैं। उनके अपने सूटकेस अवैध धन से भरे पड़े हैं।

भ्रष्टाचार आज एक कैंसर की तरह पूरे भारत को खोखला कर रहा है। इसी के कारण गरीबी बढ़ रही है। गरीब और अमीर के बीच की खाई और अधिक गहरी होती जा रही है। अपराध बढ़ रहे हैं, नक्सलवाद और माओवाद बढ़ रहा है। इससे भी बड़ा दुर्भाग्य यह है कि इसे समाप्त करने के लिए देश गंभीरता से बिलकुल नहीं सोच रहा है।

कुछ समय पहले अफीम के नशे में रहनेवाला चीन आज कहाँ पहुँच गया। चीन अमेरिका के मुकाबले एक महाशक्ति बन रहा है। रूस के विघटन के बाद विश्व एकध्रुवीय हो गया था, पर अब अमेरिका के मुकाबले चीन एक नए ध्रुव के रूप में उभर आया है। अपने देश के हित के लिए उसने साम्यवाद का रास्ता भी त्याग दिया। आज चीन में भ्रष्टाचार की सजा फाँसी है और भारत में भ्रष्टाचार करने वालों को इनाम दिया जाता है। देश में बढ़ते हुए भ्रष्टाचार के लिए जनता भी कम दोषी नहीं। जनता जानती है, कौन क्या कर रहा है; देखते–देखते कैसे अमीर हो रहा है। इसके बाद भी ऐसे लोगों को जनसमर्थन मिलता है। वे चुनाव जीतते हैं और

सत्ता पर बैठकर फिर से वही काम करने लगते हैं। दुर्भाग्य यह है कि ऐसे लोगों को न भगवान् का डर है, न कानून का और न ही जनता का।

मधुकोड़ा के घोटाले ने भ्रष्टाचार के इस चित्र को पूरी तरह से उघाड़कर जनता के सामने रखा है। ऐसे मधुकोड़ा सब जगह हैं। कभी-कभी कोई एक पकड़ा जाता है। कानून की लंबी औपचारिकताओं में सारा मामला उलझता रहता है। लोग भूल जाते हैं। आज तक भारत में किसी बड़े नेता को सजा नहीं हुई। कितने नेता पकड़े गए। उनकी देश-विदेश की संपत्तियों का हिसाब लगाया गया। खबरें छपती रहीं। फिर वही हुआ जो होता रहा है। वास्तव में सभी बेईमानों की एक पार्टी है और उस पार्टी का नारा है 'तुम मुझे बचाना, हम तुम्हें बचाएँगे'। अधिकतर जाँच दिखावा बनकर रह जाती है।

भ्रष्टाचार के मामले में देश के नेता अधिक बदनाम हो गए हैं। मुझे उनसे कोई हमदर्दी नहीं है। पूरे देश की नौकरशाही नेताओं से भी अधिक भ्रष्ट है। उनके बिना कोई नेता भ्रष्टाचार नहीं कर सकता। मधुकोड़ा के मामले में उन अधिकारियों को नहीं पकड़ा जा रहा है जो यह सब करवाते रहे या होने देते रहे। केवल मधुकोड़ा और उसके दो साथियों को ही निशाना बनाया जा रहा है। शायद जाँच अधिकारी अन्य अधिकारियों के लिए सहानुभूति रखते हों! किसी को भी क्षमा नहीं किया जाना चाहिए। हैरानी यह है कि उन सतर्कता ऐंजसियों को क्यों नहीं पकड़ा जा रहा है, जिन्होंने जान-बूझकर यह अपराध होने दिया! पूरा सरकारी तंत्र दोषी है। मधुकोड़ा प्रतिदिन लगभग 3 करोड़ रुपए का घोटाला करता रहा। मुख्यमंत्री के रूप में उसने क्या काम किया होगा और कब किया गया?

बहुत से उद्योगपतियों ने उसे धन दिया। गलत काम करवाए। उन्हें क्यों नहीं पकड़ा जा रहा? उसने एक ही दिन में इस प्रकार की 64 फाइलों को स्वीकृति दी। उनके फैसलों को तुरंत रद्द क्यों नहीं किया जाता?

इतना सब होने पर विपक्ष भी क्यों चुप रहा? मुझे तो भाजपा पर भी अफसोस है। ऐसे भ्रष्टाचार के विरुद्ध एक प्रबल जनांदोलन किया जाना चाहिए था।

भ्रष्टाचार के प्रति अति कठोर कदम उठाने की आवश्यकता है। रत्ती भर भी सहन न करने की नीति अपनानी होगी। सार्वजनिक जीवन के भ्रष्टाचार के मामलों के लिए अलग विशेष अदालतें बनें। केवल 6 मास में फैसला हो और दोषी अपराधियों की सजा बढ़ाई जाए। इतना ही नहीं, आरोप सिद्ध होने पर भ्रष्टाचारियों की संपत्ति जब्त की जाए। भ्रष्टाचार को होने देना भी अपराध माना जाए। दस हजार करोड़ रुपए का चारा घोटाला वर्षों से चल रहा है। पचास से ऊपर सरकारी

कर्मचारियों को सजा हो चुकी है, पर उसके मुखिया नेता अभी भी चमक रहे हैं। भ्रष्टाचार एक राष्ट्रीय अपराध है। उसमें राजनीति नहीं आनी चाहिए। सी.बी.आई. एक स्वायत्त शक्तिसंपन्न संगठन के रूप में गठित की जानी चाहिए। कांग्रेस को जब राजनैतिक आवश्यकता होती है तो मायावती को क्लीन चिट मिल जाती है—जब जरूरत नहीं होती तो जाँच शुरू हो जाती है! भ्रष्टाचार को अब और अधिक सहना इतना बड़ा अपराध होगा जिसे आनेवाली पीढ़ियाँ कभी क्षमा नहीं करेंगी। □

हो गई है पीर पर्वत सी पिघलनी चाहिए

आज भ्रष्टाचार से मुक्ति प्राप्त करने के लिए पूरा देश छटपटा रहा है। जहाँ भी आशा की कोई किरण दिखती है, वहाँ प्रबल समर्थन खड़ा हो जाता है। सबसे मुख्य समस्या यह है कि बहुत से लोगों ने भ्रष्टाचार से समझौता कर लिया है परंतु उससे भी अधिक आत्मघाती समस्या यह है कि कई बार प्रशासन का पूरा तंत्र भ्रष्टचार को छिपाने, दबाने और संरक्षण देने में लगा हुआ दिखाई देता है।

आज से छह वर्ष पूर्व एक आबकारी निरीक्षक के बेटे और घोड़े के व्यापारी हसन अली पर सरकार को संदेह हुआ। स्विट्‌जरलैंड के एक बैंक से मिला एक संदेश सरकार के किसी विभाग के हाथ लग गया। उस पर छापे पड़े। एक लाख 34 हजार करोड़ रुपए के कई विदेशी बैंक खातों का पता चला। कुछ ही दिन के बाद सारे मामले पर खामोशी छाने लगी। फिर शोर मचा तो इसे केवल कर-चोरी का मामला बनाकर 50 हजार करोड़ रुपए टैक्स जमा करने का नोटिस दिया गया। किसी ने उससे यह नहीं पूछा कि एक लाख 34 हजार करोड़ रुपए उसने कहाँ से और कैसे कमाए तथा विदेशी बैंकों में कैसे भेजे! बड़ी चतुराई से एक संगीन अपराध को साधारण कर-चोरी का मामला बना दिया गया। आज तक इस संगीन अपराध को कर-चोरी का मामला बनाने का घोर अपराध करनेवालों से कोई नहीं पूछ रहा है।

एक पत्रकार सम्मेलन में वित्तमंत्री ने कहा कि हसन अली को नोटिस दिया था और उसने पैसे जमा करा दिए हैं। कुछ ही दिन के बाद एक वित्तीय विशेषज्ञ ने बजट के तथ्य सामने रखे और यह सिद्ध कर दिया कि उसे नोटिस तो दिया गया परंतु धन की वसूली अभी नहीं हुई है। इस सार्वजनिक झूठ के लिए किसी को आज तक जिम्मेदार नहीं ठहराया गया।

फर्जी पासपोर्ट पर उसने दो बार विदेश यात्राएँ कीं, पासपोर्ट बनाने में एक राज्यपाल ने मदद की। फिर पकड़ा गया। गिरफ्तार हुआ, पर बहुत जल्दी जमानत पर छूट गया। महाराष्ट्र विधानसभा में शोर मचा तो सरकार ने उसकी जमानत रद्द करने के लिए मुंबई उच्च न्यायालय में अपील की। सरकार की ओर से कई महीने तक कोई पैरवी नहीं की गई। इस पर उच्च न्यायालय ने टिप्पणी की कि यदि सरकार हसन अली की जमानत रद्द नहीं करवाना चाहती तो न्यायालय का समय बरबाद क्यों किया जा रहा है। उच्च न्यायालय ने यह कहकर सरकार की अपील रद्द कर दी। आज तक उसकी मदद करनेवाले अधिकारियों को किसी ने कुछ नहीं कहा। उच्च न्यायालय की टिप्पणी पर भी कोई काररवाई नहीं हुई।

महाराष्ट्र विधानसभा में एक सी.डी. की चर्चा हुई। हसन अली और कुछ बड़े नेताओं की बातचीत सुनवाई गई। हसन अली एक बड़े नेता को यह कहते हुए बताए गए कि मुंबई का अगला पुलिस कमिश्नर अमुक व्यक्ति होना चाहिए। तीन महीने के बाद पुलिस कमिश्नर के रूप में उसी व्यक्ति की नियुक्ति हो गई। कुछ और भी आपत्तिजनक बातचीत का आरोप लगाया गया। इस सारे मामले पर भी आज तक किसी ने किसी को नहीं पूछा।

जाँच में यह भी तथ्य सामने आया कि हसन अली के संबंध कुख्यात अंतरराष्ट्रीय शस्त्र तस्कर खाशोगी के साथ थे। स्विट्जरलैंड के बैंक खातों में उसके साथ लेन-देन भी हुआ है। इन आरोपों पर कुछ नहीं हुआ।

विदेशी बैंकों में काले धन के मामले पर रामजेठमलानी ने सर्वोच्च न्यायालय में जनहित याचिका दायर की। सर्वोच्च न्यायालय ने कड़वी टिप्पणियाँ कीं। यहाँ तक कहा, ''इस देश में यह क्या हो रहा है ?'' यह भी कहा कि सरकार काले धन के सवाल पर इतने समय से क्यों सो रही है। यह भी कहा कि तथ्य सामने आने पर हसन अली के मामले पर काररवाई क्यों नहीं हो रही ? इसके बाद प्रवर्तन निदेशालय हरकत में आया। मुंबई की अदालत में उसके विरुद्ध मामले की सुनवाई हुई परंतु जज ने यह कहा कि हसन अली के विरुद्ध कोई मामला नहीं बनता। सरकारी वकील यह कहता रहा कि उसके विदेशी बैंक खाते पकड़े गए हैं। उसने फर्जी पासपोर्ट पर विदेश यात्रा की है। और भी बहुत कुछ कहा; परंतु जज ने एक बात भी नहीं सुनी और उसे हिरासत में रखने की अनुमति नहीं दी। इतना ही नहीं, परोक्ष रूप में उसके पक्ष में 35 पृष्ठों का फैसला दिया। हसन अली आजाद हो गया।

मामला सर्वोच्च न्यायालय में आया। वहाँ खंडपीठ के न्यायधीशों ने मुंबई जज के संबंध में कड़वी टिप्पणी की। यह भी कहा कि उसे हिरासत में न देने के

लिए 35 पृष्ठों का लंबा फैसला लिखने की जरूरत क्या थी। अपनी टिप्पणी के अंत में कहा कि इस संबंध में हम और कुछ नहीं कहना चाहते। यह कहकर सर्वोच्च न्यायालय ने सबकुछ कह दिया। मुंबई की अदालत की कारवाई पढ़कर सभी को हैरानी हुई थी। ऐसा लग रहा था कि जज किसी भी तरह हसन अली की मदद करना चाहता है। सर्वोच्च न्यायालय के आदेश के बाद हसन अली गिरफ्तार हुआ और अब उसके विरुद्ध कारवाई हो रही है। मुंबई की अदालत में हसन अली की इस सीमा तक प्रत्यक्ष व परोक्ष सहायता चिंताजनक है, पर उसके लिए किसी ने किसी को पूछा तक नहीं।

1990 में मुख्यमंत्री के रूप में मैंने मुख्य सचिव से स्पष्टीकरण माँगा व दो आई.ए.एस. कमिश्नर स्तर के अधिकारियों को निलंबित किया था। पूरे देश की नौकरशाही में तहलका मच गया था। ये तीनों ईमानदार थे, पर इन्होंने जानबूझकर एक अधिकारी के भ्रष्टाचार पर परदा डाला था। इसीलिए उनके विरुद्ध कारवाई की गई। नीचे तक पूरा प्रशासन हिल गया था।

पता नहीं इस देश में कहाँ-कहाँ कितने हसन अली बैठे है! जिस एक को किसी तरह से पकड़ा गया था, वह भी सर्वोच्च न्यायालय तक सभी स्तरों पर बचता रहा। अब इसमें कोई संदेह नहीं है कि पूरा तंत्र उसको बचाता रहा।

अपराध को छिपाना और संरक्षण देना भी एक बहुत बड़ा अपराध है। हसन अली को बचानेवालों को कौन पकड़ेगा और कब पकड़े जाएँगे। जिस देश में इतनी बेशर्मी के साथ पूरा तंत्र भ्रष्टाचार को बचाने में लगा हो, उस देश में एक लोकपाल बिल यदि पास भी हो गया तो कितना भ्रष्टाचार समाप्त कर पाएगा—इसमें कई बार संदेह होता है। अब तो एक बड़ी जनक्रांति की आवश्यकता है। कवि दुष्यंत की पक्तियाँ याद आ रही हैं—

हो गई है पीर पर्वत सी पिघलनी चाहिए,
इस हिमालय से कोई गंगा निकलनी चाहिए।

□

गरीबी व आतंक का जनक भ्रष्टाचार

भारत कभी विश्वगुरु कहा जाता था। इस देश के मनीषियों ने घोषणा की थी—

एतद् देश प्रसूतस्य, सकाशाद अग्र जन्मना।
स्वं स्वं चरित्रं शिक्षेरन पृथिव्याम सर्वमानवः॥

इन मनीषियों ने विश्व भर को आह्वान किया था कि भारत में आकर सब प्रकार की शिक्षा प्राप्त करें। सिकंदर जब भारत-विजय को चला तो उसके गुरु ने कहा कि वह भारत से गंगाजल और एक गुरु लेकर आए।

समस्त विश्व में गुरु कहलाए जानेवाले देश की आज यह हालत है कि ट्रांसपेरेंसी इंटरनेशनल की नवीनतम सर्वे रिपोर्ट में भारत को महाभ्रष्टतम देशों की सूची में अग्रणी पंक्ति में रखा गया है। विश्व के 180 देशों में से भारत का दर्जा 84वाँ है। छोटा सा सिंगापुर, न्यूजीलैंड, इजरायल भी इस श्रेणी में हमसे ऊपर हैं। देश को इस बदतर हालत तक पहुँचाने का श्रेय घोटालेबाज राजनेताओं, नौकरशाही और लोभी-लोलुप व्यक्तियों को जाता है, जो अपने और अपने परिवार का हित साधने के लिए किसी भी स्तर तक राष्ट्र का अहित कर सकते हैं। आजादी के छह दशकों के बाद भी देश में भुखमरी, गरीबी और बदहाली व्याप्त है। इसका प्रमुख कारण 'भ्रष्टाचार' है, जो कैंसर की तरह हमारे समाज को खोखला करता जा रहा है। हम ग्लोबल वार्मिंग के दुष्परिणामों से चिंतित हैं, लेकिन भ्रष्टाचार से जिस तरह समाज की नींव हिल रही है, इसके बारे में समाज के तथाकथित ठेकेदारों को कोई चिंता नहीं।

आखिर ऐसा क्यों हैं ? पिछले दो दशकों से जिस तरह से 'भ्रष्टाचार' हमारे समाज में फैल चुका है, उसपर अंकुश लगाने के लिए समाज के सभी वर्गों को एकजुट होकर आगे आना पड़ेगा।

पिछले दो दशकों में देश के सार्वजनिक सेवा सेक्टर में जिस तरह रिश्वतखोरी बढ़ी है, उसके आँकड़े चौंका देने वाले हैं। विश्व बैंक की एक रिपोर्ट के अनुसार सार्वजनिक सेवा के दस विभागों में जिनमें रेल, पुलिस, टेलीकॉम, चिकित्सा आदि विभाग शामिल हैं, 26728 करोड़ रुपए प्रतिवर्ष रिश्वत दी जाती है। और तो और, सार्वजनिक वितरण प्रणाली के अंतर्गत गरीबों को दी जाने वाली खाद्यान्न सब्सिडी में 50 अरब रुपए भ्रष्टाचार में जाते हैं। उन राज्यों में जहाँ गरीबी देश के अन्य राज्यों की तुलना में अधिक है, भ्रष्टाचार का दानव मुँह खोलकर समाज को निगलने के लिए तैयार है। भ्रष्टाचार और गरीबी एक-दूसरे से जुड़े हुए हैं। इतना ही नहीं, गरीबी आतंकवाद को भी जन्म देती है।

योजना आयोग में वर्ष 2008 में देश के आतंकवाद प्रभावित क्षेत्रों में विकास की चुनौतियाँ प्रपत्र तैयार करने के लिए एक कार्यदल का गठन किया था। इस कार्यदल ने अपनी रिपोर्ट में कहा है कि देश के बारह राज्यों में, जहाँ नक्सलवाद अपनी जड़ें फैला रहा है, वहाँ नक्सलवाद फैलने का एक बड़ा कारण गरीबी, पिछड़ापन और प्राकृतिक संसाधनों पर आम लोगों का आधिपत्य न होना है, जिसके कारण इन क्षेत्रों के लोग 'नक्सलवाद' की ओर झुक रहे हैं। नक्सलवाद गलियारा गरीबी गलियारा है। गरीबी व बेरोजगारी से निराश-हताश नौजवानों को आतंक के रास्ते पर ले जाया जा रहा है। कार्यदल की रिपोर्ट में यह टिप्पणी की गई है कि सरकार को उन लोगों का विकास करने के लिए नक्सलवाद के उभरने की प्रतीक्षा नहीं करनी चाहिए थी।

भ्रष्टाचार को जड़ से मिटाने के लिए 'राष्ट्रीय इच्छाशक्ति' का अभाव नजर आता है। भारत जैसे विकासशील देश में राजनीति का अपराधीकरण इसी का एक उदाहरण है। राजनेताओं, अपराधियों, ड्रग माफिया और स्मगलरों के तंत्र ने शासन को इस कदर अपने साथ जोड़ रखा है कि यह माफिया देश में सरकार चलाने का दावा भी करता है। वर्ष 1993 में वोहरा कमेटी द्वारा सरकार को प्रस्तुत रिपोर्ट में इस आशय का खुलासा करते हुए कहा है कि चुनाव लड़ने की इच्छा के कारण अधिकांश उम्मीदवार इस माफिया के जाल में फँस जाते हैं। राजनीतिक इच्छाशक्ति का हाल तो यह है कि पिछले 40 वर्षों से लोकपाल बिल सरकार द्वारा पारित नहीं किया जा सका है।

वर्ष 1966 में प्रशासनिक सुधार आयोग ने पहली बार लोकायुक्त एवं लोकपाल जैसी संस्थाओं की स्थापना की आवश्यकता पर बल दिया था। इसी प्रकार की संस्थाएँ नॉर्वे, इंग्लैंड जैसे देशों में भी बहुत पहले स्थापित की गई थीं, जिसके कारण वहाँ अब भ्रष्टाचार का नामोनिशान नहीं। भ्रष्टाचार को रोकने के लिए सरकार द्वारा चिह्नित वैधानिक नियम अथवा अधिनियम लचर व बेमानी हैं। लोग बेनामी संपत्तियों में काला

धन लगा रहे हैं। इसे रोकने के लिए 1988 में बेनामी संपत्ति अधिग्रहण अधिनियम बना पर आज तक उसका एक बार भी उपयोग नहीं किया गया। काला धन लगाकर बेनामी संपत्ति बनाने की खुली छूट दी गई है।

सार्वजनिक सेवा में काम करनेवाले भ्रष्ट लोग करोड़ों रुपए की संपत्तियाँ बनाते हैं। विधि आयोग ने 1980 में यह भी सिफारिश की थी कि ऐसी सभी संपत्तियों को सरकार द्वारा जब्त करने का कानून बनाया जाएगा।

सर्वोच्च न्यायालय के मुख्य न्यायाधीश ने भी ऐसा कानून बनाने का आग्रह किया था पर सरकार आज तक यह नहीं कर सकी। यदि ऐसा कानून बन जाता है और भ्रष्टाचारियों की संपत्ति जब्त होने लगती है, तो पूरे देश को भ्रष्टाचार के विरुद्ध एक संदेश मिलेगा। दुर्भाग्य से न्यायपालिका भी भ्रष्टाचार के रोग से बच नहीं पाई है।

कर्नाटक हाई कोर्ट के जीफ जस्टिस दिनाकरण का मामला इसका ताजा उदाहरण है। सरकार की दो सौ एकड़ भूमि पर अवैध कब्जा करने वाला व अपनी आय से अधिक संपत्ति इकट्ठी करने वाला व्यक्ति मुख्य न्यायाधीश के पद पर बैठा है। केंद्र सरकार व सर्वोच्च न्यायालय चुपचाप देख रहे हैं। पूरी व्यवस्था का इससे बड़ा मजाक और क्या हो सकता है ? प्रजातंत्र के चौथे स्तंभ मीडिया की हालत भी खराब होती जा रही। चुनाव के दिनों में पैसे लेकर समाचार प्रकाशित किए जाते हैं। राजनीतिक दलों से खुलेआम करोड़ों रुपए लिये जाते हैं। बहुत कम समाचार–पत्र ऐसे हैं, जिन्होंने धन नहीं लिया। उन्हें छोड़ पूरा मीडिया बिकाऊ बनकर राजनीति के दरवाजे पर हाथ पसार खड़ा था।

समाज का शायद ही कोई ऐसा वर्ग होगा, जहाँ भ्रष्टाचार नहीं पहुँच पाया है। समाज से भ्रष्टाचार दूर करने के लिए एकजुट होकर इस महामारी के खिलाफ लड़ने की जरूरत है। दिक्कत यह है कि हमारे समाज में कुछ लोग भ्रष्टाचार कर रहे हैं, कुछ भ्रष्टाचार के विरुद्ध आवाज उठाने में असहाय हैं और कुछ लोग तटस्थ होकर इस गंदे खेल का नजारा देख रहे हैं।

देश में बहुत सी स्वैच्छिक संस्थाएँ भ्रष्टाचार के विरुद्ध आवाज उठा रही हैं, लेकिन उनकी आवाज नक्कारखाने में तूती की तरह है। भ्रष्टाचार मिटाने के लिए एक प्रबल जनमत खड़ा करने की आवश्यकता है। किसी भी स्तर पर रत्ती भर भी भ्रष्टाचार सहन न करने की एक कठोर प्रवृत्ति की आवश्यकता है, तभी हमारे समाज से भ्रष्टाचार समाप्त हो सकता है।

□

भ्रष्टाचार बढ़ाती सरकार

नई दिल्ली नगर परिषद् के एक भवन के मुकदमे की सुनवाई के दौरान सर्वोच्च न्यायालय ने राष्ट्रमंडल खेलों के संबंध में एक कटु टिप्पणी में कहा—"खेलों के आयोजन में 70 हजार करोड़ रुपए खर्च किया गया और एक नया बना पुल पत्तों की तरह गिर गया, उसमें अभी तक किसी एक को भी दोषी नहीं ठहराया गया है ?" न्यायाधीश जी.एस. सिंघवी व न्यायाधीश ए.के. गांगुली की पीठ ने यह भी कहा कि कुछ जगह बिना काम पूरा किए भुगतान कर दिया गया। भ्रष्टाचार के ऐसे मामले में न्यायपालिका आँखें नहीं मूँद सकती।

कुछ वर्ष पहले सरकार ने उत्तर प्रदेश की मुख्यमंत्री सुश्री मायावती के विरुद्ध आय से अधिक संपत्ति इकट्‌ठी करने का मामला दर्ज किया था। लंबी जाँच हुई। करोड़ों रुपए की संपत्ति का पता लगा। दो वर्ष पूर्व मायावती ने उच्चतम न्यायालय में इस मुकदमे को समाप्त करने के लिए प्रार्थना-पत्र दिया। केंद्र सरकार इस मामले को मायावती के विरुद्ध समय-समय पर राजनैतिक लाभ उठाने के लिए प्रयोग करती रही और मामला टालती रही। पिछले दिनों जब यह मामला सर्वोच्च न्यायालय में आया तो न्यायालय ने महत्त्वपूर्ण टिप्पणी की :

> "यदि आप दोनों (केंद्र सरकार और सुश्री मायावती) इकट्‌ठे हो गए हैं तो यह मुकदमा समाप्त हो जाना चाहिए।"

सर्वोच्च न्यायालय के आदेश के अनुसार 1964 में गठित केंद्रीय सतर्कता आयोग को एक वैधानिक दर्जा दिया गया था। न्यायालय ने यह भी कहा कि आयोग सी.बी.आई. के काम पर निगरानी रखेगा। यह भी आदेश दिया था कि केंद्रीय

सतर्कता आयुक्त की नियुक्ति एक समिति करेगी, जिसमें प्रधानमंत्री, गृहमंत्री और लोकसभा में विपक्ष के नेता होंगे।

इसका यह स्पष्ट अर्थ है कि केंद्रीय सतर्कता आयोग देश में भ्रष्टाचार रोकने के लिए एक सर्वोच्च वैधानिक संस्था है और उस संस्था के आयुक्त का पद अत्यंत महत्त्वपूर्ण है। अब सरकार ने इस पद पर एक दागी नौकरशाह को नियुक्त करके सारी वैधानिक गरिमा को मिट्टी में मिला दिया है। इस पद पर नियुक्त श्री थॉमस 1990 में खाद्य एवं नागरिक आपूर्ति मंत्रालय में सचिव थे और केरल राज्य के एक निगम के सदस्य थे, जिसने मलेशिया की एक कंपनी के साथ एक विवादित करार पर हस्ताक्षर किए। उन्हीं दिनों केरल में पामोलिन आयात घोटाला हुआ था।

केंद्र सरकार में जब 2जी स्पैक्ट्रम घोटाला हुआ तो थॉमस केंद्र में संचार सचिव थे। इस घोटाले का मामला अब सर्वोच्च न्यायालय में पहुँच गया है और केंद्रीय सतर्कता आयुक्त के संरक्षण में इस मामले की जाँच सी.बी.आई. कर रही है। इस संबंध में सी.बी.आई. दूरसंचार विभाग के तत्कालीन मंत्री श्री ए. राजा और अन्य लोगों की से भी पूछताछ की है। यह घोटाला 70 हजार करोड़ रुपए का है। यह भी पता लगा है कि संचार विभाग ने कानूनी सलाह ली थी कि केंद्रीय सतर्कता आयुक्त को इस मामले की जाँच करने का अधिकार है या नहीं। उन्होंने आयुक्त को जाँच के लिए नियुक्त कर दिया है। यह कितनी हैरानी की बात है कि संचार विभाग के 70 हजार करोड़ रुपए के घोटाले की जाँच पर निगरानी रखने का काम उन्हीं थॉमस को दे दिया गया, जिनके संचार सचिव रहते समय यह घोटाला हुआ था। चोरी की जाँच पर ऐसा व्यक्ति निगरानी रखेगा, जिस पर उस चोरी में सहयोगी होने का संदेह है।

सर्वोच्च न्यायालय के आदेश के अनुसार केंद्रीय सतर्कता आयुक्त की नियुक्ति एक समिति को करनी होती है। उसमें भारत के प्रधानमंत्री, गृहमंत्री और लोकसभा में विपक्ष की नेता श्रीमती सुषमा स्वराज भी थीं। श्रीमती सुषमा स्वराज ने इस पद पर थॉमस की नियुक्ति का विरोध किया। विरोध के कारण बड़े स्पष्ट थे। जिस व्यक्ति के दो बड़े पदों पर रहते हुए दो बड़े घोटाले हुए थे, ऐसे दागी नौकरशाह को इतने उच्च वैधानिक पद पर नियुक्त करना अत्यंत दुर्भाग्यपूर्ण था। इस संबंध में यदि नियम के सिद्धांत पर गौर किया जाए तो श्रीमती सुषमा स्वराज की राय को न मानना अनुचित ही नहीं बल्कि गैर–कानूनी भी है। इस समिति के सामने बहुत से नाम थे। श्रीमती सुषमा स्वराज को श्री थॉमस के अलावा किसी अन्य नाम पर कोई आपत्ति नहीं थी। क्या समिति किसी और ऐसे व्यक्ति का चयन नहीं कर सकती थी, जिसका

कार्यकाल बिलकुल बेदाग रहा हो ?

श्री थॉमस की नियुक्ति का एक बड़ा कारण यह बताया जा रहा है कि वे 10 जनपथ, कांग्रेस और सरकार की सर्वोच्च सत्ता के अधिक निकट हैं। वफादारी देश के संविधान के प्रति होनी चाहिए या किसी पार्टी या परिवार के प्रति ?

कुछ वर्ष पूर्व पुणे के हसन अली पर छापे पड़े। विदेश के बैंक में उसके एक लाख 34 हजार करोड़ रुपए के खाते का पता चला। गिरफ्तारी हुई, जाँच शुरू हो गई। आयकर विभाग ने उसे 50 हजार करोड़ रुपए कर-चोरी के रूप में जमा करने का आदेश दिया। कुछ दिन बाद महाराष्ट्र विधानसभा में एक सी.डी. पेश की गई, जिसमें उस व्यक्ति की ओहदेदार नेताओं से बातचीत का ब्योरा था। उसे जमानत मिल गई। विपक्षी दलों ने शोर मचाया तो सरकार को उसकी जमानत को रद्द करने के लिए उच्च न्यायालय में प्रार्थना-पत्र देना पड़ा; परंतु कई महीनों तक सरकार की ओर से कोई पैरवी नहीं की गई। उसपर मुंबई उच्च न्यायालय ने टिप्पणी की कि यदि सरकार उस व्यक्ति के विरुद्ध कोई काररवाई नहीं करना चाहती तो न्यायालय का समय क्यों बरबाद किया जा रहा है ?

इन कुछ घटनाओं के उल्लेख से यह अनुमान लगाया जा सकता है कि देश को किस ओर धकेला जा रहा है। भ्रष्टाचार तो हो रहा है। भ्रष्टाचार तो हर युग में थोड़ा-बहुत होता रहा है। इस सृष्टि में अच्छा और बुरा साथ-साथ चलता है; परंतु भ्रष्टाचार को इतनी स्वीकृति और सम्मान प्राप्त नहीं होता। सरकार भ्रष्टाचार को दबाने की कोशिश करती रहती है। लोकतंत्र में कई बार कुछ नेता भ्रष्टाचार करने वालों का साथ भी देते रहे होंगे, परंतु आज जिस तरह खुले आम व पूरी निर्लज्जता से स्वयं सरकारें भ्रष्टाचार को संरक्षण दे रही हैं, वह देश के भविष्य के लिए खतरे की घंटी हैं। विश्वगुरु कहा जानेवाला भारत आज विश्व के सबसे अधिक भ्रष्ट देशों में गिना जाने लगा है। देश अंदर से खोखला हो रहा है, बाहर से सजाते रहने से कुछ नहीं होगा।

□

अन्ना हजारे : भ्रष्टाचार के विरुद्ध संघर्ष-यात्रा

जंतर-मंतर पर श्री अन्ना हजारे का मरण व्रत भ्रष्टाचार के विरुद्ध संघर्ष की यात्रा का महत्त्वपूर्ण मील का पत्थर बन गया है। साधारण तरीके से शुरू हुआ मरण व्रत इतनी जल्दी एक विस्फोटक समर्थन प्राप्त कर लेगा, यह किसी ने सोचा भी नहीं था। जो केंद्र की राजनीति 42 वर्षों से लोकपाल बिल को टरका रही थी, आठ बार संसद् में पेश होने के बाद भी उसे पास नहीं किया, वही सरकार केवल 98 घंटे में झुक गई और इस बिल को पास करने के लिए सहमत हो गई।

हिंदी के लेखक सुदर्शन भाटिया लगातार नई-नई रचनाएँ हिंदी साहित्य को देते जा रहे हैं, परंतु वे इतनी जल्दी श्री अन्ना हजारे पर एक पुस्तक लिख देंगे, यह मैं सोच भी नहीं सकता था।

भारत के ऋषियों ने कभी हिमालय की चोटी पर खड़े होकर विश्व भर को कहा था—

'एतद् देश प्रसूतस्य सकाशात् अग्रजन्मनः
स्वं स्वं चरितं शिक्षेरन पृथिव्याम् सर्व मानवः'

विश्वगुरु के रूप में भारत ने विश्व भर के लोगों को शिक्षा प्राप्त करने का आह्वान किया था। आज वही भारत ट्रांसपेरेंसी इंटरनेशनल की रिपोर्ट के अनुसार विश्व के महाभ्रष्ट देशों में शामिल हो गया है। पिछले वर्ष की राष्ट्रसंघ की एक रिपोर्ट के अनुसार विश्व में सबसे अधिक भूखे लोग भारत में रहते हैं। इस भ्रष्टाचार

के कारण ही भारत महाभ्रष्ट और सबसे अधिक भूखों का देश बन गया है। राजनीति का पूरी तरह भ्रष्टीकरण हो गया और सारी व्यवस्थाएँ चरमरा गईं। प्रतिदिन प्रकट होते घोटालों ने देश को हिलाकर रख दिया। ऐसी विस्फोटक स्थिति में जब अन्ना हजारे मरण–व्रत पर बैठे तो एकदम पूरा देश उनके साथ खड़ा हो गया।

पिछले वर्ष अक्तूबर में भारतीय संसदीय दल के सदस्य के रूप में मैं संयुक्त राष्ट्रसंघ महासभा में अमेरिका गया था। भ्रष्टाचार के विषय पर मुझे बोलने का मौका मिला। विश्व भर में भ्रष्टाचार से चिंतित होकर राष्ट्रसंघ ने दो वर्ष के विचार–विमर्श के बाद वर्ष 2003 में 'United Nations Convention against Corruption' नाम की एक संधि पारित की। उसका मुख्य उद्देश्य यह है कि किसी देश के बेईमान लोगों ने भ्रष्टाचार से कमाया धन यदि दूसरे देश के बैंकों में जमा कराया है तो वह उस देश को लौटाया जा सके। इस समय तक 135 देश इस संधि पर हस्ताक्षर और पुष्टि कर चुके हैं तथा बहुत से देशों ने अपना धन वापिस लेना शुरू कर दिया है। भारत ने दो वर्ष की हिचकिचाहट के बाद अंतिम तिथि पर 2005 में इस संधि पर हस्ताक्षर तो किए, पर छह साल बीत जाने के बाद भी इस संधि की पुष्टि नहीं की है। पुष्टि के बिना भारत धन लेने की कोई काररवाई नहीं कर सकता। भारत का लगभग 300 लाख करोड़ रुपए विभिन्न विदेशी बैंकों में जमा है। केवल स्विट्जरलैंड के बैंकों में ही 70 लाख करोड़ रुपए हैं।

राष्ट्रसंघ में 16 अक्तूबर को इसी विषय पर मेरे भाषण से पहले स्विट्जरलैंड के प्रतिनिधि ने अपना भाषण दिया। उनका भाषण सुनकर मुझे हैरानी भी हुई और प्रसन्नता भी। उन्होंने कहा कि उनका देश स्विट्जरलैंड भ्रष्टाचार के खिलाफ है। राष्ट्रसंघ की संधि की उन्होंने पुष्टि की है। इतना ही नहीं, उस देश की संसद् ने एक विशेष कानून बनाया है, ताकि विश्व के देश उनके बैंकों से अपना धन ले सकें। स्विस–प्रतिनिधि ने कहा कि यह चोरी का माल है और वह उसे वापिस करना चाहता है।

भ्रष्टाचार पर लगभग छह घंटे चर्चा हुई। मैंने भारत में इतनी रचनात्मक चर्चा कभी किसी सभा में नहीं सुनी थी। बहुत से देश अपने–अपने देश में भ्रष्टाचार दूर करने के प्रयत्नों पर प्रकाश डालते रहे। मेरे पास कहने को कुछ नहीं था। भारत ने छह वर्ष बीत जाने के बाद भी संधि की पुष्टि नहीं की, इसलिए धन वापिस लेने की कोई काररवाई नहीं कर सकता। सी.बी.आई. सरकार के हाथ का खिलौना बन गई। सी.वी.सी. की गरिमा मिट्टी में मिल गई। भ्रष्टाचार दूर करने के लिए कोई सार्थक प्रयत्न भारत नहीं कर रहा। नित नए घोटालों से भारत बदनाम हो रहा है। मैंने अपने

भाषण में उस महत्त्वपूर्ण संधि के लिए राष्ट्रसंघ का धन्यवाद किया। भ्रष्टाचार के विरुद्ध कुछ सामान्य बातें कहीं और यह कहा कि केवल संधि पास करना ही काफी नहीं है। राष्ट्रसंघ उन सब 'कर-स्वर्ग' कहे जानेवाले 69 देशों को इस सीमा तक विवश करे कि वे स्वयं सारा धन वापिस करें।

भारत लौटने पर मैंने प्रधानमंत्री को पत्र लिखा और स्विट्जरलैंड के प्रतिनिधि के भाषण की मूल प्रति उन्हें भेजी। मैंने लिखा कि जिस देश में हमारे देश का 70 लाख करोड़ रुपए जमा है, वह हमारा धन देना चाहता है और उसने यह बात राष्ट्रसंघ के पटल पर कही। फिर भारत 6 साल से वह धन वापिस लेने के लिए उस संधि की पुष्टि क्यों नहीं कर रहा ? मुझे आज तक इस पत्र का उत्तर नहीं मिला।

भ्रष्टाचार की तो चिंता है, पर सबसे बड़ी चिंता इस बात की है कि जिन्हें भ्रष्टाचार रोकना चाहिए, वही भ्रष्टाचार कर रहे हैं और उसे संरक्षण दे रहे हैं। आज बाड़ ही खेती को खाने लग पड़ी है। बेशक लोकपाल कानून पूरे भ्रष्टाचार को शायद एकदम समाप्त न कर सके, परंतु उस दिशा में बहुत-कुछ कर सकता है।

कुछ लोगों को संदेह है कि लोकपाल कानून भ्रष्टाचार रोक नहीं सकेगा, जबकि ऐसा नहीं है। द्वित्तीय विश्व युद्ध के बाद हांगकांग में जब आर्थिक विकास शुरू हुआ तो वहाँ भी बड़ी तेजी से भ्रष्टाचार बढ़ा। कुछ ही वर्षों में हांगकांग विश्व के महाभ्रष्ट देशों में गिना जाने लगा। उस देश के नेता चिंतित हुए। 1974 में वहाँ एक संस्था (Independent Commission against Corruption) स्थापित की गई। यह एक शक्तिशाली, पूरी तरह से सरकार से स्वतंत्र और योग्य व ईमानदार लोगों की संस्था थी। इस कमीशन की काररवाई के कारण आज हांगकांग विश्व के ईमानदार देशों में गिना जाता है। इसी प्रकार का लोकपाल कानून देश में भ्रष्टाचार रोक सकता है। देश की भ्रष्ट राजनीति क्या इसे पारित होने देगी ? मुझे संदेह भी होता है और डर भी लगता है। सच्चाई यह है कि यदि उसी प्रकार का कानून बन गया तो आज के बहुत से नेता अपने पदों पर न होकर जेल में होंगे या विदेश भाग जाएँगे।

मुख्यमंत्री के रूप में मैंने 1990 में भ्रष्टाचार के एक मामले में दो आई.ए.एस. अधिकारियों को, जो कमिश्नर के पद पर थे, निलंबित किया। उस मामले में मुख्य सचिव को 'कारण बताओ नोटिस' जारी किया। पूरे देश की नौकरशाही में खलबली मच गई। उनकी राष्ट्रीय एसोसिएशन ने आदरणीय आडवाणीजी से मेरी शिकायत की। दूसरे ही दिन चंडीगढ़ से प्रकाशित प्रमुख अंग्रेजी समाचार-पत्र 'ट्रिब्यून' के उस समय के संपादक श्री प्रेम भाटिया का मुझे फोन आया। उन्होंने मुझे बधाई दी और प्रशंसा की। दिसंबर 20 के 'ट्रिब्यून' मुख्य संपादकीय में उन्होंने लिखा था—

"If there is a gallantry medal for political acts of courage, the name of Himachal Pradesh Chief Minister Shanta Kumar should figure in the New Year's list of honour. To even attempt to touch the bureaucracy is almost like stirring a hornest nest of the persons, who represent the 'heave born' service live by the unwritten code that while politician come and go they are permanently in power. By ordering the suspension of two senior IAS officers of the rank of Commission-cum Secretary and seeking explanation of Chief Secretary, Mr. Shanta Kumar has not only attempted to call the bureaucracy's bluff, but may have also inadvertently started the process which should leave no scope for doubt that the head of the government is the real cock of the walk. Any Chief Minister worth his salt should take the kind of bold action Mr. Shanta Kumar has taken in similar circumstances."

इस एक काररवाई से प्रदेश के नीचे तक के पूरे प्रशासन में एक संदेश गया था। मुझे बहुत से लोगों ने बताया कि भ्रष्टाचार एक सीमा तक रुक गया है। यदि यह एक घटना इतना प्रभाव कर सकती है तो सशक्त स्वतंत्र लोकपाल बिल निश्चित रूप से भ्रष्टचार को एक सीमा तक रोक सकेगा।

अन्ना हजारे और उनके साथियों ने तथा उन्हें जनसमर्थन देनेवाले करोड़ों लोगों ने एक ऐतिहासिक काम किया है। इस दिशा में स्वामी रामदेव ने भी एक प्रबल जनमत खड़ा किया है। सभी राजनैतिक दलों में आज भी कुछ ईमानदार नेता हैं। अब हम सभी दलों व सांसदों का कर्तव्य हो जाता है कि हम मानसून सत्र में इस कानून को अवश्य पारित करवाएँ।

सुदर्शन भाटिया ने अन्ना हजारे के इस महाप्रयास पर पुस्तक लिखकर बहुत सराहनीय कार्य किया है। उन्होंने कई पुस्तकें लिखी हैं, परंतु मैं इस पुस्तक को सबसे महत्त्वपूर्ण समझता हूँ।*

□

* सामाजिक कार्यकर्ता अन्ना हजारे पर लेखक सुदर्शन भाटिया की सद्य:प्रकाशित पुस्तक की भूमिका।

राजनीति का अध्यात्मीकरण : आज की आवश्यकता

भ्रष्टाचार की महामारी ने पूरे देश को हिलाकर रख दिया है। प्रतिदिन नया घोटाला सामने आ रहा है। पुराने सारे रिकॉर्ड टूटते जा रहे हैं। एक बैंक की एक शाखा में एक व्यक्ति ने 300 करोड़ रुपए का घोटाला कर दिखाया। सेना के ले. जरनल को कोर्ट मार्शल करना पड़ा। ऐसा लगता है रात के अँधेरे में किसी गाँव पर चोर-डाकू टूट पड़े हैं और दोनों हाथों से लूट रहे हैं। सबसे बड़ा दुर्भाग्य यह है कि ऊँचे पदों पर बैठे कुछ नेता और अधिकारी जिस किसी तरीके से धन इकट्ठा करने के लिए लालची ही नहीं, बल्कि पागल हो गए हैं। इस पागलपन ने पूरे देश की नींव हिलाकर रख दी है। कवि दुष्यंत कुमार की ये पंक्तियाँ आज के भारत की स्थिति पर बिलकुल सही साबित हो रही हैं—

> इस सिरे से उस सिरे तक सब शरीके जुर्म हैं,
> आदमी या तो जमानत पर रिहा है या है फरार।

सार्वजनिक जीवन का यह नैतिक और चारित्रिक पतन बहुत बड़ा संकट है। देश अंदर से खोखला हो रहा है। यदि सँभलने की कोशिश न की तो आने वाले कल का इतिहास आज के भारत को क्षमा नहीं करेगा। अब पानी सिर से ऊपर निकल गया है।

इस दुर्भाग्यपूर्ण स्थिति के कई कारण हैं, पर सबसे बड़ा कारण है—जीवन के प्रति केवल भौतिकवादी दृष्टिकोण। अध्यात्म, नैतिकता व सेवा की सरसता समाप्त हो रही है, केवल भौतिकतावाद, उपभोक्तावाद और आर्थिक संपन्नता की चकाचौंध

ने सबको अंधा कर दिया है। कुछ लोगों को कुछ भी दिखाई नहीं दे रहा है। केवल धन और जिस किसी भी तरीके से धन जुटाने का अंधापन चारों ओर फैलता व बढ़ता नजर आ रहा है।

आज की सारी व्यवस्था राजनैतिक है। शिखर पर बैठे राजनेताओं के जीवन का अवमूल्यन हुआ है। धीरे-धीरे सबकुछ व्यवसाय और धंधा बनने लग पड़ा। दुर्भाग्य तो यह है कि धर्म भी धंधा बन रहा है। राजनीति का व्यवसायीकरण ही नहीं अपितु अपराधीकरण हो रहा है। राजनीति प्रधान व्यवस्था में अवमूल्यन और भ्रष्टाचार का यह प्रदूषण ऊपर से नीचे तक फैलता जा रहा है। सेवा और कल्याण की सभी योजनाएँ भ्रष्टाचार में ध्वस्त होती जा रही हैं।

इस परिस्थिति में भी अच्छे लोगों की संख्या आज भी अधिक है, पर वे मौन हैं। चिंता का विषय है कि अच्छे लोगों की संख्या धीरे-धीरे कम होती जा रही है। अच्छे लोग यदि आज भी सँभल जाएँ और एकजुट होकर सक्रिय हो जाएँ तो स्थिति सुधर सकती है। ऊपर के लोगों का दृष्टिकोण बदलने की आवश्यकता है। यदि दृष्टि बदले तो सृष्टि बदल सकती है। नेता सँभल जाएँ तो नीचे का पूरा प्रशासन और नौकरशाही पूरी तरह से नियंत्रण में आ सकती है।

सिंगापुर एक छोटा सा देश है। भगवान् ने उसे पीने का पानी भी नहीं दिया। वह देश पीने का पानी मलेशिया से आयात करता है। परंतु आज विश्व में सबसे अधिक खुशहाल और ईमानदार देशों में सिंगापुर का नाम आता है। स्वतंत्रता के बाद उस देश के प्रथम प्रधानमंत्री अत्यंत योग्य और ईमानदार व्यक्ति थे। उन्होंने स्वयं स्वस्थ परंपराएँ व कठोर नियम बनाए। लोकतंत्र को उच्छृंखल नहीं होने दिया। लोकतंत्र के नाम पर इतने राजनैतिक अधिकार नहीं दिए कि उथल-पुथल ही होती रहे। ईमानदार कार्य-संस्कृति और परंपराओं को कठोरता से लागू किया।

छोटा सा देश सिंगापुर जो कर सकता है, वह भारत क्यों नहीं कर पाया? क्या अब भी वह सबकुछ करने का प्रयत्न नहीं किया जा सकता? आज भी सबकुछ संभव है, यदि देश के नेता ईमानदारी से देश के लिए जीने की कोशिश करें।

भारत की राजनीति का अध्यात्मीकरण करने की आवश्यकता है। पुराने समय में राजनीति पर धर्म और नैतिकता का प्रभाव रहा। उसे फिर से लाने की आवश्यकता है। हमारी संस्कृति में जोर देकर बार-बार यह कहा गया है कि स्वयं को पहचानो। मनुष्य केवल शरीर नहीं, आत्मा है। शरीर आता है और फिर नष्ट हो जाता है। केवल शरीर और भौतिकतावाद के लिए जीनेवाले कभी सुख प्राप्त नहीं करते। सिकंदर ने जब आधी दुनिया जीती तो वह अपने देश लौटने लगा तब बीमार हो गया। हकीमों

को बुलाकर कहा, 'जो चाहे ले लो, परंतु माँ तक पहुँचने के लिए जीवित रखो।' सारी धन-दौलत किसी भी काम नहीं आई और घर पहुँचने से पहले ही उसकी मृत्यु हो गई। मरने से पहले उसने वसीयत की कि जब उसकी अरथी निकले, उस समय उसके दोनों हाथ बाहर रखे जाएँ और किसी कवि ने कहा—

सिकंदर जब गया दुनिया से दोनों हाथ खाली थे···।

हम आज चारों ओर देखें तो कितने ही सिकंदर लूटने में लगे हैं। शायद यह सोचकर कि उन्हें सबकुछ साथ ले जाने का अधिकार प्राप्त है। इसका सबसे बड़ा कारण यह है कि जीवन में अध्यात्म का प्रभाव नहीं रहा, केवल शरीर और भौतिकतावाद ही प्रभावी हो गया है।

भारतीय संस्कृति में योग और ध्यान का विशेष महत्त्व रहा है। ध्यान में आँखें बंद करके बार-बार यही सोचना होता है कि मैं यह शरीर नहीं हूँ, आत्मा हूँ। मैं इस शरीर से पहले भी था और इसके बाद भी रहूँगा। स्वयं को साक्षी बनाकर, अलग होकर अपने शरीर को देखना होता है। यदि यह भाव जीवन में रम जाए तो मनुष्य शरीर के लिए ही नहीं जीता। यही भारतीय धर्म का सारांश था। सबसे बड़ा प्रश्न यह है कि भारत की राजनीति का अध्यात्मीकरण कैसे किया जाए? आज के इन भ्रष्ट लोगों को कैसे समझाया जाए कि जिस शरीर के लिए दुनिया भर का पाप कर रहे हो, वह कभी भी नष्ट हो सकता है। आज के नेता श्री श्रीरविशंकर या स्वामी रामदेव के पास जाकर थोड़ा योग और ध्यान करें तो देश की राजनीति का अध्यात्मीकरण हो सकता है और देश आज के संकट से बच सकता है।

ऐसे सब नेताओं और अधिकारियों के घर पर एक कवि की ये पंक्तियाँ लिखकर लगा देनी चाहिए—

कर लो तुम इकट्ठे जितने चाहो हीरे-मोती,
पर एक बात याद रखना, कफन में जेब नहीं होती।

□

लोकपाल कानून भ्रष्टाचार रोक सकता है

पूरा विश्व आर्थिक विषमता से चिंतित है। विश्व भर में संपन्नता बढ़ रही है तो गरीबी व भुखमरी भी बढ़ रही है। इसके विरुद्ध जागरूकता भी पैदा हो रही है। इस संबंध में राष्ट्रसंघ महत्त्वपूर्ण काम कर रहा है। पिछले वर्ष सांसद प्रतिनिधि-मंडल के सदस्य के रूप में मैंने महासभा की इस विषय पर आयोजित एक बैठक में भाग लिया था। विश्व भर में गरीबी और भुखमरी को दूर करने के लिए पूरे दिन बड़ी रचनात्मक चर्चा हुई। राष्ट्रसंघ का यह निष्कर्ष है कि विश्व भर में गरीबी और भूख का एक बड़ा कारण भ्रष्टाचार है। उसे दूर करने के लिए भी राष्ट्रसंघ महत्त्वपूर्ण काम कर रहा है। विश्व के बहुत से देशों में भ्रष्टाचार रुका है और कम हो रहा है।

भारत में लोकपाल बिल के संबंध में कुछ लोगों में संदेह है। उन्हें यह लगता है कि इससे भ्रष्टाचार नहीं रुकेगा। विश्व के कुछ देशों का अनुभव यह सिद्ध करता है कि इस प्रकार के कानून से भ्रष्टाचार को बहुत बड़ी सीमा तक कम किया जा सकता है।

द्वितीय विश्व युद्ध के बाद हांगकांग में जनसंख्या बढ़ी, उद्योग लगे। लेकिन आर्थिक विकास शुरू हुआ तो उसी के साथ भ्रष्टाचार भी शुरू हो गया। टी-मनी और लक्की-मनी के रूप में घूस ली जाने लगी। अस्पतालों में रोगियों को कंबल लेने के लिए और संबंधियों को रोगियों से मिलने के लिए धन देना पड़ता था। यहाँ तक कि बिना घूस दिए पीने का पानी भी नहीं मिलता था। एक बार कहीं पर आग लगी तो आग बुझाने वाले तब तक नहीं आए जब तक उन्हें घूस

नहीं दी गई। तबादले और पदोन्नति धन के बिना नहीं होती थी। पूरा हांगकांग बिकाऊ बन गया। पुलिस ने भ्रष्टाचार रोकने का एक अलग विभाग बनाया था, परंतु वह भी पूरी तरह भ्रष्ट हो गया। पुलिस के सभी थाने नीलाम होने लगे। 1973 में पुलिस का एक प्रमुख अधिकारी पीटर गौडवर 6 लाख पौंड के घपले में पकड़ा गया। जाँच शुरू होने से पहले ही उसने अपनी पत्नी को लंदन भेज दिया और बाद में स्वयं भी विदेश चला गया। उस समय 'ट्रांसपेरेंसी इंटरनेशनल' तथा अन्य संस्थाओं के सर्वेक्षण के अनुसार हांगकांग विश्व के महाभ्रष्ट देशों में गिना जाने लगा।

कुछ प्रमुख ईमानदार नेता बहुत परेशान हुए। लंबे सोच-विचार के बाद 15 फरवरी, 1974 को गर्वनर मुरेमैकलीटोस ने 'Independent commission against Corruption' नाम की संस्था स्थापित की। इसे नागरिक प्रशासन के नियंत्रण से पूरी तरह बाहर रखा। इसे सब प्रकार के अधिकार दिए। किसी भी प्रकार के, किसी भी स्तर के भ्रष्टाचार को पकड़ने के लिए इसे सब प्रकार के उपाय अपनाने का अधिकार दिया। पूरा स्टाफ दिया, पूरे साधन दिए। लेकिन वहाँ पुलिस ने ही इसका विरोध किया। कई दिन तक संघर्ष हुआ। 1978 में प्रशासन में बड़ी काररवाई हुई। 119 प्रमुख अधिकारियों को निकाल दिया गया और उनपर मुकदमे चले।

इस कमीशन को संवैधानिक अधिकार दिया गया और सख्त काररवाई का अधिकार भी दिया गया। किसी भी भ्रष्ट अधिकारी को बिना कारण बताए नौकरी से निकालने का अधिकार दिया गया। जनता ने कमीशन का स्वागत किया और राहत की साँस ली। यह विषय उस समाज में इतना महत्त्वपूर्ण हुआ कि उसपर कई फिल्में बनीं।

राष्ट्रसंघ की ओर से टोकियो में 'भ्रष्टाचार विरोधी सम्मेलन' हुआ था। उस सम्मेलन में हांगकांग के इस कमीशन के प्रमुख अधिकारी कूनहीको शिकाई को विशेष रूप से भाषण करने के लिए बुलाया गया। उसने अपने भाषण में कहा कि भ्रष्टाचार दूर करने के लिए मुख्य रूप से तीन साधन अपनाए गए— भय व सजा, रोकथाम, शिक्षा। परंतु उसने कहा कि सबसे अधिक कारगर भय व सजा सिद्ध हुई। उसने बड़े गर्व से कहा कि विश्व के सबसे भ्रष्ट देश को उन्होंने विश्व के सबसे ईमानदार देशों में शामिल कर लिया है।

विश्व बैंक, 'ट्रांसपेरेंसी इंटरनेशनल' तथा कुछ अन्य संस्थाओं की समीक्षा के अनुसार आज हांगकांग सबसे कम भ्रष्टाचारवाले देशों में शामिल है। ऐसे और

भी कई देश हैं, जिन्होंने भ्रष्टाचार पर नियंत्रण करने में सफलता प्राप्त की है।

मुझे संदेह इसमें है कि भारत में आज के सत्ताधारी हांगकांग की तरह का कानून बनने देगें या नहीं! यदि सचमुच ऐसा कानून बन गया तो आज के कुछ नेता अपने पदों पर न होकर जेल की सलाखों के पीछे होंगे। अब यह जिम्मेदारी सभी विपक्षी दलों की और हम सब सांसदों की है कि संसद् के आने वाले मानसून सत्र में इस प्रकार का कानून पारित करवाएँ।

□

सब भ्रष्टाचारी नहीं, कुछ तो बचे हैं

आजकल नेता आम जनता के निशाने पर हैं। जंतर-मंतर पर अन्ना हजारे के मरण-व्रत के समय सबसे अधिक गुस्सा जनता ने नेताओं पर उतारा। इस प्रकार के नेता-विरोधी नारे शायद पहले कभी नहीं लगे थे। जब कार्यक्रम गैर-राजनैतिक घोषित किया गया था तो नेताओं को बिना बुलाए वहाँ जाना ही नहीं चाहिए था। फिर भी कुछ नेता रह न सके। वे चले गए और विरोधी नारों सहित उन्हें वापिस भेज दिया गया। देश की पूरी राजनीति अप्रासंगिक हो गई। लोकपाल बिल बनाने के लिए बनी समिति में एक भी राजनेता को शामिल नहीं किया गया। जो हैं, वे सरकार के प्रतिनिधि के रूप में हैं। पाँच दिन मरण-व्रत के उस सारे कार्यक्रम में यह हवा बनी कि देश के सभी नेता भ्रष्टाचारी हैं। मेरा दिल्ली निवास उसके बिलकुल पास में है। मैं सब सुनता रहा, सोचता रहा और राजनीति की इस दुर्दशा पर अपने आँसू पीता रहा।

भाजपा के वरिष्ठ नेता लालकृष्ण आडवाणी को यह वक्तव्य देना पड़ा कि सभी नेता भ्रष्ट नहीं हैं। अन्ना हजारे ने इस बात को भी सही अर्थों में नहीं लिया। आडवाणीजी ने बिलकुल सच बात कही कि आज भी ईमानदार नेता हैं और सभी पार्टियों में हैं। आखिर यह देश और सरकारें चल रही हैं। कुछ क्षेत्रों में सराहनीय काम हो रहे हैं। यह सब योग्य व अच्छे नेताओं द्वारा ही हो रहा है। नौकरशाही में भी कुछ योग्य व ईमानदार अधिकारी हैं। विवाद इस बात पर हो सकता है कि किस पार्टी में अधिक ईमानदार नेता हैं, परंतु इस बात से कोई इनकार नहीं कर सकता कि सभी दलों में कुछ मात्रा में ईमानदार नेता हैं। यह भी उतना ही सत्य है कि आज कोई भी पार्टी दूध से धुली होने का दावा नहीं

कर सकती। परंतु जंतर-मंतर पर भीड़ इकट्ठी थी और भीड़ का मनोविज्ञान बिलकुल अलग होता है।

क्या यह दुर्भाग्य की बात नहीं है कि आडवाणीजी को यह कहना पड़ा कि कुछ नेता आज भी ईमानदार हैं। हमें अपनी ईमानदारी के लिए स्वयं घोषणा करनी पड़ी। जो 'नेता' शब्द कभी सुभाष चंद्र बोस के साथ बड़े गर्व के साथ जोड़ा गया था, वह 'नेता' शब्द उस दिन एक गाली बन गया था। यह आज की राजनीति की सबसे बड़ी त्रासदी है। इसके लिए और कोई जिम्मेदार नहीं है। पूरे देश में राजनैतिक नेताओं और प्रमुख नौकरशाहों के कारण ही भ्रष्टचार एक महामारी की तरह फैलता जा रहा है।

आज देश में तीन प्रकार के नेता हैं। एक वे, जो दोनों हाथों से भ्रष्टाचार करके देश को लूट रहे हैं। ये इतने चतुर-चालाक हैं कि ऊँचे पदों पर सज-धजकर बैठे हैं। कानून की पकड़ उनको छू तक नहीं पाती। कभी कोई ए. राजा पकड़ में आ जाता है, पर बाकी 99 प्रतिशत बचे रहते हैं। दूसरे प्रकार के वे नेता हैं, जो स्वयं तो ईमानदार हैं पर चारों ओर होते भ्रष्टाचार को या तो वे देखते नहीं या देखकर भी चुप रहते हैं। वे भ्रष्टाचार करते नहीं, पर होने देते हैं। तीसरी प्रकार के नेता वे हैं, जो भ्रष्टाचार करते भी नहीं, वे इसे सहन भी नहीं करते और उसके विरुद्ध लड़ते हैं। आवश्यकता पड़े तो मूल्य भी चुकाते हैं। पर ये तीसरी प्रकार के नेता इतने कम हैं कि दिन में टॉर्च लेकर ढूँढ़ने से भी मिलने कठिन हो जाएँ। इनकी संख्या धीरे-धीरे कम हो रही है।

पिछले संसद् अधिवेशन में सांसदों की सांसद निधि 2 करोड़ रुपए से बढ़ाकर 5 करोड़ रुपए कर दी गई। चारों ओर से इसकी आलोचना हुई। सबको लगा कि सभी सांसद भ्रष्ट हैं। इसमें से भी दलाली खाते हैं। इसके लिए किसी ने भी इसका समर्थन नहीं किया। यह कहा गया कि अब 2370 करोड़ रुपए का उपहार सांसदों को दे दिया गया है, जिसका दुरुपयोग होगा। 1993 में शुरू इस योजना को 18 वर्ष हो गए है। 2006 में एक स्टिंग ऑपरेशन में सात सांसदों को ठेकेदारों से रिश्वत लेते हुए रँगे हाथों पकड़ा गया था। नियंत्रक महालेखा परीक्षा की रिपोर्ट में भी कई बार यह कहा गया कि इस धन का ठीक उपयोग नहीं होता है। 2001 की नियंत्रक लेखा परीक्षा रिपोर्ट में कहा गया था कि कुल 1800 करोड़ रुपए खर्च नहीं किए गए। कुछ प्रदेशों में सांसदों द्वारा इस धन का दुरुपयोग करने के समाचार आते रहे हैं। शायद इन्हीं कारणों से सांसद निधि का विरोध होता रहा है, इसीलिए पाँच करोड़ रुपए बढ़ाने के निर्णय का सांसदों

के अलावा देश में किसी ने भी स्वागत नहीं किया। इस प्रश्न पर पूरा देश एक तरफ और सांसद दूसरी तरफ दिखे। इसका सबसे बड़ा कारण यह है कि नेताओं की बिरादरी पूरी तरह से बदनामी हो गई है।

इन सब आरोपों को मैं स्वीकार करता हूँ। परंतु क्या किसी योजना में भ्रष्टाचार पाए जाने पर उसका यही इलाज है कि उसे बंद कर दिया जाए? सरकार का कौन सा विभाग है और कौन सी योजना है, जिसमें भ्रष्टाचार नहीं है? यदि यही कसौटी रखी जाए तो किस-किस विभाग और योजना को बंद किया जाएगा? सरकारों के कुछ ऐसे विभाग हैं, जिनमें 30 प्रतिशत धन भी खर्च नहीं होता! क्या उन सबको बंद कर देना चाहिए। बंद करने का निर्णय अपनी कमजोरी और अव्यवस्था को दरशाता है। इसका अर्थ यही है कि भ्रष्टाचार समाप्त करने की हिम्मत खत्म हो गई है और भ्रष्टाचार खत्म करने के लिए थोड़े ईमानदार लोग भी नहीं बचे हैं। यह पलायनवाद है।

वर्ष 2006 के स्टिंग ऑपरेशन में जब सात सांसद रिश्वत लेते हुए रँगे हाथों पकड़े गए तो उन्हें तुरंत संसद् सदस्यता से निष्कासित करके जेल क्यों नहीं भेजा गया? इस प्रकार के नियम और कानून सरकार ने क्यों नहीं बनाए? ऐसे सांसद लोकतंत्र के माथे पर कलंक हैं और उन्हें संसद् में रहने देना भी एक बहुत बड़ा अपराध है। यदि नियंत्रक महालेखा परीक्षा की रिपोर्ट में यह कहा गया कि 1800 करोड़ रुपए खर्च नहीं किए गए तो उस धन को वापिस क्यों नहीं भेज दिया गया? आज नियम है कि यदि वर्ष के अंत तक सांसद निधि खर्च न हो तो वह दूसरे वर्ष तक भी चलती रहती है। यह नियम क्यों रखा गया है? जो सांसद 31 मार्च तक अपनी सांसद निधि खर्च नहीं करता तो उसकी सांसद निधि 31 मार्च तक समाप्त समझी जानी चाहिए। यह भी आरोप लगाया गया है कि इस निधि से होने वाले कार्यों का ऑडिट नहीं होता। ऑडिट करने से सरकार को किसने रोका? सारे कामों का पूरा ऑडिट किया जाए। प्रशासन उसके लिए जिम्मेदार हो।

मैं जब से सांसद हूँ, इस सांसद निधि का ठीक उपयोग कर रहा हूँ। पूरे क्षेत्र में सार्थक व उपयोगी काम हुए हैं। मैं जब भी धन देता हूँ, वहाँ के जनप्रतिनिधियों व कार्यकताओं की एक समिति बनाता हूँ, जिन्हें उस काम की देख-रेख की जिम्मेदारी देता हूँ। मैं समय-समय पर जिलाधीश और खंड विकास अधिकारियों से लिखित रूप में जानकारी लेता हूँ कि काम की प्रगति क्या है। पूरा प्रशासन मुझे इस काम में सहयोग देता है। कहीं कोई कमी रह जाती है

तो उस पर काररवाई भी की जाती है। मैं 31 मार्च की प्रतीक्षा नहीं करता। पिछले वर्ष तो मैंने अपनी पूरी निधि नवंबर माह में ही बाँट दी थी। दिल्ली से धन आने में विलंब होता है, पर मेरे बाँटने में जरा भी विलंब नहीं होता। कारगिल युद्ध के प्रथम शहीद सौरभ कालिया की स्मृति में मैं उसी निधि से पालमपुर में एक वन-विहार बनवा रहा हूँ, जो पूरे प्रदेश में अपने प्रकार का एक प्रमुख शहीद स्मारक व पर्यटक स्थल होगा।

यह सांसद निधि रहनी चाहिए। नियम बदले जाने चाहिए। जरा भी भ्रष्टाचार सिद्ध होने पर उस सांसद की सदस्यता समाप्त कर देनी चाहिए। सभी कामों का सख्त ऑडिट होना चाहिए। 31 मार्च के बाद बाकी बची निधि वापिस ली जानी चाहिए।

□

आजादी की दूसरी लड़ाई की यह चिनगारी बुझेगी नहीं

भ्रष्टाचार के विरोध में और पारदर्शिता लाने के लिए पूरे देश में एक बहुत बड़ा जनमत बन रहा है। स्वामी रामदेवजी के द्वारा एक बहुत बड़ा प्रयास हुआ, परंतु उसे एकदम कुचल दिया गया। इससे कोई यह समझने की भूल न करे कि यह क्रांति समाप्त हो गई। 24 जून, 1975 को एमरजेंसी लगाकर सरकारी दमन से सब कुछ शांत करने की कोशिश की गई थी परंतु अंदर-ही-अंदर कुछ सुलगता रहा जो 1977 में एक बहुत बड़े परिवर्तन में प्रकट हुआ था।

आज एक विचित्र स्थिति पैदा हो गई है। सरकार का बहुत सा काम न्यायपालिका कर रही है। टूजी घोटाले की जाँच की समीक्षा का काम सर्वोच्च न्यायालय कर रहा है। न्यायपालिका केवल संविधान की व्याख्या और कानून का राज्य स्थापित करने के लिए है परंतु जब सरकार विफल हो गई तो ऐसे बहुत से काम न्यायपालिका को करने पड़ रहे हैं। इसी प्रकार भ्रष्टाचार समाप्त करने के लिए लोकपाल बिल पास करवाना राजनैतिक दलों का काम है। पूरे देश को भ्रष्टाचार से मुक्त करवाने का काम देश की राजनीति का है परंतु यह काम भी अन्ना हजारे कर रहे हैं। कभी स्वामी रामदेवजी करने का प्रयत्न कर रहे हैं। सच्चाई को स्वीकार करना होगा कि इस दृष्टि से देश की राजनीति अपना कर्तव्य करने में पूरी तरह से विफल हो गई। कई बार तो राजनैतिक दल अप्रांसगिक हो रहे हैं। जन-लोकपाल बिल बनाने की समिति में राजनैतिक दलों का एक भी प्रतिनिधि नहीं है, जो हैं वे सरकार के प्रतिनिधि के रूप में हैं। देश के लोकतंत्र

के लिए यह बहुत बड़ा संकट है।

स्वामी रामदेव ने एक अभूतपूर्व संगठित राष्ट्रीय जनमत का निर्माण किया। उसके बाद वे सभी राजनैतिक दलों को बुलाकर कहते कि अब इस काम को आगे आप बढ़ाओ। मैं अपने योग के काम में लौट रहा हूँ। शायद स्वामी रामदेवजी को राजनैतिक दलों पर भरोसा नहीं था। एक बार वे ऐसा आह्वान करते। राजनैतिक दल कुछ न करते तो फिर वे अन्ना हजारे जैसे सभी को साथ लेकर प्रबल आंदोलन करते।

स्वामीजी के अनशन पर पूरा देश उद्वेलित था। प्रबल जन समर्थन मिला था। सरकार हड़बड़ाहट में थी। चार मंत्री स्वामीजी को मनाने हवाई अड्डे पर चले गए। वास्तव में प्रधानमंत्री श्री मनमोहन सिंहजी कोई समाधान निकालना चाहते थे परंतु श्रीमती सोनिया गांधी और उनके सहयोगी इस प्रश्न पर कुछ भी नहीं करना चाहते थे। इस संबंध में एक बहुत बड़ी भूल हो गई। सरकार ने काले धन को राष्ट्रीय संपत्ति घोषित करना मान लिया। स्वामीजी ने रामलीला मैदान में इसकी सूचना दी। एक जश्न का माहौल बना फिर स्वामीजी ने कहा कि वे लिखित आश्वासन चाहते हैं। कपिल सिब्बल ने कहा कि वे लिखित आश्वासन भिजवा रहे हैं। ठीक उसी समय स्वामीजी को अपना अनशन समाप्त कर देना चाहिए था। उन्हें कहना चाहिए था कि सरकार ने मुख्य माँग मान ली। कानून बनाना स्वीकार कर लिया और लिखित भेज रहे हैं। स्वामीजी कहते कि उन्हें सरकार पर भरोसा है और इसी समय अनशन समाप्त करने की घोषणा कर देते। सरकार पूरी तरह से बँध जाती। सोनिया धड़ा परेशान हो जाता। सरकार उस आश्वासन के शिकंजे में फँस जाती।

सरकार के इस निर्णय से सोनिया गांधी और उनके सहयोगी बहुत परेशान हुए। यदि ऐसा कानून बने तो उन सबके नाम सामने आएँगे, जिनके खाते स्विट्जरलैंड के बैंकों में हैं। बोफोर्स घोटाले की दलाली का पैसा उन खाते में जमा होने के समाचार आए हैं। नेहरू परिवार के एक मित्र, इटली के निवासी क्वात्रोची पर वर्षों तक मुकदमा चलता रहा। उसके बैंक खातों को सील कर दिया गया, परंतु अटलजी की सरकार जाने के तुरंत बाद उन खातों को खोल दिया गया। स्विट्जरलैंड की एक पत्रिका 'स्वीजर इलस्ट्रेट' ने विश्व के 14 बड़े नेताओं के नाम छापे थे, जिनके खाते स्विट्जरलैंड के बैंकों में हैं। उन नामों में भारत के एक पूर्व प्रधानमंत्री का नाम भी था। जर्मन की एक पत्रिका ने खाताधारी विश्व नेताओं

के चित्र छापे थे, उसमें राजीव गांधीजी का चित्र भी था। सरकार के निर्णय के तुरंत बाद श्रीमती सोनिया गांधी गुट के नेताओं ने उस फैसले को नकारने के आदेश दिए। बालकृष्ण आचार्य का पत्र प्रेस को दे दिया गया। स्वामीजी नाराज हो गए और सरकार को अपने फैसले से बच निकलने का रास्ता मिल गया। जाने-अनजाने यह रास्ता स्वामीजी के द्वारा दिया गया।

ठीक उसी समय मैंने स्वयं स्वामीजी से दूरभाष पर संपर्क करने की कोशिश की। मैं उन्हें कहना चाहता था कि वह तुरंत अनशन समाप्त कर दें। उनका दूरभाष नहीं मिला तो मैंने उनके विशेष सहायक अजय आर्य से बात करने की कोशिश की परंतु बात हो नहीं सकी।

उसके बाद जो कुछ भी हुआ, वह सब इस बात का प्रमाण है कि सरकार काले धन के सवाल पर कुछ नहीं करना चाहती। राजनैतिक दल सरकार को पूछ सकते हैं कि बातचीत के दौरान सरकार ने काले धन को राष्ट्रीय संपत्ति घोषित करने का निर्णय किया। उस पर कानून बनाने की बात भी कही। सरकार का यह निर्णय पूरे राष्ट्र के साथ था। इस निर्णय से सरकार पीछे क्यों हटी? इसका कोई भी उत्तर सरकार के पास नहीं था।

यह चिंता का विषय है कि भ्रष्टाचार के प्रश्न पर रामलीला मैदान में इतना बड़ा आंदोलन शासन की शक्ति के बल पर शांत कर दिया गया। यदि थोड़ी सी चूक न होती तो आज सरकार कठघरे में होती। पूरा देश सरकार के वायदे को पूरा कराने के लिए उठ खड़ा होता परंतु प्रश्न स्वामीजी के रामलीला मैदान के आंदोलन का नहीं है। उस संबंध में रात के 1 बजे जो शर्मनाक कृत्य सरकार ने किया, उस पाप का फल तो इस सरकार को अवश्य भोगना पड़ेगा परंतु भ्रष्टाचार के सवाल पर जो वायदा जनमत को दिया था, अब उससे सरकार पीछे कैसे हट सकती है?

भ्रष्टाचार और काले धन की लड़ाई साधारण नहीं है। बड़े-बड़े प्रभावशाली, बुद्धिमान और योग्य लोग इस अपराध में लिप्त हैं। एक स्विट्जरलैंड नहीं, विश्व के 70 देशों में गुप्त खाते हैं। स्विट्जरलैंड से तो अब बहुत से लोगों ने अपना धन निकालकर दूसरे देशों के बैंकों में जमा करवा दिया है। देश का 300 लाख करोड़ रुपया लूटा गया है। उसी के कारण देश में गरीबी, अभाव और भुखमरी है। विश्व की एक विश्वसनीय संस्था जी.एफ.आई. (Global Financial Integrity) के अनुसार हर 24 घंटे में भारत से 240 करोड़ रुपया विदेशी बैंकों

के गुप्त खातों में जाता है। यह लड़ाई साधारण नहीं है। सचमुच, यह भारत की आजादी की दूसरी लड़ाई है। इसके लिए अन्ना हजारे, स्वामी रामदेवजी, श्री श्री रवि शंकर और पूरे देश के लोग एक मंच पर आने चाहिए। दूसरे मंच पर राजनैतिक दलों को एक सांझा संघर्ष छेड़ना चाहिए।

□

जनता अब भ्रष्टाचार नहीं सहेगी

न्यायपालिका और कार्यपालिका जनतंत्र में महत्त्वपूर्ण संस्थाएँ हैं। इनका संविधान द्वारा अपना-अपना अलग क्षेत्र है। इन दोनों के बीच किसी भी प्रकार का टकराव दूरगामी दुष्परिणाम पैदा कर सकता है। यह चिंता का विषय है कि सर्वोच्च न्यायालय और भारत सरकार के बीच अविश्वास दिन-प्रतिदिन बढ़ता जा रहा है। भारत सरकार ने काले धन की जाँच के लिए एक समिति बनाई थी। सर्वोच्च न्यायालय ने उसे पूरी तरह से रद्द कर दिया। उसे एक विशेष जाँच एजेंसी के रूप में बदल दिया। अध्यक्ष और उपाध्यक्ष के स्थान पर पूर्व न्यायाधीशों को नियुक्त कर दिया। एक प्रमुख अधिकारी को भी सदस्य बना दिया। यह पूरी काररवाई सीधे साफ शब्दों में भारत सरकार के प्रति अविश्वास का निर्णय है। सरकार द्वारा नियुक्त पहले के अधिकारी अब इस समिति में कैसे काम करेंगे, यह भविष्य बताएगा।

यह सच है कि काले धन के सवाल पर केंद्र सरकार एक रहस्यपूर्ण निष्क्रियता दिखा रही है। यदि सर्वोच्च न्यायालय ने फटकार न लगाई होती तो हसन अली जैसा काले धन का चोर आज भी खुला घूमता होता, सरकार पर इतनी फटकार और अविश्वास चिंता का विषय है।

सर्वोच्च न्यायालय द्वारा सरकार पर यह अविश्वास काफी समय से चल रहा है। कितनी ही बार सरकार को फटकार पड़ी है। सरकार उपहास का पात्र भी बनी है। पूर्व सांसदों व मंत्रियों द्वारा बँगले न छोड़ने के प्रश्न पर सर्वोच्च न्यायालय ने हैरानी बताते हुए टिप्पणी की थी कि यदि कानून बनाने वाले ही इस प्रकार कानून तोड़ते रहेंगे तो फिर भगवान् ही इस देश को बचाएगा। सर्वोच्च न्यायालय ने इसी मामले पर सभी प्रदेशों से कुछ सूचना माँगी थी। दूसरी पेशी पर सूचना पूरी नहीं

आई। तब सर्वोच्च न्यायालय ने टिप्पणी की थी, 'अब तो यदि भगवान् भी आ जाए तो भी इस देश को नहीं बचा सकता।' हसन अली के मामले पर टिप्पणी की थी, 'इतना धन विदेशों में ले जाना सीधे तौर पर एक लूट है और कहा था कि यह इस देश में क्या हो रहा है। 2-जी स्पैक्ट्रम के मामले पर भी पूरी जाँच की देख-रेख सर्वोच्च न्यायालय स्वयं कर रहा है।

संविधान में दर्शाई गई शक्तियों की मर्यादा के अनुसार किसी भी मामले की जाँच की देख-रेख करना न्यायपालिका का काम नहीं है परंतु कार्यपालिका इतनी निकम्मी और इतनी भ्रष्ट हो गई है कि उस पर विश्वास नहीं किया जा सकता। भारत सरकार में नैतिक साहस नहीं है। प्रतिदिन सर्वोच्च न्यायालय की फटकार सह रही है व अपने कर्तव्य का पालन नहीं कर रही है और इसीलिए न्यायपालिका के हाथों प्रतिदिन अपना अपमान सह रही है। सर्वोच्च न्यायालय ने जो अविश्वास प्रकट किया है, वह जनता की भावनाओं का द्योतक भी है। तकनीकी दृष्टि से भले ही न्यायपालिका कार्यपालिका के अधिकार क्षेत्र में अतिक्रमण कर रही हो परंतु कार्यपालिका के अयोग्य और भ्रष्ट होने के कारण पूरा देश न्यायपालिका के साथ है। वह न्यायपालिका की इस अति सक्रियता को सराह रहा है।

प्रतिदिन बढ़ता हुआ यह विश्वास कभी भी टकराव में बदल सकता है। यह स्थिति भारत के लोकतंत्र के लिए एक नया संकट पैदा कर सकती है।

सत्ता दल की ओर से बार-बार यह बात कही जा रही है कि कानून संसद् में बनते हैं, जंतर-मंतर और सड़क पर नहीं। बहुत से राजनैतिक दल भी प्रत्यक्ष या परोक्ष यही भाषा बोल रहे हैं। इससे उत्साहित होकर सरकार ने यह कह दिया कि वे भविष्य में अन्ना हजारे जैसी संस्थाओं से बात नहीं करेंगे।

यह बिलकुल ठीक है कि कानून बनाने का काम संसद् को करना है परंतु इस बात का क्या उत्तर है कि पिछले 43 वर्षों से लोकपाल बिल क्यों पास नहीं हुआ? काले धन को विदेश जाने से रोकने के लिए कोई कानून क्यों नहीं बना? 300 लाख करोड़ रुपए विदेशी बैंकों में पहुँच गया, उसे वापिस लाने के लिए न्यायपालिका के निर्देश और फटकार के बाद भी सरकार व संसद् ने कोई काररवाई क्यों नहीं की? एक लाख 34 हजार करोड़ रुपए विदेशी बैंकों में जमा होने का प्रमाण मिलने के बाद भी हसन अली को सात साल तक बचाया क्यों जाता रहा? न तो कारगर कानून बने और न ही बने हुए कानूनों को अच्छी तरह से लागू किया गया। पूरा देश भ्रष्टाचार की महामारी से छटपटाने लगा है। ऐसी

स्थिति में यदि कोई अन्ना हजारे या स्वामी रामदेव सड़क पर आए तो इसे हर दृष्टि से उचित ठहराया जाएगा। लोग अन्ना हजारे या स्वामी रामदेव के पीछे नहीं गए, वे तो भ्रष्टाचार के मुद्दे पर इकट्ठे हुए। ये दोनों इस संघर्ष के प्रतीक बन गए। आज भ्रष्टाचार भी चरम सीमा पर है और उसके विरुद्ध जनता का रोष भी चरम सीमा पर है। कभी कोई सोच सकता था कि ए. राजा, कलमाड़ी व कनिमोझी जैसे नेता तिहाड़ जेल में पहुँच जाएँगे। यह कारखाई सरकार के कारण नहीं हुई। उनके वश में होता तो वह आज भी पदों पर होते। यह सब प्रबल जनरोष का परिणाम है। ऐसा लगता है, अब भ्रष्टाचार पर लगाम अवश्य लगेगी। पारदर्शिता का युग आ रहा है।

संसद् में कानून बनाने की दलील देने वालों को यह उत्तर देना होगा कि आज तक ऐसे कानून क्यों नहीं बनाए, बने कानूनों का पालन क्यों नहीं करवाया भ्रष्टाचार ने पूरे देश को जकड़ लिया है। किसी भी देश में जब ऐसी स्थिति पैदा होती है तो मर्यादाएँ टूटती हैं। आज तो कई अन्ना हजारे या स्वामी रामदेव सड़क पर आ रहे हैं। यदि यही हालत रही तो पूरी जनता सड़क पर आएगी और फिर ऐसे भ्रष्ट नेताओं को मुँह छिपाने की जगह नहीं मिलेगी।

□

किस्सा काले धन का

काला धन कभी वापिस नहीं आएगा

पिछले कुछ वर्षों से विश्व भर में भ्रष्टाचार पर चिंता जताई जा रही थी। राष्ट्रसंघ तथा विश्व के अन्य कई देशों के संगठन भ्रष्टाचार रोकने के लिए चर्चा करते रहे और कई प्रकार की योजनाएँ बनाते रहे। कुछ देशों में विकास हुआ। ऐश्वर्य बढ़ा। उसके साथ ही उन देशों के कुछ लालची और भ्रष्ट लोगों ने भ्रष्टाचार द्वारा धन इकट्ठा करना शुरू किया। जब वे लोग अपने ही देश में उस धन को सँभालकर नहीं रख सके तो दूसरे देशों के बैंकों में गुप्त खातों में धन रखना शुरू किया गया। कुछ देशों में गुप्त खातों में इस प्रकार का धन रखना ही एक उद्योग बन गया। उन देशों को 'कर-स्वर्ग' देश कहा जाने लगा। जहाँ कर छुपाने के लिए धन जमा कराया जा सकता है। वास्तव में केवल कर बचाने के लिए ही नहीं, बल्कि भ्रष्टाचार व अपराध से कमाया धन छिपाने के भी अड्डे बन गए। यह सिलसिला कई वर्षों से चल रहा था। परंतु जब विश्व के संपन्न देशों अमेरिका, इंग्लैंड, जर्मन और जापान को आर्थिक मंदी का सामना करना पड़ा तो वे इस धन की ओर भी ध्यान देने लगे। आर्थिक मंदी ने कुछ देशों की आर्थिक व्यवस्था को पूरी तरह से हिलाकर रख दिया। उस स्थिति में विदेशी बैंकों में अपने देश के जमा धन के संबंध में विशेष चिंता होने लगी।

इस दिशा में सबसे महत्त्वपूर्ण काम राष्ट्रसंघ द्वारा किया गया। दो वर्षों के विचार-विमर्श के बाद वर्ष 2003 में भ्रष्टाचार के विरुद्ध एक महत्त्वपूर्ण संकल्प (United Nation Convention Against Corruption) पास हुआ। 148 देशों ने इस चर्चा में भाग लिया। लगभग 135 देशों ने इसपर हस्ताक्षर किए, इस समय तक 126 देश उसकी पुष्टि करके दूसरे देशों में जमा अपने धन को वापिस लेने की काररवाई कर रहे हैं।

विश्व में इसी प्रकार के और कई संगठन OECD, G-V, GN and FATF बने हैं, जो इस दिशा में काम कर रहे हैं। विश्व के 30 प्रमुख देशों ने एक संगठन 'कैरिन' (CARIN) नाम से बनाया है, जिसका उद्‌देश्य इन देशों के लोगों द्वारा विदेशों में जमा धन को वापिस लाना है। राष्ट्रसंघ और विश्व बैंक के सहयोग से एक संगठन 'स्टार' (Stolen Assett Recovery) बना है, जिसका उद्‌देश्य ही ऐसे धन का पता लगाना और उसे मूल देश को वापिस दिलाना है।

इस प्रकार के अनेक प्रयत्न विश्व भर के देशों में हो रहे हैं। परंतु बहुत कम देशों को अपना धन वापिस लाने में सफलता प्राप्त हुई है। उसका सबसे बड़ा कारण यह है कि अधिकतर देशों का नेतृत्व ही भ्रष्ट है। धन लूटनेवाले लोग चतुर और प्रभावशाली हैं तथा विश्व भर में इस समय 69 देश ऐसे हैं, जहाँ के बैंक लूट का यह धन अपने गुप्त खातों में रखते हैं।

भारत से विदेशों में जमा काले धन के संबंध में बहुत अधिक चर्चा हुई है। अब लगभग इस बात को सबने स्वीकार कर लिया है कि विदेशों में भारतीयों का धन जमा है। सारे अनुमानों के अनुसार यह धन कम-से-कम 300 लाख करोड़ रुपए हो सकता है। बिलकुल सही आँकड़ा कोई भी नहीं बता सकता। इससे थोड़ा कम भी हो सकता है और इससे थोड़ा अधिक भी हो सकता है। पर भारतीय धन की इस लूट को अब सबने स्वीकार कर लिया है। लंबे टालमटोल के बाद भारत सरकार ने भी इस बात को स्वीकार किया है और अनमने मन से कुछ काररवाई भी शुरू की है।

इस सबके बाद भी मेरा यह दृढ़ विश्वास है कि वर्तमान सरकार इस दिशा में कुछ भी नहीं करेगी और यह धन कभी भी भारत में वापिस नहीं लाया जाएगा।

यह धन वापिस लाने के लिए आज सबसे महत्त्वपूर्ण अंतरराष्ट्रीय कानूनी साधन राष्ट्रसंघ का प्रस्ताव है। उसका सहारा लेकर कुछ देशों ने सार्थक काररवाई की है। इस प्रस्ताव के अनुसार सदस्य देशों पर ऐसे धन को वापिस करने की पूर्ण बाध्यता है। यह प्रस्ताव वर्ष 2003 में पास हुआ। भारत ने इसपर हस्ताक्षर करने में टालमटोल की। विश्व के 135 देशों ने इसपर हस्ताक्षर किए। लेकिन भारत ने तब भी इसपर हस्ताक्षर नहीं किए। इस महत्त्वपूर्ण प्रस्ताव पर हस्ताक्षर करने के लिए राष्ट्रसंघ ने कई सम्मेलन बुलाए। मेक्सिको के सम्मेलन में भारत का प्रतिनिधि भी गया था। कई देशों ने इसपर हस्ताक्षर किए। मुझे पिछले वर्ष न्यूयॉर्क में भारतीय मिशन के अधिकारी ने बताया कि भारत द्वारा हस्ताक्षर करना भी तय था। पूरी तैयारी थी, पर अंतिम समय पर दिल्ली से निर्देश आया कि हस्ताक्षर मत करो। वह अधिकारी स्वयं वहाँ मौजूद था। आखिर जनमत के सामने विवश होकर राष्ट्रसंघ

द्वारा हस्ताक्षर करने की अंतिम तिथि 15 दिसंबर, 2005 को भारत ने इस संधि पर हस्ताक्षर किए। अंतरराष्ट्रीय नियम के अनुसार केवल हस्ताक्षर करना काफी नहीं। जब तक देश इसकी पुष्टि नहीं करता, इस संधि के अंतर्गत कोई काररवाई नहीं की जा सकती। आज छह वर्ष बीत गए, लेकिन भारत ने इसकी पुष्टि नहीं की है।

जी-20 देशों की 2009 में बर्लिन में एक महत्त्वपूर्ण बैठक हुई। उसमें जर्मन और फ्रांस ने विदेशी बैंकों में गुप्त खातों का मामला बड़े जोर से उठाया; परंतु उस बैठक में भारत खामोश रहा। उसका समर्थन नहीं किया। जी-20 देशों की लंदन में दूसरी बैठक में जब अमेरिका और इंग्लैंड ने फिर से इस मामले को उठाया, तब भी भारत चुप रहा। उसके बाद जर्मन सरकार ने सभी देशों को लंकिनस्टाइन बैंक में गुप्त खातों की जानकारी देने का प्रस्ताव किया तो भारत ने उस संबंध में कोई काररवाई नहीं की। जब कुछ नामों की सूचना मिल ही गई तो उसे छिपाकर रखा। सर्वोच्च न्यायालय में जब नाम देने पड़े तो सार्वजनिक करने में सरकार टालमटोल करती रही।

कुछ वर्ष पूर्व पुणे के हसन अली पर छापे पड़े। उसके कई विदेशी बैंक खातों का पता लगा। आयकर विभाग ने सार्वजनिक रूप से स्वीकार किया कि उसके स्विट्जरलैंड तथा अन्य देशों के बैंक खातों में लगभग एक लाख 34 हजार करोड़ रुपए जमा हैं। सरकार ने जान-बूझकर इसे केवल टैक्स चोरी का मामला बनाकर उसे 50 हजार करोड़ रुपए जमा करवाने का नोटिस दिया। एक जाली पासपोर्ट बनवाने के आरोप में उसे गिरफ्तार किया गया। बाद में उसे छोड़ दिया गया। वित्त मंत्री श्री प्रणव मुखर्जी ने सार्वजनिक रूप से कहा कि उससे टैक्स वसूला जा रहा है। जब महाराष्ट्र विधानसभा में उसके कुछ बड़े कांग्रेसी नेताओं से संबंध होने के आरोप लगे और कहा गया कि उसके नाम से जमा यह धन कुछ बड़े नेताओं का है, तो सारा मामला खटाई में डाल दिया गया। प्रश्न टैक्स-चोरी का नहीं है। यह एक लाख 34 हजार करोड़ रुपए कहाँ से आया? किसका है? और किस तरीके से विदेशी बैंकों में चला गया? यह एक भयंकर अपराध है। सरकार ने इस अपराध को अपराध नहीं माना। केवल टैक्स चोरी का मामला कहा और उसमें से एक पैसा भी वसूला नहीं गया। आज भी यह अपराधी खुलेआम घूम रहा है। सरकार पूरी बेशर्मी के साथ उसे बचा रही है। उच्चतम न्यायालय ने भी सरकार से उस संबंध में पूछा है। न्यायालय ने भी उसके पासपोर्ट जब्त करने का सुझाव दिया है। उसको इस प्रकार बचाने के पीछे एक ही कारण हो सकता है कि उसके नाम जमा धन कुछ बड़े नेताओं का है। एक अस्तबल चलाने वाला इतना धनवान् कैसे हो सकता है।

बोफोर्स घोटाले में दलाली लेने का मामला सिद्ध हो गया है। क्वात्रोची द्वारा विदेशी बैंक खातों का आरोप भी सिद्ध हो चुका है। सरकार ने उसे बचाने की पूरी तरह से कोशिश ही नहीं की, बल्कि उसे बचा भी लिया। बोफोर्स मामले पर सरकार तो बदली, पर दलाली का धन विदेशी गुप्त खातों से वापिस नहीं आया।

जब से इस विषय पर भारत में गंभीर चर्चा होने लगी है, ऐसे लोगों ने अपने धन को अन्य देशों में जमा करवाना शुरू कर दिया है। ये लोग पढ़े-लिखे, चतुर और बहुत प्रभावशाली हैं। स्विट्जरलैंड से बहुत से लोगों ने अपना धन निकालकर कुछ अन्य देशों में जमा करवा दिया है। भारत सरकार भ्रष्ट लोगों को हर तरफ से बचाने की कोशिश कर रही है और धन लूटनेवाले ये लोग अपने प्रभाव का प्रयोग करके बदल-बदलकर विभिन्न देशों में अपना धन जमा करवा रहे हैं। कौन उनका पीछा करेगा। कौन उनको पकड़ेगा, यह चर्चा होती रहेगी। परंतु वर्तमान परिस्थितियों में यह धन कभी भी वापिस नहीं आएगा।

यह धन वापस लाने का अब एक ही तरीका बचा है। भारत कठोर कानून बनाए। मैंने इस संबंध में भाजपा राष्ट्रीय कार्यसमिति, गौहाटी की बैठक में चर्चा की थी। बहुत से मित्रों ने इसका समर्थन किया, पर कुछ ने कहा कि बहुत सख्त कानून बन जाएगा। मेरा यह कहना है कि देश का धन लूटनेवाले और देश के करोड़ों लोगों को गरीबी में सिसकने पर मजबूर करनेवाले इन भ्रष्टाचारियों के लिए सहानुभूति क्यों हो? और फिर जब कोई चारा ही नहीं बचा है तो फिर सख्त कानून क्यों न बनाया जाए? देश को दो टूक निर्णय करना होगा। या तो देश के इन लुटेरों को खुली छूट दी जाए या सख्त कानून बनाकर यह धन भारत वापिस लाया जाए। इसके लिए मैं निम्न चार सूत्री काररवाई का सुझाव देता हूँ—

1. भारत कानून बनाए कि किसी भी विदेशी बैंक में गैर-कानूनी तरीके से धन जमा कराना गंभीर अपराध होगा और उसमें कम-से-कम 10 साल की सजा होगी।
2. कानून बनने के छह मास के भीतर जो लोग स्वयं घोषणा कर देंगे उन्हें कानून से छूट दे दी जाएगी और उनका नाम गुप्त रखा जाएगा। उनका पूरा धन भारत आने पर उसका एक भाग उन्हें देकर बाकी सरकारी खजाने में जमा हो जाएगा।
3. इस प्रकार के लोगों के संबंध में सूचना देनेवाले व्यक्ति को 25 लाख रुपए का इनाम दिया जाएगा और उनका नाम बिलकुल गुप्त रखा जाएगा।

4. सरकार के पास ऐसे बहुत से नाम हैं। कानून बनने के तुरंत बाद उनपर कारखाई शुरू की जाए। यह अपराध गैर-जमानती हो और उन सब लोगों को तुरंत गिरफ्तार किया जाए।

इस प्रकार के कानून से वे सब लोग तुरंत सरकार के आगे झुकेंगे। कानून का उद्देश्य केवल सजा देना नहीं है, बल्कि एक सख्त कानून के द्वारा ऐसे लुटेरों को इस सीमा तक पहुँचाना है कि वे विवश होकर धन वापिस लौटाएँ। ये सब धनवान् लोग हैं। ये न भगवान् से डरते हैं, न सरकार से डरते हैं, पर जेल में एक भी दिन नहीं काट पाएँगे। मुझे विश्वास है, इस प्रकार के कानून के बाद ये सब लोग हाथ जोड़कर सरकार के दरवाजे पर खड़े होंगे और सारा धन वापिस आएगा। इस समय केवल 26 लाख करोड़ रुपए का विदेशी ऋण है। वह एक दिन में चुका दिया जाएगा। गरीबी की रेखा से नीचे के सभी करोड़ों गरीब लोगों को उस धन की सहायता से सदियों के गरीबी के जंजाल से मुक्त किया जा सकेगा। वह दिन एक और आजादी का दिन होगा—15 अगस्त, 1947 की तरह।

□

देश का धन देश में लाएँ

संयुक्त राष्ट्रसंघ अधिवेशन में भाग लेने का निमंत्रण मिलते ही मेरे ध्यान में भ्रष्टाचार के संबंध में राष्ट्रसंघ द्वारा पारित अत्यंत महत्त्वपूर्ण व ऐतिहासिक निर्णय 'यू.एन. कन्वेंशन अगेंस्ट करप्शन' आया। मैंने इस निर्णय का पिछले दिनों विशेष अध्ययन किया था। राष्ट्रसंघ में भारत के स्थायी मिशन के राजदूत व अन्य अधिकारियों की पहली ही बैठक में मैंने यू.एन. कन्वेंशन विषय पर ही बोलने की इच्छा प्रकट की। थोड़ी सी आपत्ति के बाद मेरी बात स्वीकार कर ली गई।

सभा की कारवाई शुरू होते ही मिशन के अधिकारी ने मुझे बताया कि वक्ताओं की सूची में मेरा नाम आठवें स्थान पर है और मुझसे पूर्व स्विट्जरलैंड का प्रतिनिधि बोलेगा। मैं बोल तो दूसरी बार रहा था, पर इस बार मेरी उत्सुकता व उत्साह बहुत अधिक था। मैं अपनी रुचि के एक महत्त्वपूर्ण विषय पर बोल रहा था। मैं भारत में उसी विषय पर अधिक बोलता हूँ, लिखता हूँ। इसके लिए कई बार मूल्य भी चुकाया है। आज उसी विषय पर विश्व की सबसे बड़ी संसद् में बोलने का मौका मिल रहा है। मेरी प्रसन्नता व उत्साह की कोई सीमा न थी। जब यह पता चला कि मुझसे पूर्व स्विट्जरलैंड का प्रतिनिधि बोल रहा है तो मेरी उत्सुकता कई गुणा बढ़ गई; क्योंकि उसी देश के बैंकों के गुप्त खातों में भारत के लोगों का 70 लाख करोड़ रुपए अवैध रूप से जमा है। स्विट्जरलैंड के प्रतिनिधि श्री मैथयास बैचमैन का भाषण मेरे लिए चौंकाने वाला था। भारत व विश्व के अन्य देशों का लाखों रुपया स्विट्जरलैंड के बैंकों में जमा है। इस देश की संपन्नता का यह एक बड़ा कारण है। स्विट्जरलैंड का निहित स्वार्थ तो इसी बात में है कि वह धन उसी के बैंकों में पड़ा रहे। हम आज तक स्विट्जरलैंड को भ्रष्टाचार के इस धन को अपने देश में जमा करने का दोषी समझते थे, पर उस दिन श्री बैचमैन का

भाषण सुनकर मुझे अपनी धारणा बदलनी पड़ी।

श्री बैचमैन ने अपने भाषण में कहा, ''भ्रष्टाचार आर्थिक विकास के लिए खतरा है। इससे कुछ लोग अमीर हो जाते हैं, पर पूरे समाज का ढाँचा कमजोर हो जाता है। हमारा देश इस समस्या से चिंतित है। राष्ट्रसंघ का प्रस्ताव देशों का चुराया धन वापिस करने के लिए एक प्रभावशाली अंतरराष्ट्रीय साधन है। हमने इस प्रस्ताव की पुष्टि 2009 में कर दी थी। हमारे देश की संसद् ने इस संबंध में एक कानून भी बना दिया है, ताकि उन देशों का धन लौटाया जा सके, जहाँ से चुराकर हमारे देश में जमा कराया गया है। हमने बहुत से देशों का धन वापिस भी कर दिया है; परंतु यह काम तभी संभव हो सकता है जब संबंधित देश राजनैतिक इच्छाशक्ति और पक्के इरादे से इस संबंध में काररवाई करें।''

भाषण का अंतिम वाक्य सुनकर मैं लज्जित सा हो गया। इस संबंध में भारत की स्थिति बहुत दुर्भाग्यपूर्ण है। राष्ट्रसंघ ने वह महत्त्वपूर्ण निर्णय 2003 'यू.एन. कन्वेंशन अगेंस्ट करप्शन' में किया। उसका मुख्य उद्देश्य देशों का अवैध धन दूसरे देश से उन्हें लौटाना है। कुल 140 देशों ने इस प्रस्ताव पर हस्ताक्षर किए। 120 देशों ने इसकी पुष्टि कर दी। भारत ने 2005 में हस्ताक्षर तो किए परंतु आज तक इसकी पुष्टि नहीं की। जब तक भारत पुष्टि नहीं करता, वह किसी भी देश से धन वापिस लाने की कोई काररवाई नहीं कर सकता। स्विट्जरलैंड ने हस्ताक्षर भी किए, पुष्टि भी कर दी और धन लौटाना भी शुरू कर दिया। पर भारत इस दिशा में कुछ भी नहीं कर रहा है।

मैंने अपने भाषण में इस निर्णय पर राष्ट्रसंघ का धन्यवाद किया। मैंने कहा, जब तक भ्रष्टाचार समाप्त नहीं होगा, तब तक गरीबी दूर नहीं होगी। अति गरीबी के कारण अपराध और आतंकवाद बढ़ता जाएगा। मैंने राष्ट्रसंघ से अपील भी कि केवल प्रस्ताव पास करना पर्याप्त नहीं है। यह विश्व-संस्था ऐसे देशों को विवश करे, ताकि वे ऐसा धन मूल देशों को लौटा दें। आवश्यकता पड़े तो ऐसे देशों पर राष्ट्र संघ विश्व समुदाय के माध्यम से सब प्रकार का दबाव बनाए; क्योंकि अवैध धन का संग्रहण एक अपराध है। विश्व में करोड़ों लोगों की गरीबी का यह एक बड़ा कारण है। विश्व में सब है पर यह सब तक पहुँचाया नहीं गया। गांधीजी का अंत्योदय आज भी सार्थक है। मैंने दिनकरजी की ये पंक्तियाँ सुनाईं—''शांति नहीं तब तक, जब तक भाग न सबका सम हो, नहीं किसी को बहुत अधिक हो, नहीं किसी को कम हो।''

अमेरिका ने स्विट्जरलैंड के एक बैंक पर मुकदमा किया। इसे लाखों करोड़ रुपए जुरमाने में अमेरिका को देने पड़े। साथ में अमेरिका अपने देश के 52 हजार

खाता धारकों के नाम लेने में सफल हो गया। अब धन वापिस लेने की काररवाई की जा रही है। जर्मन ने लिंकिनस्टाइन के इसी प्रकार के बैंक के कर्मचारी को विश्वास में लिया। उससे ऐसे सैकड़ों खाताधारकों के नाम प्राप्त कर उन्हें सार्वजनिक किया। जर्मन सरकार ने इस सूची में शामिल भारतीयों के नाम भारत सरकार को देने का प्रस्ताव किया, पर भारत ने नाम नहीं माँगे। जर्मन के प्रस्ताव पर ब्रिटेन ने अपने देश के लोगों के नाम ले लिये और धन वापिस लेने की काररवाई शुरू कर दी है। विश्व के लगभग सभी देशों ने इस संबंध में काररवाई शुरू कर दी है।

अतीत में कभी कुछ देशों के बर्बर लुटेरों ने विश्व के विभिन्न देशों को लूटा था। भारत को चंगेज, हिलाकू, गजनी और फिर अंग्रेज लूटते रहे। अग्रेजों की लूट के संबंध में हिंदी के प्रसिद्ध कवि भारतेंदु हरिश्चंद्र ने लिखा था—'धन विदेश चलि जात तऊ जिय होत न चंचल' दादाभाई नौरोजी ने भारतीय धन की लूट पर एक पुस्तक लिखी थी। आज विश्व के कुछ देशों के पढ़े-लिखे बेईमान लोग अपने देश को लूटकर यह धन कुछ विदेशी बैंकों के गुप्त खातों में जमा करवा रहे हैं। कैमून द्वीप की कहानी इस दृष्टि से बड़ी विचित्र है। इसकी कुल आबादी केवल 50 हजार है। क्षेत्रफल केवल 264 वर्ग किलोमीटर है। परंतु विश्व की 80 हजार कंपनियों ने यहाँ अपने मुख्यालय बनाए हैं। पाँच सौ बैंक यहाँ काम कर रहे हैं। इन बैंकों का कुल करोबार 1.5 ट्रिलियन डालर तक है। इस प्रकार यह विश्व के पाँचवें सबसे बड़े बैंक व्यवसाय वाला देश बन गया है। इसका एकमात्र कारण बैंकों के गुप्त खाते ही हैं।

कभी बर्बर लुटेरे समाज को लूटते थे। आज पढ़े-लिखे नेता, अधिकारी व उद्योगपति लूट रहे हैं। परंतु अब पूरे विश्व में इस अंतरराष्ट्रीय चोरी के विरुद्ध प्रबल जनमत बना है।

राष्ट्रसंघ में स्विट्जरलैंड के प्रतिनिधि का भाषण सुनकर मुझे विश्वास हो गया कि वह देश भारत का 70 लाख करोड़ रुपया वापस देना चाहता है, पर भारत उसे वापस नहीं लेना चाहता। उस दिशा में कोई काररवाई नहीं कर रहा। विश्व के 120 देशों ने राष्ट्रसंघ प्रस्ताव का समर्थन व पुष्टि कर दी, पर पाँच वर्ष से भारत पुष्टि नहीं कर सका। भारत के आज के नेताओं की नीयत में भी संदेह होना स्वाभाविक है। यदि भारत काररवाई करेगा तो उन सबके नाम सामने आएँगे, जो वर्षों से भारत को लूटते आ रहे हैं। इसलिए आज भी सरकार चुप है।

उस दिन चर्चा का विषय था 'वैश्वीकरण विकास और भ्रष्टाचार'। पूरे चार घंटे की चर्चा में विश्व के सब देशों ने भ्रष्टाचार पर चिंता जताई। इसे विकास में

बाधक बताया और सारी शक्ति लगाकर उसे समाप्त करने का संकल्प व्यक्त किया। राष्ट्रसंघ के प्रस्ताव पर अपने देश में किए गए प्रयत्नों पर प्रकाश डाला। मैं भारत की ओर से इस संबंध में कुछ भी नहीं कह सका; क्योंकि भारत ने आज तक इस प्रस्ताव की पुष्टि ही नहीं की है। मुझे डर लग रहा था कि यदि मुझे कोई यह पूछ ले कि विश्व के 120 देशों ने इस महत्त्वपूर्ण प्रस्ताव की पुष्टि की है, पर भारत ने क्यों नहीं की, तो मेरे पास इसका कोई भी उत्तर न था। भ्रष्टाचार के महारोग को समाप्त करने के लिए विश्व भर में इतने प्रयत्न हो रहे हैं। भारत में गरीबी भी सबसे अधिक है और भ्रष्टाचार भी सबसे अधिक है। इसके बाद भी भारत इस दिशा में कुछ नहीं कर रहा, यह सोचकर मैं लज्जित हो उठा।

आखिर देशद्रोह की व्याख्या क्या है ? अपने देश के हितों के विरुद्ध दूसरे देशों की प्रत्यक्ष व परोक्ष मदद करना ही देशद्रोह है। भारत के गरीबों के विकास के लिए लगने वाला धन भ्रष्टाचार से चुराकर विदेशों में जमा करानेवाले कोई भी हों, वे देशद्रोह की परिधि में आते हैं और उनको संरक्षण देनेवाली सरकार को भी देशभक्त नहीं कहा जा सकता।

मुझे बी.जे.पी. ओवरसीज तथा 'फ्रेंडस ऑफ इंडिया सोसाइटी' की तरफ से दो बड़े कार्यक्रमों में बुलाया गया। एक कार्यक्रम न्यू आरेलियन के बेटनरोज नगर में और दूसरा न्यू जर्सी में हुआ। 'फ्रेंडस ऑफ इंडिया सोसाइटी' के अंतरराष्ट्रीय अध्यक्ष भीष्म अग्निहोत्री ने इस कार्यक्रम का आयोजन किया था। दोनों जगह सैकड़ों भारतवासियों से मिलने का मौका मिला। 'भारत में विकास की चुनौतियाँ' विषय पर मुझे बोलने को कहा गया। मैंने दोनों जगह प्रवासी भारतीयों से अपील कि वे इस राष्ट्रसंघ के प्रस्ताव व भ्रष्टाचार विषय पर अंतरराष्ट्रीय स्तर पर जनमत जागृत करें। राष्ट्रसंघ और अधिक सक्रिय होकर इस चुराए धन को वापिस कराए। मुझे दोनों संस्थाओं ने विश्वास दिलाया कि वे इस दिशा में पूरे वर्ष विशेष कार्यक्रम आयोजित करेंगे तथा काले धन की विदेश वापसी के लिए विश्व में प्रबल जनमत जागृत करेंगे।

□

समस्त विश्व चिंतित है कालेधन के जाल से

विकासशील देशों में काले धन के जाल ने प्रगति की राह को अवरुद्ध कर दिया है। इन देशों की अर्थव्यवस्था को काले धन के प्रवाह ने तहस-नहस कर दिया है। विश्व में वित्त-प्रवाह पर अध्ययन करनेवाली अंतरराष्ट्रीय संस्था 'ग्लोबल फाइनेंशियल इंटेग्रिटी' के एक अध्ययन के अनुसार विकासशील देशों से प्रतिवर्ष 18.2 प्रतिशत काला धन दूसरे देशों में भेजा जाता है। इस आकलन के अनुसार भारत से प्रतिवर्ष 27.3 बिलियन डालर काला धन प्रतिवर्ष दूसरे देशों में पहुँच जाता है। देश में लूट का यह सिलसिला पिछले छह दशकों से चल रहा है। इस आधार पर भारत से विदेशों में पहुँचने वाले काले धन का अनुमान 1.4 ट्रिलियन डालर तक लगाया गया है। एक आकलन के अनुसार रूस, भारत, यू.के. तथा यूक्रेन व चीन का कुल मिलाकर 2512 बिलियन डॉलर काला धन विदेशों में जमा है। स्विस बैंक में जमा कुल राशि का 50 प्रतिशत भारतीयों का है।

विश्व में बढ़ रहे भ्रष्टाचार और काले धन के प्रवाह से समस्त विकासशील देश चिंतित हैं। भारत के अतिरिक्त सऊदी अरब, मेक्सिको, नाइजीरिया, मलेशिया, कुवैत, इंडोनेशिया, कजाकिस्तान और पाकिस्तान में भी काले धन के प्रवाह की प्रतिशतता सर्वाधिक है।

अंतरराष्ट्रीय स्तर पर भ्रष्टाचार और काले धन के प्रवाह पर नियंत्रण के लिए संयुक्त राष्ट्रसंघ की सामान्य सभा ने 31 अक्तूबर, 2003 को विश्व मंचों द्वारा इस संबंध में किए गए सभी प्रयासों का मूल्यांकन किया और अंतरराष्ट्रीय संगठनों द्वारा पारित प्रस्तावों पर विचार-विमर्श किया। सदस्य देशों ने भ्रष्टाचार और काले धन के

विरुद्ध एकजुट होकर संयुक्त प्रयास करने की आवश्यकता पर बल दिया। परिणामत: दिसंबर 2005 में 'यूनाइटेड नेशंस कन्वेंशन एंगेस्ट करप्शन' का गठन किया गया। इस संगठन के संविधान की प्रस्तावना में संयुक्त राष्ट्रसंघ के तत्कालीन महासचिव कॉफी ए. अनान ने कहा कि यह कन्वेंशन सभी सदस्य देशों को भ्रष्टाचार से अर्जित संपत्तियाँ उन देशों को वापिस लौटाने को बाध्य करेगा, जिस देश द्वारा ये संपत्तियाँ वापिस लौटाने की दिशा में सदस्य देशों द्वारा संयुक्त प्रयास का अनुरोध किया जाएगा। अनान के अनुसार पहली बार इस कार्य के लिए मूलभूत सिद्धांतों की परिकल्पना की गई है, जिससे सदस्य देशों को भ्रष्टाचार नियंत्रण में सहायता मिलेगी। संयुक्त राष्ट्रसंघ के महासचिव के अनुसार, जिन राष्ट्रों में उच्च पदों पर आसीन अधिकारियों द्वारा राष्ट्रीय संपत्ति को लूटा गया है, उन्होंने उस देश के समाज के पुनर्निर्माण और पुनर्स्थापना के कार्य में व्यवधान पैदा किया है। कॉफी अनान के अनुसार इस कन्वेंशन के द्वारा समस्त विश्व के करोड़ों लोगों के जीवन-स्तर में क्रांतिकारी परिवर्तन आएगा। इस कन्वेंशन को यूनाइटेड नेशंस की आमसभा ने 31 अक्तूबर, 2003 को न्यूयॉर्क में अंगीकृत किया और दिसंबर 2005 तक सभी देशों से सदस्यता ग्रहण करने का अनुरोध किया गया। इस कन्वेंशन के संविधान की धारा 67(2) के अनुरूप सभी देशों से संयुक्त राष्ट्रसंघ के मुख्यालय में दिसंबर, 2005 तक हस्ताक्षर करने को कहा गया। विश्व के 146 देशों में से 140 देशों ने इस संधि पर हस्ताक्षर कर दिए हैं, लेकिन भारत सहित 6 देश इसे सत्यापित अथवा अंगीकृत नहीं कर पाए हैं। विशेषज्ञों के अनुसार भारत इस संधि को इसलिए सत्यापित नहीं कर पा रहा है, क्योंकि इस कन्वेंशन की धारा 6-30-36 के अनुरूप भारत के पास भ्रष्टाचार एवं काले धन के प्रवाह पर नियंत्रण के लिए आधारभूत ढाँचा उपलब्ध नहीं है। इस कन्वेंशन की धारा 6 के अनुसार प्रत्येक सदस्य उस देश की वैधानिक प्रक्रिया के अंतर्गत मूलभूत सिद्धांत के अनुरूप एक ऐसे स्वायत्तता प्राप्त संगठन की स्थापना करेगा, जो देश में भ्रष्टाचार समाप्त करने के लिए सभी प्रभावी कदम उठाएगा। इस धारा में स्पष्ट किया गया है कि इस तरह से गठित कोई भी संस्था किसी भी बाहरी दबाव से प्रभावित नहीं होगी, ताकि संस्था भ्रष्टाचार उन्मूलन का कार्य निष्पक्षता से कर सके। इसी कन्वेंशन की धारा 30 एवं 36 में निर्धारित निर्देशों के अनुसार हमारे देश में भ्रष्ट सार्वजनिक व्यक्तियों को सजा देने के लिए प्रचलित कानून इतने लचीले हैं कि भ्रष्ट अधिकारी एवं सार्वजनिक व्यक्ति कानून की पकड़ से बच निकलते हैं।

देश में भ्रष्ट व्यक्तियों के काररवाई करनेवाली एकमात्र संस्था 'केंद्रीय सतर्कता

आयोग' है, जो जाँच का कार्य केंद्रीय जाँच ब्यूरो द्वारा करवाती है। कई बार सरकार से सी.बी.आई. को स्वायत्तता देने के लिए अनुरोध किया जाता रहा है। 'केंद्रीय जाँच ब्यूरो' देश के राजनैतिक आकाओं की इच्छा के अनुरूप ही कार्य करता है। सी.बी.आई. को स्वायत्तता देने का मामला कई बार सत्ता के गलियारों में चर्चा का विषय रहा है। लेकिन स्वायत्तता के नाम पर राजनेताओं की दखलंदाजी जगजाहिर है। छह देशों ने जिसमें भारत भी शामिल है, अभी तक इस संधि की पुष्टि नहीं की है, जबकि स्विट्जरलैंड जैसे देश ने, जहाँ कई देशों का काला धन जमा है, इस संधि को हस्ताक्षर कर सत्यापित कर दिया है। भारत के पड़ोसी देशों पाकिस्तान, बँगलादेश और श्रीलंका ने भी इस कन्वेंशन को सत्यापित कर दिया है। स्विट्जरलैंड का तो निहित स्वार्थ भी है, उसके बावजूद उस देश ने इस संधि पर हस्ताक्षर कर इसे सत्यापित कर दिया है। यदि भारत इसे सत्यापित कर देता है तो इस संधि की धारा 50 की उपधारा (4) के अनुसार स्विस बैंकों से काला धन स्वदेश वापिस भारत लाने के लिए अन्य राष्ट्रों के सहयोग से भारत सरकार स्विस सरकार पर दबाव डाल सकती है।

'समूह बीस' के देशों ने भी बैंकों में गोपनीयता समाप्त करने की वकालत की है। भ्रष्टाचार पर विश्व में आर्थिक स्थायित्व के मुद्दे पर गहन विचार-विमर्श हेतु वर्ष 1999 में गठित बीस देशों की संस्था जी-20 ने भी भ्रष्टाचार व काले धन के प्रवाह को लेकर चिंता व्यक्त की है। कर-चोरी और आतंकवाद हेतु धन प्रदान करने जैसे मुद्दों पर नियंत्रण हेतु समस्त सदस्य देशों को एकजुट होकर संघर्ष करने के लिए वित्तीय नीति-निर्धारण कर जी-20 देशों के समूह ने प्रशसंनीय कार्य किया है। इस समूह में भारत सदस्य देशों के सहयोग से स्विट्जरलैंड पर स्विस बैंकों को भारतीय खातेदारों के विषय में जानकारी प्रदान करने के लिए बाध्य कर सकता है।

आर्थिक सहयोग एवं विकास संगठन द्वारा स्थापित 'मॉडल टैक्स कन्वेंशन' की धारा 26 को स्विट्जरलैंड सरकार ने स्वीकृत कर लिया है। इस धारा के अनुसार अंतरराष्ट्रीय टैक्स मानकों के विषय में आम सहमति व्यक्त की गई है। स्विट्जरलैंड अब उन बैंक खातेदारों के नाम छिपाने से गुरेज नहीं करेगा, जिन्होंने स्विस बैंकों में पैसा केवल टैक्स-चोरी के कारण जमा किया हुआ है; क्योंकि मॉडल टैक्स कन्वेंशन की धारा 26 के अनुसार टैक्स के बारे में जानकारी का आदान-प्रदान किया जा सकता है। अमेरिका के न्याय विभाग ने स्विस बैंक 'यूबीएस' को अमेरिका के उन 52,000 ग्राहकों के नाम देने के लिए कहा था, जिन्होंने टैक्स-चोरी कर स्विस बैंकों में पैसा जमा कराया है। 'अंतरराष्ट्रीय रेवन्यू सर्विस' ने स्विस बैंक पर मुकदमा

करके अमेरिकन नागरिकों के नाम हासिल किए और 780 मिलियन डालर जुरमाना भी बैंक से वसूल पाया। अमेरिका द्वारा स्विस बैंक खातादारों के नाम प्राप्त करने में सफलता प्राप्त करने से प्रेरित होकर फ्रांस और जर्मन ने भी टैक्स-चोरी हेतु स्विस बैकों में पैसा जमा करानेवाले नागरिकों के नाम प्राप्त किए हैं। 'ट्रांसपेरेंसी इंटरनेशनल' ने काले धन को रोकने के उपाय सुझाए हैं। भारत सरकार ने स्विट्जरलैंड सरकार से 18 भारतीयों के खातों का हिसाब माँगा है, जिन पर 24 करोड़ रुपए आयकर की देनदारी है। वित्त राज्यमंत्री ने लोकसभा में बताया है कि जर्मन टैक्स अधिकारियों ने यूरोप के 'टैक्स-स्वर्ग' देश लिंकटेस्टिन के 'एलजीटी बैंक' में जमा भारतीयों के कालेधन की जानकारी भारत सरकार को दी है। यदि यह सत्य है तो भारत सरकार को अति शीघ्र उनके नाम सार्वजनिक कर इस धन को वापिस स्वदेश लाने का प्रयास करना चाहिए।

समस्त विश्व काले धन के कारण वित्तीय आतंकवाद से जूझ रहा है। विश्व में यदि काला धन इसी तरह से बढ़ता गया तो चीन और अमेरिका जैसे देशों की अर्थव्यवस्था तो समाप्त हो ही जाएगी, भारत जैसे विकासशील देश भी वैश्विक बाजार में कहीं नहीं टिक पाएँगे।

□

कितनी है यह लूट?

विश्व में वित्त-विश्वसनीयता पर सर्वेक्षण करनेवाली वाशिंगटन की एक प्रसिद्ध संस्था 'ग्लोबल फाइनेंसियल इंटेग्रिटी' ने भारत से अवैध धन के विदेश प्रवाह के विषय में अपनी रिपोर्ट में कहा है कि पिछले आठ वर्षों में भारत से पाँच लाख करोड़ रुपए विदेशी बैंकों के गुप्त खातों में जमा कराया गया। संस्था के कनिष्ठ अर्थशास्त्री कार्ली कुरर्सियो ने अपनी रिपोर्ट में कहा है कि यह धन भ्रष्टाचार से अर्जित होता है और कर-चोरी द्वारा इकट्ठा किया जाता है। इसी रिपोर्ट में कहा है कि भारत में संपन्नता बढ़ रही है। परंतु बहुत सा धन विदेशों में चला जाने के कारण यह धन विकास में नहीं लग पा रहा। इसलिए गरीबी, भुखमरी, पिछड़ापन और अपराध बढ़ते जा रहे हैं। अब गरीब के लिए गरीबी मानव-जनित कारण नहीं, अपितु नियति बनकर रह गई है। इस रिपोर्ट के अनुसार देश में हो रहे विकास के अनुपात में गरीबी बहुत कम घट रही है। 120 करोड़ लोगों के इस देश में 70 करोड़ लोग ऐसे हैं, जो केवल बीस रुपए प्रतिदिन की कमाई पर अपनी जिंदगी बसर कर रहे हैं, जबकि देश के रहनुमा आम आदमी के सामाजिक-आर्थिक उत्थान के लिए किए गए कार्यों का लंबा-चौड़ा बखान करते हुए थकते नहीं। देश की आधे से अधिक आबादी गरीबी रेखा से नीचे जीवन यापन कर रही है। हैरानी तो इस बात की है कि देश की विभिन्न सरकारों के अथक प्रयास के बावजूद गरीबी, भुखमरी और पिछड़ापन निरंतर बढ़ता जा रहा है। ऐसा कौन सा कारण है, जिसकी वजह से गरीबी उन्मूलन के छह दशकों से किए जाने वाले प्रयासों पर पानी फिरता जा रहा है, इस मुद्दे को देश के अर्थशास्त्री खँगालते रहते हैं।

इतिहास गवाह है, भारत कई बार लूटा गया। चँगेज, हलाकू, गजनवी, गोरी जैसे विदेशी लुटेरे भारत के मंदिरों तक को भी लूटते रहे। उनकी लूट की कहानियाँ

आज भी दिल दहला देती हैं। पर आज की लूट उससे कई गुना अधिक है, और यह लूट विदेशी लुटेरे नहीं कर रहे, अपने ही देश के पढ़े-लिखे, संभ्रांत नेता, अधिकारी व उद्योगपति कर रहे हैं। सच्चाई यह है कि विदेशी लुटेरों ने भारत को उतनी निर्दयता से नहीं लूटा था, जितनी निर्दयता से अपने लुटेरे लूट रहे हैं।

विश्व की बहुत सी संस्थाओं ने देश की इस लूट का हिसाब लगाने की कोशिश की है, जिसे पढ़कर दिल दहल जाता है।

विश्व की आर्थिकी को सुदृढ़ करने के लिए गठित तैंतीस देशों की संस्था 'आर्थिक सहयोग एवं विकास संगठन' (आई.सी.डी.) के अनुसार विकासशील देशों का 600 लाख करोड़ रुपया विदेशों में जमा है। 'टैक्स जस्टिस नेटवर्क' के अनुसार भारत का एक लाख करोड़ रुपया विदेशी बैंकों में जमा है। भारतीय अर्थ विशेषज्ञ अरुण कुमार ने अपनी पुस्तक 'दी ब्लैक इकॉनोमी इन इंडिया' में लिखा है कि भारत के पाँच लाख करोड़ रुपए विदेशी गुप्त खातों में जमा हैं।

'स्विस बैंकर्ज एसोसिएशनर्स' की वर्ष 2006 की रिपोर्ट के अनुसार भारत, रूस, ब्रिटेन, यूक्रेन व चीन—इन पाँच देशों का स्विस बैंक में 2512 बिलियन डॉलर जमा है, जिसमें से 456 बिलियन डॉलर राशि भारत की है। यह राशि बाकी चार देशों की कुल राशि को मिलाकर सबसे अधिक है।

जर्मन सरकार ने आधिकारिक तौर पर मई 2008 में भारत सरकार को पत्र लिखकर सूचित किया था कि स्विस बैंक में जमा 70 लाख करोड़ रुपए का ब्योरा जर्मन सरकार भारत को सौंप सकती है। भारत से प्रतिवर्ष 80 हजार लोग स्विट्जरलैंड जाते हैं। इनमें से 25 हजार लोग ऐसे हैं, जो बार-बार स्विट्जरलैंड का दौरा करते हैं। जाहिर है, ये लोग केवल स्विस बैंक में काले धन के अपने खाते की देखभाल के लिए स्विट्जरलैंड जाते हैं।

हरियाणा के भूतपूर्व पुलिस महानिदेशक बी.सी. लाल, जो सी.बी.आई. के पूर्व संयुक्त निदेशक भी रहे हैं, ने अपनी पुस्तक 'हू केयर्स सी.बी.आई.—दी नेकेक्ड ट्रुथ' में लिखा है कि भारतीयों के स्विस खातों में 5 लाख करोड़ रुपए जमा हैं। स्विट्जरलैंड विश्व में प्रति व्यक्ति आय के आधार पर दूसरे नंबर पर है। यह सब भारत के बेईमान लोगों द्वारा जमा कराए गए धन के कारण है। बेईमानी की पराकाष्ठा का एक उदाहरण हसन अली द्वारा टैक्स चोरी और स्विस बैंक में जमा कराए गए काले धन का ब्योरा है। पुणे के एक घोड़ों के फार्म के मालिक हसन अली के स्विस बैंक में 10 खातों का पता चला है। भारत सरकार के अनुसार हसन अली पर 31 मार्च, 2009 तक 50 हजार 345 करोड़ रुपए आयकर की देनदारी है। हसन अली

के घर पर छापा मारने पर पता चला कि उसके एक स्विस खाते में एक लाख करोड़ रुपया जमा है। उसे गिरफ्तार किया गया। जाँच चली। आयकर ने नोटिस भी दिया। तभी महाराष्ट्र विधानसभा में एक सी.डी. दिखाई गई, जिसमें हसन अली देश के बड़े नेताओं से सौदेबाजी की बातें कर रहा है। अब हसन अली का मामला पूरी तरह दबा दिया गया। हसन अली मामले में सरकार ने जिस तरह चुप्पी साध रखी है, वह संदेहास्पद है। 120 करोड़ लोगों में अगर एक हजार हसन अली भी हुए तो अंदाजा लगाया जा सकता था है कि भारत का कितना पैसा जमा होगा! भारत सरकार के भूतपूर्व कैबिनेट सचिव श्री बी. रमण, जो वर्तमान में इंस्टीट्यूशनल ऑफ ट्रॉपिकल स्टडीज के निदेशक हैं, ने रहस्योद्घाटन किया है कि वर्ष 1994 तक स्विस सरकार भारतीयों के खातों में कितना धन जमा है, इसकी सूचना भारत सरकार को देती रही है। लेकिन नामों की जानकार नहीं देती थी। 'फोर्ड फाउडेंशन' की एक रिपोर्ट के अनुसार वर्ष 2002-2006 तक 136 लाख करोड़ रुपया स्विस बैंकों में जमा था।

विश्व में 69 देश ऐसे हैं जो 'टैक्स-स्वर्ग' वे नाम से जाने जाते हैं; यहाँ जमा धन पर टैक्स की छूट होती है, टैक्स नहीं लगता है। मात्र स्विस बैंकों में 70 लाख करोड़ रुपए जमा है तो अन्य 69 देशों के बैंकों में कितना पैसा जमा हो सकता है, इसका अंदाज लगाया जा सकता है।

अर्थशास्त्रियों का मत है कि यदि केवल स्विस बैंक में जमा 70 लाख करोड़ रुपए भारत वापिस लाए जाएँ तो इस राशि से देश का विदेशी ऋण 13 बार चुकता किया जा सकता है। विदेशों में जमा अकूत काले धन से देश के 45 करोड़ गरीब परिवारों को एक लाख रुपए प्रति परिवार दिया जा सकता है। इतना ही नहीं, 70 लाख करोड़ रुपए के ब्याज से केंद्र का वार्षिक बजट संचालित किया जा सकता है; और बिना किसी टैक्स के देश का प्रत्येक नागरिक आरामदेह जिंदगी बसर कर सकता है। देश के हितों को ताक पर रखकर निज हितों की पूर्ति देशद्रोह है।

भारत से यह पैसा स्विस बैंक में कैसे पहुँचा और इस धन का स्रोत क्या है, यह प्रश्न विचारणीय है। पिछले साठ बरसों में हमारे देश में भ्रष्टाचार की जो महामारी फैली है, इसने देश को खोखला कर दिया है। शायद ही कोई ऐसा क्षेत्र होगा, जहाँ भ्रष्टाचार ने पाँव न पसारे हों। रोजमर्रा की जिंदगी में शायद ही कोई ऐसा काम होगा जो बिना रिश्वत के पूरा होता हो। बेईमान अफसरों ने राजनीतिज्ञों के साथ मिलकर विकास के हर काम में चाँदी कूटी और इस तरह इकट्ठा किया अवैध धन! स्विस बैंक में भारत का 1.4 लाख करोड़ रुपए काला धन जमा पड़ा है। प्रसिद्ध अधिवक्ता एवं सांसद राम जेठमलानी का तो दावा है कि भारतीयों का 1500

बिलियन डालर स्विस बैंकों में जमा है और भारत सरकार इसे स्वदेश लाने के लिए कोई कारगर कदम नहीं उठा रही है। हाल ही में भारत सरकार द्वारा स्विस सरकार के साथ इस संदर्भ में किया गया समझौता भी अर्थहीन है; क्योंकि इस समझौते के अनुसार स्विस बैंक केवल उन्हीं खातों का ब्योरा प्रदान करेगा, जिनपर टैक्स–चोरी का आरोप दायर हो या सिद्ध हो चुका हो। इसलिए भारत सरकार को स्विस सरकार से सूचना लेने से पूर्व टैक्स चोरी के साक्ष्य जुटाने होंगे, जो एक लंबी प्रक्रिया है। यह तय है कि जिस दिन देश के राजनेताओं की कलुषित आत्मा जागृत होगी, उस दिन गरीबों की खून–पसीने की यह कमाई अवश्य भारत आएगी। काली रातों में इकट्ठा किया काला धन एक उजली सुबह लेकर स्वदेश वापिस आएगा और हमारे देश का भविष्य अवश्य ही सुनहरा बनाएगा।

□

देश का धन कैसे वापिस लाएँ

स्विट्जरलैंड सरकार ने मई 2008 में भारत सरकार को पत्र लिखकर सूचित किया था कि स्विस बैंकों में भारतीयों का 70 लाख करोड़ रुपया जमा पड़ा है। आजादी से लेकर वर्ष 2008 तक इस अवैध धन का प्रवाह विदेशों में होता रहा और भ्रष्ट राजनेता, अधिकारी और बेईमान व्यापारी देश के लाखों-करोड़ों लोगों की खून-पसीने की कमाई बेदर्दी से लूटकर अवैध तरीके से विदेशी बैंकों में जमा करते रहे। यह काला धन स्विस बैंकों में जमा है। विश्व में 70 'टैक्स-स्वर्ग' देश हैं, जहाँ ऐसा धन जमा करवाने पर टैक्स अदायगी नहीं करनी पड़ती। भारतीयों द्वारा सबसे अधिक अवैध धन स्विट्जरलैंड और ब्रिटिश/अमेरिकन द्वीपों में जमा करवाया गया है। विश्व के अन्य 'टैक्स-स्वर्ग' देशों में जमा धन का ब्योरा मिल जाए तो यह राशि दो गुने से भी ज्यादा हो सकती है। वास्तव में यह भ्रष्ट तरीकों से एकत्र किया गया पैसा है, जो केवल मात्र टैक्स-चोरी के कारण विदेशों के बैंकों में जमा करवाया जाता है। यह एक महाअपराध है और इससे अपराध की तरह ही निपटना पड़ेगा।

कालेधन को विदेशों में जमा कराने के खिलाफ विश्व भर में जनमत प्रबल हुआ है। अमेरिका, स्पेन, जर्मन आदि देशों ने खातेदारों के नाम प्राप्त करने के लिए 'टैक्स-स्वर्ग' देशों पर दबाव बनाया है। अमेरिका ने 14 फरवरी, 2009 को मियामी में 'यूनाइटेड बैंक ऑफ स्विट्जरलैंड' (यू.बी.एस.) के खिलाफ मुकदमा दायर कर उन 52,000 अमेरिकी खातेदारों के नाम घोषित करने को कहा, जिन्होंने 'टैक्स-चोरी' की मंशा से 14.8 बिलियन डालर स्विस बैंकों में जमा कराया है। इस मुकदमे के बाद स्विस बैंक ने स्वीकार किया कि उसने 'टैक्स-चोरी' में खातेदारों की मदद की और इस स्वीकारोक्ति की एवज में अमेरिकन खुफिया एजेंसी को 780 मिलियन डालर दंडस्वरूप दिए तथा 300 खातेदारों के नाम भी अमेरिका को सौंपे। जर्मन

खुफिया एजेंसी—बी एंड डी—ने भी 1400 खातेदारों के नाम प्राप्त कर लिये हैं, जिनमें से 600 खातेदार जर्मन के थे और 800 खातेदारों में से कुछ खातेदार भारतीय भी हैं। इन खातेदारों के नाम जर्मन सरकार भारत को देने की इच्छुक थी, लेकिन भारत सरकार के उदासीन रवैए के कारण यह संभव नहीं हो पाया। अमेरिका और जर्मन की काररवाई से प्रेरित होकर फिनलैंड, कनाडा, नॉर्वे, स्वीडन, इटली, आयरलैंड और इंग्लैंड ने भी अपने देशों के खातेदारों के नाम प्राप्त करने में सफलता प्राप्त की है। यूरोपियन देशों के नेताओं ने गत अप्रैल मास में लंदन में आयोजित एक शिखर सम्मेलन में काले धन के खिलाफ संयुक्त मुहिम छेड़ने का निर्णय लिया। इन देशों के नेताओं ने कहा कि उन देशों के प्रति कड़ी काररवाई की जाए, जो 'टैक्स-स्वर्ग' के रूप में कार्य कर रहे हैं।

पिछले छह दशकों से भारत से विदेशों में भेजे गए अवैध धन का आकलन विभिन्न स्रोतों द्वारा, विभिन्न तरीकों से किया गया है। भूतपूर्व इनकम टैक्स कमिश्नर श्री के.वी.एम. पाई की रिपोर्ट को आधार मानकर भारतीय जनता पार्टी और कम्युनिस्ट पार्टी (मा.) ने यह राशि 500 से 1450 बिलियन डॉलर यानी 25 से 75 लाख करोड़ तक आँकी है। ऑर्गनाइजेशन ऑफ इकोनॉमिक कॉरपोरेशन एंड डेवलपमेंट (30 धनाढ्य देशों के समूह) ने 70 'टैक्स-स्वर्ग' देशों में यह राशि 548 से 598 लाख करोड़, अर्थात् 11-12 बिलियन डॉलर मानी है। इस समूह के आकलन में देश वार ब्योरा उपलब्ध नहीं है। 'टैक्स जस्टिस नेटवर्क' ने भारत से 2002-2006 तक 22.7 बिलियन डॉलर अवैध पूँजी का बहाव अन्य देशों का माना है। हाल ही में स्विट्जरलैंड और भारत के मध्य टैक्स चोरी के खिलाफ किए गए एक समझौते के दौरान स्विट्जरलैंड की विदेश मंत्री श्रीमती माइकेलिन-कैमेलिन रे ने रहस्योद्‌घाटन किया है कि स्विस बैंकों में विदेशियों का 2050 बिलियन डॉलर धन जमा है, जिसमें से 1025 बिलियन डॉलर काला धन है, और यदि इस राशि में से 50 प्रतिशत भी भारतीयों का माना जाए तो यह राशि 500 बिलियन डॉलर बनती है। प्रत्येक आकलन के आधार पर यह स्पष्ट है कि भारतीय खातेदारों का 70 लाख करोड़ रुपए से अधिक का काला धन स्विस बैंक में जमा है।

'ग्लोबल फाइनेंसियल इंटरग्रिटी' के वरिष्ठ अर्थशास्त्री डॉ. देवकार और देवोन स्मिथ द्वारा 'फोर्ड फाउंडेशन' के विकासशील देशों से अवैध वित्तीय प्रवाह पर किए गए संयुक्त अध्ययन से यह निष्कर्ष निकाला गया है कि वर्ष 2002 से 2006 तक विकासशील देशों का 856.6 बिलियन डॉलर (लगभग 43 लाख करोड़ रुपए) से 1.06 ट्रिलियन डालर (51 लाख करोड़ रुपए) बाहरी देशों में प्रवाहित

हुआ। इस संस्था ने यह भी निष्कर्ष निकाला है कि भारत से प्रतिवर्ष प्रवाहित होने वाले इस धन की प्रतिशतता 18.5 प्रतिशत है। भारतीय प्रबंधन संस्थान, बंगलुरु के प्रो. वैद्यनाथन के अनुसार वर्ष 2002 से 2006 तक प्रतिवर्ष भारत से 27.3 बिलियन डॉलर (136, 466 करोड़ रुपए) विदेशी बैंकों में जमा कराया गया। इस आधार पर यदि 5 वर्षों की राशि की गणना की जाए तो यह 136.5 बिलियन डॉलर अर्थात् 6,92328 लाख करोड़ रुपए बनती है।

'स्विस बैंक एसोसिएशन' की वर्ष 2006 की रिपोर्ट के अनुसार स्विट्जरलैंड के बैंकों में जमा करानेवाले देशों की सूची में भारत सबसे ऊपर है। 70 लाख करोड़ रुपए की राशि यदि स्वदेश वापस आ जाती है तो देश तेरह बार विदेशी कर्ज चुकता कर सकता है। यही नहीं, इस राशि में से देश के 45 करोड़ गरीब परिवारों को एक लाख रुपए प्रति परिवार दिया जा सकता है। भारत अपना वार्षिक बजट बिना किसी टैक्स के चला सकता है। यदि यह पैसा भारत किसी भी तरह से वापिस लाया जाता है तो शर्तिया भारत का प्रत्येक गरीब लखपति बन सकता है। विश्वभर के प्रमुख देशों में इस अंतरराष्ट्रीय भ्रष्टाचार के विरुद्ध जनमत बना है। गुप्त खाते रखनेवाले देशों पर दबाव बढ़ रहा है। कुछ देशों ने धन वापिस लेना भी शुरू कर दिया है। इस दिशा में सबसे महत्त्वपूर्ण कदम राष्ट्रसंघ का प्रस्ताव (यूएन कन्वेंशन अगेंस्ट करप्शन) है। इसका मुख्य उद्देश्य यही है कि ऐसा धन मूल देश को वापिस दिलाया जाए। भारत ने इस प्रस्ताव पर 2005 में हस्ताक्षर तो कर दिए, पर आज तक इसकी पुष्टि नहीं की। यदि भारत पुष्टि कर दे तो यह धन वापिस लाने की काररवाई शुरू की जा सकती है। यह समझ नहीं आता कि ऐसे भ्रष्टाचार को भारत संरक्षण क्यों दे रहा है?

मेरा विश्वास है भारत सरकार अपने तौर पर भी उचित व सख्त काररवाई करके इस धन को वापिस ला सकती है। सरकार तुरंत निम्न कदम उठाए—

- संसद् यह कानून बनाए कि गलत तरीकों से विदेशों में धन रखना गंभीर राष्ट्रीय अपराध है और इसके लिए कम-से-कम दस साल की सजा निर्धारित की जाए।
- सरकार विदेशों में काला धन जमा करने वालों के लिए स्वेच्छा से काले धन की घोषणा करने का नियम बनाए, ताकि लोग इस धन को भारत ला सकें और इस राशि का आधा धन उन्हें दे दिया जाए तथा शेष पर आयकर दायर किया जाए। ऐसे व्यक्तियों के विरुद्ध छह माह तक कोई काररवाई न की जाए।
- विदेशों में काला धन जमा कराने वाले लोगों की सूचना देने वालों को

सरकार द्वारा 25 लाख रुपए का नकद पुरस्कार दिया जाए और काला धन के विरुद्ध कानून बनते ही इन लोगों के खिलाफ कारवाई शुरू की जाए।

- सरकार के पास कालाधन विदेशों में रखने वाले कुछ लोगों के नाम है, उनके विरुद्ध अतिशीघ्र कारवाई शुरू कर दी जाए।

इस सख्त कारवाई से सारे ऐसे लोग सरकार के दरवाजे पर आकर खड़े हो जाएँगे और विदेशों में छिपा काला धन स्वदेश वापिस आ सकेगा। विदेशों में छिपाए काले धन के बारे में सभी स्तरों पर जानकारी उपलब्ध है। दिक्कत केवल ऐसे खातेदारों की शिनाख्त करने की है। 'ट्रांसपेरेंसी इंटरनेशनल' भारत के चेयरमैन एडमिरल आर.एच. तहलानी, जो भूतपूर्व नौसेना प्रमुख भी रहे हैं, ने कहा है कि यह धन भारत के लोगों का है और संभावना है कि अवैध तरीके से इकट्ठा करके 'टैक्स' से बचने के लिए सुदूर देशों में जमा कराया गया है। इस धन के बारे में पारदर्शिता होनी चाहिए। सरकार का कर्तव्य बनता है कि इस धन के बारे में पूरी जानकारी जनता के समक्ष रखे।

इस धन की वापसी से भारत की गणना विश्व के पाँच शक्तिशाली राष्ट्रों में की जाएगी और भारत के राजनैतिक-आर्थिक परिदृश्य में क्रांतिकारी परिवर्तन होगा।

□

खाद्यान्न वितरण का गड़बड़झाला

खाद्य मंत्रालय अब शर्मसार, तब गौरवान्वित

लोकतंत्र लोगों द्वारा लोगों के लिए चलाया जाने वाला एक शासन तंत्र है। कुछ लोग चुने जाने के बाद उस तंत्र को चलाते हैं। यह सारी व्यवस्था मुख्य रूप से इस बात पर निर्भर करती है कि शासन करनेवाले आम व्यक्ति के लिए कितना सोचते हैं, उनके सुख-दुःख को कितना महसूस करते हैं। संवेदना और अहसास पर ही लोकतंत्र का प्रभावी होना निर्भर होता है। आज यह अहसास और यह संवदेना खत्म होती दिखाई दे रही है। लाखों किसान आत्महत्या कर चुके हैं। देश का 70 लाख करोड़ रुपया विदेशी बैंकों में जमा हो गया। भ्रष्टाचार की महामारी देश को खोखला कर रही है। जिस देश में दुनिया में सबसे अधिक भूखे लोग रहते हैं, उस देश की सरकार के गोदामों में करोड़ों रुपए का अनाज सड़ रहा है। सर्वोच्च न्यायालय उसे गरीबों में बाँटने को कह रहा है और सरकार इनकार कर रही है। यह सब इस बात का प्रमाण है कि सरकार की संवेदना पथरा गई है। अहसास समाप्त हो गया है, कहीं पर कुछ भी पसीजता नहीं।

आजादी से पहले महात्मा गांधी हरिजन और गरीब को देखकर दुःखी हुए थे और हरिजन बस्तियों में रहने लगे थे। गरीब के प्रति एक अहसास ने उनके सारे आर्थिक चिंतन को प्रभावित किया था। उन्होंने स्वतंत्र भारत को अंत्योदय का मंत्र दिया था। उससे भी पहले स्वामी विवेकानंद देश की गरीबी को देखकर इतने द्रवित हो गए थे कि उन्होंने मोक्ष की इच्छा भी छोड़ दी और कहा था—"हे प्रभु! जब तक भारत का प्रत्येक भूखा व्यक्ति भरपेट भोजन नहीं कर लेता तब तक मुझे मोक्ष नहीं चाहिए।" आज गरीब आदमी के लिए यह अहसास समाप्त होता दिखाई दे रहा है।

इसका सबसे बड़ा प्रमाण है—सर्वोच्च न्यायालय के निर्णय के बाद भी खाद्य मंत्री का यह कहना कि अनाज गरीबों को नहीं बाँटा जा सकता। सर्वोच्च न्यायालय को एक बार फिर से सरकार को फटकार लगानी पड़ी। सरकार ने अनाज बाँटना स्वीकार किया। इससे बड़ी हैरानी व लज्जा की बात क्या हो सकती है कि सर्वोच्च न्यायालय को यह बात कहनी पड़ी। और इससे बड़ी कर्तव्यहीनता क्या हो सकती है कि सरकार ने पहले इनकार कर दिया।

भारत कृषिप्रधान देश है। गरीबों का देश है। दुनिया में सबसे अधिक भूखे लोग भारत में रहते हैं। इसलिए भारत का खाद्य मंत्रालय अति महत्त्वपूर्ण है। जब मुझे खाद्य मंत्री की जिम्मेदारी दी गई थी तो मैं एकदम घबरा गया था। मुझे अनुभव नहीं था। इसी मंत्रालय में खाद्य, चीनी, कृषि, भारतीय खाद्य निगम जैसे प्रमुख विषय आते थे। मुझसे पहले कितने लोग इस मंत्रालय से बदनाम होकर निकले थे। मुझे प्रसन्नता है कि मैं इस मंत्रालय को ठीक ढंग से चला पाया। मैंने सबसे पहले खाद्य निगम को अनुशासित और व्यवस्थित करने के विशेष प्रयत्न किए थे। भारत के एक अत्यंत योग्य और ईमानदार अधिकारी श्री भूरेलालजी को प्रधानमंत्री से विशेष आग्रह करके निगम का अध्यक्ष नियुक्त करवाया था। मेरी भावनाएँ समझकर मेरे साथ सारे स्टाफ ने भी मेरा सहयोग दिया था।

मंत्रालय की एक पुरानी फाइल में सैंपल सर्वे की रिपोर्ट देखी। इसमें लिखा था कि भारत में गरीबों की संख्या 26 करोड़ है, परंतु 5 करोड़ लोग इतने गरीब हैं कि दो वक्त रोटी भी नहीं खा पाते। अनाज से गोदाम भरे पड़े हैं, रखने को जगह नहीं, फिर भी 5 करोड़ लोग भूखे पेट सोते हैं, यह सोचकर ही मैं व्यथित हो गया था। वेदना और एक अपराध भावना की अनुभूति होने लगी थी। मैंने जब यह रिपोर्ट अटलजी को दिखाई थी, तो वे भी पसीज गए थे। उस अहसास में से ही 'अंत्योदय अन्न योजना' का निर्माण हुआ। जिसमें आज भी 10 करोड़ सबसे गरीब लोगों को 35 किलो अनाज 2 रुपए किलो गेहूँ और 3 रुपए किलो चावल की दर पर मिलता है। जब कुछ लोगों ने कहा कि कुछ लोग इतने गरीब हैं कि 2 रुपए और 3 रुपए किलो भी अनाज नहीं खरीद सकते तो अन्नपूर्णा योजना शुरू की गई थी, जिसमें ऐसे बेसहारा लोगों को 10 किलो अनाज मुफ्त में देना शुरू किया था। आज सरकार 'खाद्य का अधिकार' जैसा कानून बना रही है, परंतु अभी अंतिम निर्णय नहीं हो पाया। अनाज सबको देना है या गरीबों को देना है। कितना देना है किस भाव देना है, बस अभी चर्चा ही हो रही है। हमने कुछ महीनों में ही इतने बड़े ऐतिहासिक निर्णय ले लिये थे। भंडार भरे पड़े थे, इसलिए बीपीएल का कोटा बढ़ाया। ए.पी.एल.

को भी अनाज देना शुरू किया। काम के बदले अनाज की योजना शुरू की। देश के लाखों गाँव में सस्ते भाव पर अनाज देना शुरू किया। मुझे याद है, उन दिनों अनाज के व्यापारी मुझसे नाराज हो गए थे। चारों तरफ सरकारी दुकानों में इतना अन्न उपलब्ध था, इतनी योजनाएँ थीं कि लोगों को खुले बाजार में अनाज खरीदने की आवश्यकता ही नहीं पड़ती थी।

इस बार सर्वोच्च न्यायालय की टिप्पणी एक जनहित याचिका की सुनाई के समय हुई। हमारे समय में भी एक संस्था ने इसी प्रकार की जनहित याचिका दायर की थी। उसमें कहा था कि सरकार के गोदाम भरे पड़े हैं और कुछ लोग भुखमरी से मर रहे हैं। उस समय भी खाद्य मंत्रालय को इसी प्रकार नोटिस आया था। मैंने विशेष प्रयत्न करके सारी योजनाओं का ब्योरा न्यायालय को भिजवाया। तब तक कुछ प्रदेश राजनैतिक कारणों से 'अंत्योदय योजना' शुरू नहीं कर रहे थे। बंगाल ने बिलकुल इनकार कर दिया था। हमने न्यायालय में कहा कि यदि प्रदेश सरकार 'अंत्योदय अन्न योजना' और 'अन्नपूर्णा योजना' को कुशलता से लागू करे तो भुखमरी से किसी के मरने का सवाल ही पैदा नहीं होता। तब सर्वोच्च न्यायालय ने हमारी बात की सराहना की थी और योजनाएँ लागू करने का सब प्रदेशों को निर्देश दिया था। मैंने विशेष रूप से ज्योति बसु से बात की, वे सहमत हुए। बंगाल सरकार ने 'अंत्योदय योजना' शुरू करने का निर्णय लिया। मैं स्वयं बंगाल गया था। एक ही मंच पर ज्योति बसु के साथ हमने योजना का शुभारंभ किया था। आज सर्वोच्च न्यायालय ने सरकार को फटकार लगाई है, परंतु तब हमारी सराहना की थी।

इन सब योजनाओं के बाद भी भंडार में अनाज भरा था। पैदावार भी खूब होती थी और सरकारी खरीद भी समय पर पूरी की जाती थी। तब अनाज का निर्यात शुरू किया। विश्व के लगभग 25 देशों को अनाज भेजा जाने लगा। निर्यात की व्यवस्था को स्वयं देखने के लिए मैं गुजरात के कांडला बंदरगाह पर गया था। यह सोचकर कि भारत विश्व को अनाज निर्यात कर रहा है, मुझे प्रसन्नता और रोमांच अनुभव हो रहा था। मैंने अधिकारियों को कहा कि मुझे वहाँ ले चलो जहाँ भारतीय अनाज जहाज में लादा जा रहा है। मैं एक ऊँची जगह पर खड़ा हो गया। सामने बहुत बड़ा जहाज था। उसमें अनाज लादा जा रहा था। मैं कुछ देर देखता रहा। देखते-देखते मेरी आँखें सजल हो गईं। पास खड़े अधिकारी हैरान हुए। वापिस जाकर मैंने उन्हें कारण बताया। मुझे वहाँ खड़े-खड़े बचपन की याद ताजा हो गई। मैं थुरल स्कूल में पढ़ता था। बाजार में गेहूँ का आटा मिलना बंद हो गया। मक्की की रोटी खाई जा रही थी। उन्हीं दिनों लोग बाजरा और कई अन्य अनाजों की रोटियाँ खा रहे

थे। कई दिनों तक गेहूँ का आटा प्राप्त नहीं हुआ। तभी चारों तरफ खबर फैली कि अमेरिका से गेहूँ आ गया। थुरल बाजार की एक दुकान पर अमेरिका से आया हुआ गेहूँ मिल रहा था। पंक्ति में मैं भी जाकर खड़ा हो गया। खूब भीड़ थी। बारी आने पर कुछ गेहूँ मुझे मिला और एक छोटी बोरी में डालकर सिर पर उठाकर पाँच किलोमीटर चलकर अपने घर तक आया। आज भी सोचता हूँ, तब का मेरा बालमन क्या-क्या सोचता रहा। मेरे दोनों तरफ खेत थे। किसान खेतों में काम कर रहे थे, परंतु गेहूँ की रोटी खाए महीने बीत गए थे। कांडला बंदरगाह पर भारतीय अनाज से लादे जाने वाले जहाज को देखकर एक पुरानी याद मेरी आँखों के सामने घूम गई। गौरव से मेरा सिर ऊँचा हो गया। हरित-क्रांति लानेवाली सभी सरकारों को मैंने नमन किया। मुझे लगा कि कभी अमेरिका से आए गेहूँ का बोझ सिर पर उठाकर घर पर आनेवाला मैं आज खाद्य मंत्री के रूप में अपने देश से निर्यात होने वाले अनाज को देख रहा हूँ। उस क्षण मेरे स्वाभिमान व गौरव की कोई सीमा न थी। दिल्ली आकर मैंने अटलजी को जब बताया तो उनकी आँखें भी एक राष्ट्रीय सम्मान से चमक उठी थीं।

आज एक तरफ गरीबी और भूख, दूसरी तरफ सड़ता अनाज। सर्वोच्च न्यायालय का निर्देश, सरकार का इनकार, फिर न्यायालय की फटकार और फिर सरकार का स्वीकार—इस सबसे खाद्य मंत्रालय शर्मसार हुआ है। पर श्री अटलजी की सरकार के समय योग्य प्रबंधन, संवदेनशील योजनाओं और निर्यात से खाद्य मंत्रालय गौरवान्वित हुआ था। मैं प्रभु का धन्यवाद करता हूँ कि इसका एक निमित्त बनने का सौभाग्य मुझे भी मिला था।

□

असंवेदनशील सरकार गरीबों को अनाज नहीं दे सकती

अजीब विडंबना है, देश में लाखों टन अनाज गोदामों में सड़ रहा है और सरकार गरीबों को मुफ्त अनाज बाँटने में असमर्थता व्यक्त कर रही है। इस अनाज को गोदामों में रखने और सड़े हुए अनाज को गोदामों से बाहर निकालने पर सरकार को जितना व्यय करना पड़ता है, उस राशि से कम में ही सरकार इस अनाज का वितरण गरीबों में कर सकती है। राष्ट्रसंघ खाद्य कार्यक्रम रिपोर्ट के अनुसार विश्व में सबसे अधिक भूखे लोग भारत में रहते हैं, और उस देश की सरकार द्वारा रखा करोड़ों रुपए का अनाज सड़ रहा है—किसी देश के लिए इससे अधिक शर्म की बात और क्या हो सकती है।

गत 12 अगस्त को उच्चतम न्यायालय ने एक जनहित याचिका पर आदेश देते हुए केंद्र सरकार को गरीबों को मुफ्त अनाज वितरण करने का निर्देश दिया। अभी इस निर्देश को एक सप्ताह भी न बीता था कि कृषि मंत्री शरद पवार ने गरीबों को मुफ्त अनाज बाँटने के मामले पर सरकार की ओर से हाथ खड़े कर यू.पी.ए. सरकार की गरीबों के प्रति असंवेदनशीलता का ज्वलंत उदाहरण प्रस्तुत किया। सरकार के इस रवैए ने देश के 35 करोड़ गरीबों को राहत प्रदान करने की बजाय उनकी दुःखती रग पर नमक छिड़का है।

जिस जनहित याचिका पर सर्वोच्च न्यायालय ने यह निर्देश दिया था, उस जनहित याचिका की सुनवाई के दौरान न्यायालय ने देश की सार्वजनिक वितरण प्रणाली के विभिन्न पहलुओं का विस्तार से विश्लेषण किया और चौंका देने वाले तथ्य सामने आए। जस्टिस वाधवा कमेटी की रिपोर्ट में कहा है कि अनाज गरीबों तक पहुँचता ही नहीं है।

इस रिपोर्ट के अनुसार सार्वजनिक वितरण प्रणाली में जो धाँधलियाँ होती हैं, उसके चलते गरीबों को पर्याप्त मात्रा में अनाज प्राप्त नहीं होता। सरकार दावा करती

है कि 16 रुपए किलो के हिसाब से खरीदा जाने वाला अनाज दो रुपए किलो के हिसाब से गरीबों में बाँट रही है। जो अनाज बँट रहा है, उसके वितरण को लेकर भी न्यायालय संतुष्ट नहीं था। इस अनाज पर 30 करोड़ गरीब लोगों के लिए सरकार द्वारा 5000 करोड़ रुपए की सब्सिडी दी जाती है।

यह सब्सिडी प्रति व्यक्ति प्रतिमास 56 रुपए बैठती है और पाँच व्यक्तियों के परिवार के लिए यह आँकड़ा 778 रुपए है। इतना ही नहीं, सार्वजनिक वितरण प्रणाली में अव्यवस्था का आलम दरशाता एक और आँकड़ा चौंका देने वाला है। वर्ष 2007 में राष्ट्रीय विकास परिषद् की बैठक में तत्कालीन वित्त मंत्री पी. चिदंबरम ने कहा था कि एक रुपए का अनाज गरीबों तक पहुँचाने के लिए सरकार को तीन रुपए खर्च करने पड़ते हैं। इसके अतिरिक्त गोदामों में सड़ने वाले अनाज का किस्सा ही और है। भारत सरकार की अनाज संगृहीत करनेवाली एजेंसी भारतीय खाद्य निगम से प्राप्त आँकड़ों के अनुसार वर्ष 2007 में समाप्त होने वाले दशक में निगम के गोदामों में 13 लाख टन अनाज सड़ गया था। इस अनाज को यदि समय रहते गरीबों में बाँट दिया जाता तो एक करोड़ लोग एक वर्ष का अनाज प्राप्त कर सकते थे। ये आँकड़े इस दशक में और अधिक बढ़े हैं।

मुझे याद है कि एनडीए सरकार के समय में भी गोदाम अनाज से भरे पड़े थे। रखने को जगह नहीं थी। बीपीएल परिवारों को गेहूँ आवंटन की मात्रा बढ़ाई गई थी और गरीबी रेखा से ऊपर के सब लोगों को अनाज देना शुरू किया था। बेसहारा परिवारों को दस किलो अनाज मुफ्त 'अन्नपूर्णा योजना' में दिया गया, सबसे गरीब करोड़ों लोगों के लिए 'अंत्योदय अन्न योजना' प्रारंभ की गई। इस सबके बाद भी भंडार भरे थे तो सरकार ने अनाज का निर्यात शुरू किया, लेकिन अन्न को नष्ट नहीं होने दिया। सत्ता में जो भी सरकार हो, गरीबों के कल्याणार्थ योजनाएँ प्रारंभ करने में वह आनाकानी करे तो निश्चिय ही उस सरकार की संवेदनशीलता संदेहास्पद होगी।

यूपीए सरकार ने वर्ष 2006 में 'राष्ट्रीय ग्रामीण रोजगार गारंटी योजना' प्रारंभ की थी, जिसके अंतर्गत प्रत्येक ग्रामीण बेरोजगार को 100 दिन की नौकरी की गारंटी दी जाती है। सरकार 'नरेगा योजना' के अंतर्गत 1800 सौ करोड़ रुपए वार्षिक खर्च करती है। यदि इन लोगों को मजदूरी के रूप में आधा अनाज बाजार भाव से आधे दाम पर दे दिया जाए तो अनाज खराब होने की समस्या का समाधान हो सकता है। इससे गरीब को 100 रुपए का अनाज 50 रुपए में मिल जाएगा। आधी मजदूरी अनाज में देने के कारण सरकार का प्रतिमास 800 करोड़ रुपए बच जाएगा। लाखों टन अनाज बाहर पड़ा खराब हो रहा है। यह अनाज लाखों गरीबों के घर में पहुँच जाएगा। सरकार की अदूरदर्शिता के कारण विश्व भर में हो रही बदनामी से भी देश बच जाएगा। □

क्या करेगी खाद्य सुरक्षा, अगर दुरुस्त नहीं है वितरण व्यवस्था

देश के 53 करोड़ लोगों को खाद्य सुरक्षा प्रदान करने के कानूनी मसौदे को मंत्रियों की उच्चाधिकार प्राप्त समिति ने मंजूरी दे दी है। लगभग एक वर्ष तक विभिन्न प्रक्रियाओं से गुजरने के बाद यह बिल कानून का रूप ले लेगा और देश के प्रत्येक गरीब को 25 किलो अनाज, 3 रुपए प्रति किलो की दर से प्राप्त करने का अधिकार प्राप्त हो जाएगा। बिल के मसौदे में यह भी प्रावधान है कि यदि इन गरीबों को अनाज नहीं मिला तो उन्हें 'खाद्य सुरक्षा भत्ता' प्रदान किया जाएगा। देश की आधी से अधिक जनसंख्या को इस कानून के माध्यम से सस्ता अनाज मिलेगा।

सरकार की इस कवायद से देश में भुखमरी समाप्त होगी, ऐसी उम्मीद की जा सकती है। 'खाद्य सुरक्षा बिल' के इस मसौदे में गरीबी रेखा से ऊपरवाले परिवारों को अनाज के मामले में कोई राहत प्रदान नहीं की गई है।

बीपीएल परिवार प्रत्येक राज्य में वही होंगे, जिन्हें योजना आयोग द्वारा स्वीकृत किया गया है—अर्थात् राज्यों के बीपीएल परिवारों में अथवा योजना आयोग के बीपीएल परिवारों के आँकड़ों में कोई अंतर होगा तो अतिरिक्त संख्या के लिए दिए जाने वाले बीपीएल अनाज का व्यय संबंधित राज्य सरकार ही उठाएगी। इस कानून के बाद बीपीएल परिवारों को 35 किलो अनाज की जगह केवल 25 किलोग्राम अनाज प्रतिमास मिलेगा। एपीएल परिवारों को दिए जानेवाले राशन की दरें अपेक्षाकृत महँगी होंगी।

खाद्य सुरक्षा की इस मुहिम को शंका की दृष्टि से देखा जाना गलत नहीं है, और वह भी ऐसे देश में, जिसे दुनिया के 88 देशों में विश्व भूख सूचकांक के आधार

पर 68वाँ आँका गया है। भारत के कुछ राज्य तो ऐसे हैं जहाँ भुखमरी के कारण मौतों की संख्या साल-दर-साल बढ़ती ही जा रही है। खाद्यान को लेकर हमारे देश में स्थिति अजीबोगरीब है। कुछ राज्य ऐसे हैं, जहाँ अकाल पड़ा रहता है और कुछ राज्य ऐसे हैं, जहाँ अनाज इतना अधिक होता है कि समुचित संग्रहण व्यवस्था न होने के कारण वह खुले आकाश के तले सड़ता-गलता रहता है। यह मात्रा थोड़ी नहीं, लाखों टनों के हिसाब से है। हाल ही में पंजाब के कुछ जिलों से लाखों टन गेहूँ सड़ने की खबर मीडिया में बराबर आती रही। गेहूँ की खरीद का कार्य भारतीय खाद्य निगम द्वारा किया जाता है। राज्य सरकारें संग्रहण की व्यवस्था न होने का दोष केंद्र सरकार पर मड़ती हैं और केंद्र सरकार राज्यों को दोषी बताकर पल्ला झाड़ लेती है।

वास्तव में भारत जैसे देश में जहाँ अस्सी प्रतिशत आबादी ग्रामीण है, गरीबों को अनाज पहुँचाने का कार्य आसान नहीं। सबसे बड़ी बात यह है कि जिस प्रक्रिया से यह राशन गरीबों तक पहुँचता है, वह प्रक्रिया त्रुटिपूर्ण ही नहीं, भारतीय संदर्भ में असफल भी रही है। वर्ष 1997 के बाद सरकार द्वारा लक्षित वितरण प्रणाली के अंतर्गत गाँवों में स्थापित उचित मूल्य की दुकानों के माध्यम से खाद्यान्न गेहूँ और चावल, मिट्टी तेल आदि वितरित किया जाता है। इन उचित दर मूल्यों की दुकानों से वितरित अनाज बहुत से कारणों से गरीबों तक नहीं पहुँचता। इसमें सबसे बड़ा कारण है—लक्षित सार्वजनिक वितरण प्रणाली में व्याप्त भ्रष्टाचार। वर्ष 2008 में जारी योजना आयोग की एक रिपोर्ट के अनुसार लक्षित सार्वजनिक वितरण प्रणाली का 42 प्रतिशत सब्सिडीकृत अनाज ही लक्षित वर्ग तक पहुँचता है। दूसरे शब्दों में, 58 प्रतिशत अनाज भ्रष्टाचारियों के पेट में चला जाता है। हमारे देश की सार्वजनिक वितरण प्रणाली विश्व की सबसे बड़ी वितरण प्रणाली है, जहाँ 5 लाख 3 हजार 70 उचित दर मूल्य की दुकानों द्वारा गाँव-गाँव तक सब्सिडीकृत अनाज पहुँचाया जाता है। राज्यों में उचित परिवहन व्यवस्था न होने के कारण वितरण व्यवस्था का लाभ जरूरतमंद लोगों तक नहीं पहुँच पाता। उचित दर मूल्य की इन दुकानों पर बिकनेवाला अनाज भी घटिया स्तर का होता है। इन दुकानों पर अनाज समय पर न पहुँचने की शिकायतें भी बराबर सुनने को मिलती हैं।

अनाज न पहुँचने का एक बड़ा कारण है—राज्यों द्वारा आवंटित राशन का समय पर उठान न होना। इस वितरण व्यवस्था को चुस्त-दुरुस्त करने के लिए गरीबों को अनाज के कूपन वितरित किए जाने चाहिए, ताकि वे किसी भी किरयाने की दुकान से सुविधापूर्वक अनाज खरीद सकें। उच्चतम न्यायालय द्वारा नियुक्त सतर्कता समिति ने अपनी रिपोर्ट में कहा है कि सार्वजनिक वितरण प्रणाली में भयंकर

भ्रष्टाचार व्याप्त है। यह भ्रष्टाचार अब एक कैंसर का रूप ले चुका है। केंद्रीय सरकार गरीबों को सस्ता अनाज देने के लिए 28 हजार करोड़ रुपए देती है, परंतु भ्रष्टाचार के कारण गरीबों तक पूरा अनाज नहीं पहुँचता। रिपोर्ट में कहा गया है कि भ्रष्ट लोगों की मिलीभगत के कारण यह अनाज कहीं और बेच दिया जाता है। अंत्योदय परिवार सबसे गरीब परिवार है। वाजपेयी सरकार के कार्यकाल में अंत्योदय अन्न योजना शुरू की गई थी। अंत्योदय परिवारों को प्रति परिवार 35 किलो अनाज दिया जाता था। 'नई खाद्य सुरक्षा नीति' में इसे घटाकर 25 किलो किया जा रहा है। तब गेहूँ 2 रुपए किलो दिया जाता था। अब यह 3 रुपए किलो दिया जाएगा। यह तो खाद्य सुरक्षा में पीछे हटने की बात है। दस वर्ष पहले अटलजी की सरकार ने सबसे गरीब व्यक्ति के लिए जो किया था, उसे कम बिलकुल भी नहीं किया जाना चाहिए। दोषयुक्त वितरण प्रणाली में गरीबों की वास्तविक संख्या के बारे में खाद्यान्न अधिकार मामले पर अपनी रिपोर्ट में उच्चतम न्यायालय के भूतपूर्व न्यायाधीश जस्टिस डी.पी. वाधवा ने कहा है कि देश में जिन लोगों की दैनिक आय 100 रुपए है, उन्हें खाद्य सब्सिडी दी जाए और उन्हें गरीब समझा जाए। इस आधार पर देश के पचास करोड़ लोग गरीबी रेखा के अंतर्गत आ जाएँगे। न्यायपालिका की इस रिपोर्ट के आधार पर सरकार को खाद्यान्न सुरक्षा के लिए 82 हजार एक सौ करोड़ रुपए अतिरिक्त खर्च वहन करना पड़ेगा। यदि उच्चतम न्यायालय रिपोर्ट को स्वीकार कर लेता है तो सरकार को हर हालत में यह रिपोर्ट माननी पड़ेगी।

न्यायपालिका के इस निर्णय से अथवा सरकार के 'खाद्य सुरक्षा अधिनियम' से क्या गरीबों को खाद्यान्न सुरक्षा मिल पाएगी, इस पर विभिन्न कृषि अर्थशास्त्रियों द्वारा संदेह व्यक्त किया जा रहा है।

गरीबों की संख्या के बारे में भिन्न-भिन्न मत इस संदर्भ में और अधिक कठिनाई पैदा करते हैं। 'खाद्य सुरक्षा अधिनियम' के अंतर्गत अनाज न मिलने पर 'खाद्य सुरक्षा भत्ता' देने का प्रावधान भी है, लेकिन उस भत्ते का क्या लाभ जब अनाज तक गरीब की पहुँच ही न हो। बीपीएल परिवारों को खाद्य सुरक्षा प्रदान करने के लिए 'अंत्योदय अन्न योजना' जैसी योजनाएँ बनाकर प्रत्येक वर्ष इन गरीब परिवारों के सामाजिक-आर्थिक उत्थान के लिए अन्य लक्षित कार्यक्रम भी बनाए जा सकते हैं। खाद्य मंत्री के रूप में मेरे सामने भी सार्वजनिक वितरण प्रणाली में कमियाँ थीं। जब हमने 'अंत्योदय अन्न योजना' प्रारंभ की तो सबसे बड़ी चिंता यही थी कि गरीब के घर तक यह अन्न कैसे पहुँचेगा? तब इस प्रणाली को ठीक करने के लिए कई कदम उठाए गए थे। इसमें सुधार किया गया था। सबसे बड़ा कदम था—

पीडीएस नियंत्रण आदेश। मैंने विशेष अध्ययन, चिंतन व अन्य मंत्रालयों से लंबी चर्चा के बाद इस आदेश को पारित करवाया था। इसमें वितरण प्रणाली को चुस्त-दुरुस्त करने की प्रक्रिया थी और लापरवाही व भ्रष्टाचार करने पर सख्त काररवाई का प्रावधान था। उस आदेश का पालन राज्य सरकारों को करना था। मुझे याद है कि इसके लागू होने पर स्थिति में काफी सुधार हुआ था।

वर्तमान प्रणाली गरीब तक सस्ता राशन नहीं पहुँचा पा रही। इसके लिए कई बार गरीबों को कैश कूपन देने का सुझाव आया था। ब्राजील में इसका प्रयोग हुआ है। वहाँ वह प्रयोग सफल रहा। भारत में भी यह प्रयोग किया जा सकता है। गरीबों को कूपन मिल जाए। वे किसी भी दुकान से खाद्य समाग्री खरीद लें। दुकानदार सरकार से कूपन का धन प्राप्त कर लें। इससे भ्रष्टाचार को रोका जा सकता है और वितरण व्यवस्था में सुधार किया जा सकता है।

□

गरीबी एक अभिशाप

टैक्स चोरी रोकने से सब्सिडी का घाटा पूरा हो सकता है

यू.पी.ए. सरकार ने तेल और गैस कंपनियों पर सब्सिडी के बढ़ते बोझ का हवाला देकर एक बार फिर पेट्रोल, डीजल और रसोई गैस की कीमतों में बढ़ोतरी का निर्णय लेकर आम जनता की रसोई पर हमला बोला है। कारण दिया गया कि सरकार पर प्रतिदिन सात हजार करोड़ रुपए की सब्सिडी का बोझ अब सहन नहीं हो सकता। खूब बहस हुई। विज्ञापन आए। विपक्ष ने एकजुट होकर 'भारत बंद' किया। सब्सिडी के बोझ के तर्क को मीडिया में समर्थन भी मिला। यह बोझ कैसे पूरा किया जाए, इस पर गहराई से विचार नहीं हुआ।

सरकार पर सब्सिडी का इतना बोझ सचमुच अधिक है, इसे कम किया जाना चाहिए। इसमें कोई दो मत नहीं हैं; परंतु प्रश्न यह भी है कि इस बोझ को कम करने के लिए बोझ किस पर डाला जाना चाहिए?

सरकारी आँकड़ों के अनुसार ही लगभग 70 करोड़ लोग 20 रुपए प्रतिदिन पर गुजर-बसर कर रहे हैं। ये लोग वास्तव में जी नहीं रहे हैं, घुट-घुटकर मर रहे हैं। क्या उनपर महँगाई का और अधिक बोझ डालना किसी भी दृष्टि से उचित कहा जा सकता है? राष्ट्रसंघ की एक रिपोर्ट के अनुसार विश्व में सबसे अधिक भूखे लोग भारत में रहते हैं। क्या उन भूखे लोगों पर महँगाई का और बोझ डालना उचित है?

देश में लगभग 20 करोड़ लोग ऐसे हैं, जो प्रतिदिन अमीर, और अधिक अमीर होते चले जा रहे हैं। सरकार की अमीर समर्थित नीति के कारण उन्हें लाभ कमाने का लाइसेंस मिल गया है। विश्व के अरबपतियों में भारतीयों की संख्या बढ़ रही है। फोर्ब्स की रिपोर्ट के अनुसार पिछले एक वर्ष में भारत के सौ सबसे अमीर

लोगों की संपत्ति 6 लाख करोड़ से बढ़कर 13 लाख करोड़ हो गई और लोकसभा में दिए संबंधित प्रश्न के उत्तर के अनुसार पिछले 8 वर्षों में गरीबों की संख्या 4 करोड़ 40 लाख बढ़ गई है।

सरकार अपने साधन बढ़ाने के लिए इन सबसे अमीर 20 करोड़ लोगों पर विशेष कर लगाए। इस सब्सिडी के बोझ को उनसे पूरा किया जा सकता है। ऐश्वर्य के सामान पर अधिक कर लगाया जाए। दिखावे के भड़कीले सब प्रकार के खर्चों पर कर लगाया जाए। देश व प्रदेशों के गैर-योजना व्यय में फिजूलखर्ची रोककर कम-से-कम 10 प्रतिशत की बचत की जा सकती है। केवल केंद्र सरकार के बजट में इसी से 40 हजार करोड़ रुपए की बचत हो सकती है। कैंसर की महामारी की तरह बढ़ते भ्रष्टाचार को रोकने की कोशिश की जाए। इस सब तरीकों से इतना धन सरकार के पास आ जाएगा कि गरीब पर बोझ और भी कम किया जा सकता है। सरकार एक ओर झोंपड़ी में दम तोड़ते गरीब की कमर पर महँगाई की मार दे रही है, वहीं दूसरी ओर भ्रष्टाचारियों को लूटने की खुली छूट दे रही है।

भ्रष्टाचार का केवल एक मामला पाठकों के सामने रखना चाहता हूँ। जनवरी 2007 में पूना के एक रियल इस्टेट परामर्शक व घोड़े बेचनेवाले व्यक्ति हसन अली के तीन निवास स्थानों पर आयकर विभाग द्वारा छापे मारे गए। इस छापे के दौरान आपत्तिजनक दस्तावेज प्राप्त किए और उनके आधार पर उसे 40 हजार करोड़ रुपए आयकर जमा करने का नोटिस दिया। उसके स्विट्जरलैंड के बैकों में 10 गुप्त खातों का पता चला। केवल एक खाते में ही 8 बिलियन डॉलर जमा होने के प्रमाण मिले। हसन अली पर एक जाली पासपोर्ट का मुकदमा चला। गिरफ्तारी हुई। उसे जमानत मिली। बहुत शोर मचा तो सरकार को हाईकोर्ट में अपील दाखिल करनी पड़ी; परंतु सरकार की ओर से छह महीने तक कोई काररवाई नहीं की गई। आखिरकार हाईकार्ट ने अपनी टिप्पणी में कहा कि सरकार उसके विरुद्ध कोई काररवाई नहीं करना चाहती, इसलिए न्यायालय अपना समय भी क्यों बरबाद करे।

भाजपा के एक विधायक ने महाराष्ट्र विधानसभा में एक सीडी पेश की, जिसमें हसन अली और कई कद्दावर नेताओं की बातचीत रिकॉर्ड थी, उन बड़े नेताओं में मंत्री, मुख्यमंत्री और केंद्र के नेता भी शामिल थे। हसन अली एक व्यक्ति को मुंबई पुलिस का कमिश्नर लगाने के लिए भी कह रहा था। संयोग से बाद में वही व्यक्ति कमिश्नर नियुक्त कर दिया गया।

इस हसन अली के एक विदेशी बैंक खाते में लगभग 2 लाख करोड़ रुपए जमा हैं। अब तक मामला लगभग दबा दिया गया है। कोई कारवाई नहीं हो रही है।

उसे 40 हजार करोड़ रुपए आयकर जमा कराने का नोटिस दिया गया था, परंतु विदेशी बैंक के जिस गुप्त धन के लिए इतने टैक्स का नोटिस दिया गया, वह धन कहाँ से आया, कैसे कमाया, इस बारे में कोई उससे पूछ नहीं रहा है। इसके दो साथियों को भी आयकर नोटिस दिया गया। आयकर विभाग ने खान के सहयोगी कलकत्ता के व्यापारी काशीनाथ टपोरी व उसकी पत्नी को भी 20,580 करोड़ रुपए की कर-चोरी का नोटिस दिया गया है। हसन अली के मामले की अखबारों में चर्चा हुई। विधानसभा व संसद् में मामला उठा, लेकिन हुआ कुछ भी नहीं। क्या इसलिए कि देश के बड़े नेताओं से उसके संबंध हैं ? घोड़े पालनेवाला एक व्यक्ति अरबों-करोड़ों रुपए कहाँ से कमा सकता है ? विदेशी बैंकों में खाते कैसे खुलवा सकता है ? इस देश में कानून का राज है या जंगल राज है या भ्रष्टाचारियों का राज है ?

सरकार सात हजार करोड़ रुपए धन सब्सिडी का तर्क देकर गरीब की कमर तोड़ रही है। यदि एक हसन अली के विदेशी बैंक के एक खाते का धन वापस लाया जाए तो लगभग 2 साल तक देश के लोगों पर इस सब्सिडी का बोझ समाप्त हो जाता है। ऐसे कितने हसन अली हैं, उनका कोई हिसाब नहीं है।

सरकार की सब्सिडी कम होनी चाहिए, परंतु पहले से ही मर-मरकर जीवन व्यतीत करनेवाले गरीब पर किसी भी प्रकार का बोझ नहीं डाला जाना चाहिए। इसके लिए और भी बहुत से तरीके हैं, जिनसे सरकार अपनी आय बढ़ा सकती है।

□

गरीबों की सही गणना भी नहीं कर पा रही सरकार

कल्पना करें उन 27 करोड़ लोगों की, जिन्हें दस रुपए से लेकर अठारह रुपए प्रतिदिन की कमाई के साथ अपना और अपने परिवार का पालन-पोषण करना पड़ता है। बढ़ती महँगाई के इस दौर में दस अथवा अठारह रुपए प्रतिदिन पर गुजारा करना जीना नहीं, घुट-घुटकर मरने के बराबर है।

देश में गरीबों की गणना करनेवाले विभिन्न सरकारी संस्थानों के आँकड़े, जो एक-दूसरे से मेल नहीं खाते, यदि ध्यानपूर्वक खँगाले जाएँ तो यह संख्या 27 करोड़ से अधिक ही नजर आती है। आजादी के बाद जिस तरह से देश में गरीबों की तादाद बढ़ी है, उससे यह साफ जाहिर है कि देश के नेतृत्व ने विगत 63 वर्षों में गरीबी दूर करने के लिए जो भी योजनाएँ बनाईं, वे सतही निकलीं और देश का गरीब अपनी दुर्दशा पर बरसों से आँसू बहाता रहा।

देश में गरीबों की संख्या के आकलन का विचार वर्ष 1957 में आयोजित इंडियन लेबर कॉन्फ्रेंस में उठाया गया। इस सम्मेलन में देश की गरीबी के लिए न्यूनतम आवश्यकताओं के अनुरूप जीवन-यापन की व्याख्या की गई। 'इंडियन लेबर कॉन्फ्रेंस' के इस प्रस्ताव के फलस्वरूप देश के योजना आयोग ने देश में वांछित खपत के मुताबिक न्यूनतम सर्वे के आकलन के लिए वर्ष 1962 में एक कार्यदल का गठन किया। कार्यदल ने पहली बार देश में गरीबी रेखा की अवधारणा प्रारंभ की। इस कार्यदल ने वर्ष 1960-61 के मूल्यों के आधार पर गरीबी रेखा निर्धारण मानकों में कैलोरी मानक को भी सम्मिलित किया। जिसके तहत ग्रामीण क्षेत्रों में रहनेवाले गरीबों के लिए 2400 कैलोरी आहार और शहरी क्षेत्रों में 2100 कैलोरी युक्त आहार

जुटाने को भी गरीबी रेखा मानकों में शामिल किया गया। वर्ष 2004-2005 के 27 करोड़ गरीबों के सरकारी आँकड़े में अप्रत्याशित वृद्धि हुई है। यह आँकड़ा 27 करोड़ से बढ़कर 37 करोड़ हो गया है। दरअसल, इस समिति ने गरीबी का अनुमान लगाने के मापदंडों में शिक्षा एवं स्वास्थ्य पर होने वाले खर्च को भी शामिल किया था।

भारत सरकार के समक्ष गरीबों का आकलन करने के लिए कुछ ऐसे निर्धारित आँकड़े हैं, जिनके भँवरजाल में फँसकर सरकार गरीबों की गणना करने में सफल नहीं हो पा रही। 2100 कैलोरी, 2400 कैलोरी, 446 रुपए 68 पैसे, 578 रुपए 80 पैसे और 25 किलोग्राम अनाज अथवा 90 रुपए किलो दाल कुछ ऐसे आँकड़े हैं, जिनके इर्द-गिर्द गुरबत की धुरी घूम रही है।

देश में गरीबी के आकलन के लिए 1997 में स्थापित लकड़वाला समिति से लेकर अगस्त, 2009 में एन.सी. सक्सेना की अध्यक्षता में स्थापित कार्यदल की रिपोर्ट के आधार पर गरीबी के आँकड़ों में अप्रत्याशित वृद्धि हुई है। 2100 अथवा 2400 कैलोरी युक्त आहार के आधार पर 50 प्रतिशत ग्रामीण गरीब परिवार गरीबी रेखा से नीचे जीवन बसर कर रहे हैं। 'सक्सेना रिपोर्ट' की यदि मानें तो हमारे देश में पौष्टिक आहार न प्राप्त करनेवाले लोगों की संख्या सरकारी तौर पर घोषित गरीब लोगों की संख्या से दोगुनी है। ये गरीब लोग खाने पर कम और शिक्षा तथा स्वास्थ्य जैसी मदों पर अपेक्षाकृत अधिक खर्च करते हैं। नेशनल कमीशन फॉर इंटरप्राइजेज इन दी अनआर्गनाइज्ड सेक्टर के लिए वर्ष 2007 में अर्जुन सेन गुप्ता की अध्यक्षता में गठित कार्यदल के अनुसार तो 77 प्रतिशत जनसंख्या 20 रुपए से कम प्रतिदिन की आय से गुजर-बसर कर रही है। यहाँ तक कि 'अंतरराष्ट्रीय खाद्यान नीति शोध' ने विश्व भूख सूचकांक में 88 विकासशील देशों में भारत को 65वें स्थान पर रखा। इन आँकड़ों से परेशान सरकार ने नवंबर, 2009 में सुरेश तेदुंलकर की अध्यक्षता वाले कार्यदल का गठन किया, जिसने अखिल भारतीय ग्रामीण क्षेत्रों में गरीबी का अनुपात 41.8 प्रतिशत तथा शहरी क्षेत्रों में 25.7 प्रतिशत आँका। गरीबी पर ये आँकड़े विश्व बैंक के आँकड़ों के करीब ही हैं। तेंदुलकर समिति के अनुसार उड़ीसा और बिहार दो ऐसे राज्य हैं, जहाँ सबसे ज्यादा गरीबी है। समिति ने प्रति व्यक्ति प्रतिमास गरीबी रेखा के तहत खर्च की जाने वाली राशि का भी पुनर्निर्धारण किया है। यह राशि ग्रामीण क्षेत्रों में 356.30 रुपए से बढ़ाकर 446.68 रुपए तथा शहरी क्षेत्रों में 538.60 रुपए से बढ़ाकर 578.80 रुपए करने का सुझाव दिया है। इस आधार पर प्रति व्यक्ति दैनिक खर्च की जाने वाली राशि ग्रामीण क्षेत्रों में 15 रुपए तथा शहरी

क्षेत्रों में 19 रुपए आँकी गई है। महानगरों में चार व्यक्तियों के एक परिवार के खर्चे की अगर दु:खदायी दास्ताँ सुनें तो रोंगटे खड़े हो जाते हैं। 2400 रुपए महीना कमानेवाले परिवार के लोग महँगाई के इस दौर में 'क्या नहाएँगे और क्या निचोड़ेंगे', यह जगजाहिर है। इस सबके बावजूद बीपीएल परिवारों को केंद्र से सार्वजनिक वितरण प्रणाली के तहत राशन आवंटित करने की प्रक्रिया ने 'आग में घी' का कार्य किया है। केंद्र सरकार द्वारा बीपीएल राशन में रोक लगाने का फैसला लिया गया है। इसका प्रमुख कारण यह है कि योजना आयोग के अनुसार देश में बीपीएल परिवारों की संख्या 6.1 करोड़ है जबकि राज्यों द्वारा 10.68 करोड़ बीपीएल राशनकार्ड आवंटित किए गए हैं। इन तथ्यों से यह भी स्पष्ट है कि लक्षित सार्वजनिक वितरण प्रणाली के तहत भी अब इन गरीबों को राशन मुहैया नहीं होता।

गरीबों का सही आकलन न कर पाने का सबसे अधिक नुकसान गरीबों का ही है। गरीब लोगों की सही गणना न होने के कारण बिहार और उड़ीसा जैसे राज्य, जहाँ आधी से अधिक जनसंख्या गरीबी रेखा से नीचे है, विकास के क्षेत्र में और अधिक पिछड़ रहे हैं। जिस संख्या में देश में बेरोजगारी, भ्रष्टाचार और गाँव से पलायन बढ़ता जा रहा है, निस्संदेह सोने की चिड़िया कहलाने वाला यह देश भूखों और गरीबों को देश कहलाएगा।

अंतरराष्ट्रीय स्तर पर दो डॉलर की आयवाले व्यक्ति को गरीब समझा जाता है। यह आकलन यदि देश के परिप्रेक्ष्य में देखा जाए तो भारत की आधे से भी अधिक जनसंख्या गरीबी रेखा में आ जाएगी। यह हमारे देश का दुर्भाग्य है कि सरकार अभी तक यह भी निर्णय नहीं कर पाई है कि भारतवर्ष में भूखों और गरीबों की संख्या कितनी है। राष्ट्रसंघ के एक आकलन के अनुसार विश्व में सबसे अधिक भूखे-नंगे गरीब भारतवर्ष में हैं।

वस्तुत: हमारे देश में गरीबों की गणना के मापदंड विभिन्न संस्थाओं द्वारा भिन्न-भिन्न रखे गए हैं, जिसके कारण गणना में प्राय: अंतर आ जाता है। दिक्कत यह है कि इस अपुष्ट आकलन के कारण गरीबों के लिए जो भी योजनाएँ बनाई जाती हैं, वे सब ढुलमुल हो जाती हैं। दूसरी बात यह है कि हमारे यहाँ जो नीतियाँ गरीबों के लिए बनती हैं, वे गरीबों के लिए लक्षित नहीं होतीं, बल्कि सरकारी आँकड़ों का पेट भरने के लिए बनाई जाती हैं। आवश्यकता इस बात की है कि सरकार सही गणना करे पर केवल गणना ही न करती रहे। आज तक गणना होती रही, योजनाएँ बनती रहीं, गरीबी दूर करने के नारे लगते रहे, पर गरीबी प्रतिवर्ष बढ़ती रही।

लोकसभा में एक प्रश्न के उत्तर में सरकार ने बताया कि पिछले कुछ वर्षों में गरीबों की संख्या 4 करोड़ 40 लाख हो गई है। दूसरी तरफ विश्व के करोड़पतियों में भारतीयों की संख्या बढ़ रही है। 'फोर्ब्स इंडिया' पत्रिका के अनुसार पिछले एक वर्ष में भारत के एक सौ अमीर परिवारों की संपत्ति 6 लाख करोड़ से बढ़कर 13 लाख करोड़ हो गई। यही स्थिति रही तो कुछ समय के बाद विश्व में सबसे अधिक करोड़पति भी भारत में होंगे और सबसे अधिक भूखे-नंगे लोग भी भारत में होंगे।

यह बात नहीं भूलनी चाहिए कि देश में बढ़ते अपराध, नक्सल व माओवाद का एक बड़ा कारण गरीबी व आर्थिक विषमता है। ऐसा न हो कि सरकार आँकड़ों के मकड़जाल में उलझी रहे और देश अपराध व नक्सलवाद की आँच में झुलसता रहे।

□

गरीबी हटाइए, नक्सलवाद मिट जाएगा

केंद्र सरकार ने देश के सात राज्यों में नक्सली हिंसा समाप्त करने के लिए एक निर्णायक कार्य-योजना बनाई है। इस योजना को नक्सल प्रभावित राज्यों के मुख्यमंत्रियों से विचार-विमर्श के बाद कार्यान्वित किया जा रहा है। देश की आंतरिक सुरक्षा के लिए नक्सली हिंसा को रोकना इस वक्त सरकार के लिए गंभीर चिंता का विषय बन गया है। दरअसल, आजादी के साठ वर्ष बीत जाने के बावजूद देश की जनता गरीबी, भुखमरी, भ्रष्टचार, प्रशासनिक अत्याचार और नक्सलवाद के पीछे छिपी गहरी राजनीतिक साजिश से त्रस्त है। वास्तविक स्थिति यह है कि लोगों के दुःख-दर्द से सरकारें बहुत दूर हो चुकी हैं। नक्सलवाद की चपेट में धीरे-धीरे कई राज्य आते जा रहे हैं। नक्सलियों का दावा है कि वे अति दलितों के पैरोकार हैं, लेकिन यह दावा खोखला है। सच तो यह है कि गरीबी, पिछड़ेपन और बेरोजगारी से हताश जवानी रास्ता भटक रही है। युवा अपराध के रास्ते पर बढ़ रहे हैं और नक्सलवाद उन्हें गुमराह करने में सफल हो रहा है।

बहरहाल, केंद्र सरकार का यह कदम सराहनीय है कि नक्सली हिंसा को हर परिस्थिति में दबाना आवश्यक है। लेकिन यह प्रयास सामूहिक रूप से किए जाने चाहिए, क्योंकि नक्सलियों द्वारा जिन परिस्थितियाँ में गाँव के गरीबों को भड़काया जा रहा है, यदि वे परिस्थितियाँ नहीं बदलीं तो सरकार का यह अभियान विफल हो जाएगा। नक्सली हिंसा और अति गरीबी के विरुद्ध एक साथ और समान रूप से युद्ध छेड़ने की आवश्यकता है।

देश के करीब 27.5 प्रतिशत लोग आज भी गरीबी रेखा से नीचे जीवनयापन कर रहे हैं। 12 करोड़ लोग तो केवल आठ रुपए प्रतिदिन पर गुजारा करते हैं—यानी एक महीने की उनकी आय लगभग 240 रुपए बनती है। सरकार का कोई भी

अर्थशास्त्री आज की महँगाई में क्या 240 रुपए में एक व्यक्ति का महीन भर का बजट बना सकता है ? क्या कभी किसी ने सोचा कि ये करोड़ों लोग क्या खाते होंगे, क्या पहनते होंगे और किस प्रकार अपने जीवन का बोझ ढोते होंगे ? नक्सली इसी बेबसी का लाभ उठा रहे हैं।

अब यह कोई छिपी हुई बात नहीं है कि देश के जिन राज्यों में नक्सलवाद और माओवाद फैल रहा है, वहाँ संपन्न लोगों का जीवन भी खतरे में है। उनसे हिंसा के बल पर जबरन टैक्स वसूला जा रहा है। उनके बच्चों को फिरौती के लिए अगवा किया जाता है, उनकी हत्याएँ हो रही हैं। कुछ प्रदेशों में तो सरकार के विभाग उन इलाकों में विकास का काम करने के लिए नक्सलियों को धन देते हैं। इसलिए देश की अति गरीबी को दूर किए बिना इस समस्या का कारगर इलाज संभव नहीं है।

गरीबी की समस्या पर भारत के मनीषी-विचारक बहुत पहले से सोचते रहे हैं। स्वामी विवेकानंद ने दरिद्रनारायण की बात कही तो महात्मा गांधी ने अंत्योदय का संदेश दिया था। यहाँ तक कि राष्ट्रकवि रामधारी सिंह 'दिनकर' ने भी सामाजिक-आर्थिक विषमता का वर्णन करते हुए लिखा है—'श्वानों को मिलता दूध-भात, भूखे बालक अकुलाते हैं / माँ की हड्डी से चिपक-ठिठुर जाड़े की रात बिताते हैं / युवती के लज्जा वसन बेच जब ब्याज चुकाए जाते हैं / पापी महलों को अहंकार तब देता मुझको आमंत्रण।...'

देश की गरीबी का वह वर्णन आज भी वैसा ही है; बल्कि हालात उससे भी अधिक खराब हैं। इसकी पुष्टि करीब एक लाख 60 हजार किसानों की आत्महत्याएँ करती हैं। कवि दिनकर ने वंचितों के भीतर खौलते आक्रोश को पहचानते हुए देश के नीति-नियंताओं को आगाह भी किया था—'शांति नहीं तब तक, जब तक सुखभाग न पर का सम हो। नहीं किसी को बहुत अधिक हो, नहीं किसी को कम हो।'

परंतु हुआ इससे बिलकुल विपरीत। कुछ को बहुत अधिक मिल गया और कुछ के पास बहुत कम रह गया। यह देश का दुर्भाग्य है कि स्वामी विवेकानंद से लेकर महात्मा गांधी और रामधारी सिंह 'दिनकर' तक तमाम भविष्य-द्रष्टाओं की बातें भुला दी गईं। परिणामस्वरूप देश आज इस स्थिति में पहुँच गया है। हिंसा के रास्ते पर चलनेवाले नक्सलियों के प्रति किसी प्रकार की सहानुभूति नहीं बरती जानी चाहिए, परंतु मैं सावधान करना चाहता हूँ कि उनके विरुद्ध अभियान छेड़ना ही काफी नहीं है, हमें देश से अति गरीबी भी मिटानी होगी।

ठीक है, समाज के सभी लोग बराबर नहीं हैं, परंतु अति गरीबी तो दूर की जा

सकती है। यह दूर भी की जानी चाहिए। कम-से-कम लोगों की बुनियादी जरूरतें तो पूरी की ही जानी चाहिए। विश्व के बहुत से देशों ने यह करके दिखाया है, फिर भारत क्यों नहीं कर सकता ? इस समय देश के लगभग 26 करोड़ लोग अति गरीब हैं। देश के 83 करोड़ लोग, जो गरीबी रेखा से ऊपर हैं, इन अति गरीब लोगों की मदद क्यों नहीं कर सकते ? अति गरीबी को दूर करने के लिए अति अमीरों को कुछ त्याग करना होगा।

देश में बढ़ता अपराध, नक्सलवाद और माओवाद एक बड़ी चेतावनी और चुनौती है। यदि समय रहते कुछ क्रांतिकारी निर्णय नहीं लिये गए तो इतिहास हमें क्षमा नहीं करेगा। केंद्र सरकार पूरे विपक्ष को विश्वास में लेकर यह महासंकल्प ले कि अगले पाँच वर्ष में देश से अति गरीबी दूर कर दी जाएगी। अत्यंत गरीबों को विशेष पहचान-पत्र दिए जाएँ, जिनमें पाँच वर्ष के भीतर उनकी विपन्नता दूर करने का आश्वासन हो।

इस काम के लिए 'अंत्योदय' नाम से एक नया विभाग प्रधानमंत्री के अधीन सृजित किया जाए। केंद्र व प्रदेश सरकारों के करीब दस लाख करोड़ रुपए के प्रशासनिक व्यय में जबरदस्त फिजूलखर्ची होती है। उसमें 20 प्रतिशत की कटौती कर यदि दो लाख करोड़ उस विभाग को दिए जाएँ, साथ ही 50 लाख रुपए सालाना शुद्ध आयवाले लोगों व कंपनियों पर 'अंत्योदय अधिभार' लगाया जाए और उससे एकत्र धन इस विभाग को दिया जाए; पाँच वर्षों तक विधायकों, सांसदों और सरकारी अधिकारियों के वेतन में कोई वृद्धि न की जाए तथा अगले पाँच वर्षों तक केंद्र एवं राज्य सरकारों के सभी विभागों, उपक्रमों में चतुर्थ श्रेणी के सभी पद गरीबी रेखा से नीचे के लोगों के लिए आरक्षित कर दिए जाएँ तो आर्थिक कारण से फैल रही अशांति पर काबू पाया जा सकता है। इस प्रकार के कार्यक्रमों से देश के अति गरीबों में एक नई आशा और विश्वास का संचार होगा और ये कार्यक्रम नक्सलवाद की कमर तोड़ देंगे।

□

नक्सलवाद विरोधी अभियान अधूरा है

'पंजाब केसरी' में छपे मेरे एक लेख पर मुझे बहुत से फोन और पत्र मिले। उस विषय पर व्यापक चर्चा हुई, सराहना भी। परंतु कुछ मित्रों ने एक बात पर आपत्ति की और मुझे सावधान भी किया कि मैं उस बात पर अधिक न बोला करूँ। मैंने देश की अति गरीबी को दूर करने के लिए कुछ सुझाव दिए थे। उनमें यह भी कहा था कि जब तक अति गरीबी दूर नहीं होती तब तक नेताओं, विधायकों, सांसदों व सरकारी अधिकारियों के वेतन-भत्ते बिलकुल न बढ़ाए जाएँ। इसी आपत्ति से प्रेरित होकर मैं यह लेख लिख रहा हूँ।

मेरा यह दृढ़ विश्वास है कि देश दीवार पर लिखे हुए को नहीं पढ़ रहा। आर्थिक विषमता से एक तरफ चमकती अमीरी और अधिक चमक रही है और दूसरी तरफ गरीबी की सिसकियाँ और अधिक पीड़ादायक हो रही हैं। गरीबी, पिछड़ेपन और बेरोजगारी से निराश-हताश युवा पीढ़ी रास्ता भटक रही है और अपराध के रास्ते पर बढ़ रही है। नक्सलवाद उन्हें गुमराह करने में सफल हो रहा है और देश के 20 प्रदेशों के 250 जिलों को उसने अपनी चपेट में ले लिया है।

भारत सरकार ने नक्सलवाद के विरुद्ध बहुत बड़ा अभियान शुरू किया है। 70 हजार से भी अधिक सुरक्षाकर्मी इस अभियान में लगाए हैं। यह सब सराहनीय है। इस हिंसा को हर परिस्थिति में दबाना बहुत आवश्यक है। परंतु केवल अकेला यह प्रयास काफी नहीं; क्योंकि नक्सलवादियों द्वारा जिन परिस्थितियों में गाँव के गरीबों को भड़काया जा रहा है, यदि ये परिस्थितियाँ नहीं बदलीं तो सरकार का यह अभियान विफल हो जाएगा। नक्सली हिंसा और अति गरीबी के विरुद्ध एक समान युद्ध छेड़ने की आवश्यकता है।

सरकारी आँकड़ों के अनुसार देश के 26 करोड़ लोग गरीबी रेखा से नीचे रह रहे हैं। 12 करोड़ लोग केवल 8 रुपए प्रतिदिन पर गुजारा करते हैं। एक महीने की उनकी आय लगभग 240 रुपए बनती है। इस सरकार का कोई अर्थशास्त्री 240 रुपए में आज की महँगाई में एक व्यक्ति का बजट बनाकर दिखाए? क्या कभी सोचा है कि ये करोड़ों लोग क्या खाते होंगे, क्या पहनते होंगे और किस प्रकार जीवन का बोझ ढोते होंगे? उसके मुकाबले में सरकार के अधिकारी, विधायक और सांसद की आय लगभग 60 हजार रुपए मासिक बनती है। अन्य सभी प्रकार की सुविधाओं को जोड़ दिया जाए तो यह आय और भी अधिक है। इनका वेतन लगातार बढ़ता रहता है। महँगाई जब बढ़ती है तो गरीब की कमर टूटती है, जबकि इन वर्गों को महँगाई भत्ता मिलता है। देश के अमीरों और उद्योगपतियों की आय का तो कोई हिसाब ही नहीं है। सरकार की सब नीतियाँ अमीरों के पक्ष में हैं। उन्हें मनमरजी का मुनाफा कमाने की छूट है। देश की बहुत सी कंपनियों के प्रमुख अधिकारियों का वेतन 50 करोड़ रुपए वार्षिक से भी अधिक है। उन्हें प्रतिमास 4 करोड़ रुपए से भी अधिक वेतन मिलता है और देश के 12 करोड़ गरीब लोगों की आय प्रतिमास केवल 240 रुपए है।

देश के जिन क्षेत्रों में नक्सलवाद और माओवाद फैल रहा है, वहाँ धनवान् और संपन्न लोगों का जीवन भी खतरे में है। उनसे हिंसा के बल पर जबरन टैक्स वसूला जा रहा है। उनके बच्चों को अगवा किया जाता है। फिरौती ली जाती है। हत्याएँ होती हैं। जैसे-तैसे कमाया धन उनके जी का जंजाल बनता जा रहा है। उनके धन और वैभव की शानो-शौकत ही गरीबों को बंदूक पकड़ने की प्रेरणा दे रही है। कुछ प्रदेशों में तो सरकार के विभाग उन इलाकों में विकास का काम करने के लिए उन्हें धन देते हैं।

देश की अति गरीबी दूर करना गरीबों के लिए ही नहीं, अमीरों के लिए भी जरूरी है। अन्यथा उनका जीवन सुरक्षित नहीं रह सकता।

गरीबी की समस्या पर भारत के मनीषी विचारक बहुत पहले से सोचते रहे हैं। स्वामी विवेकानंद ने 'दरिद्रनारायण' की बात कहीं थी। महात्मा गांधी जी ने 'अंत्योदय' का संदेश दिया था। यहाँ तक कि भारतीय साहित्य में भी इस समस्या पर लिखा गया था। भारत के राष्ट्रकवि रामधारी सिंह 'दिनकर' ने गरीबी का वर्णन करते हुए लिखा था—

'श्वानों को मिलते दूध-वस्त्र भूखे बालक अकुलाते हैं
माँ की हड्डी से चिपक ठिठुर जाड़ों की रात बिताते हैं।

युवती की लज्जा वसन बेच जब ब्याज चुकाए जाते हैं।
मालिक तब तेल फुलेलों पर पानी-सा द्रव्य बहाते हैं।'

30 वर्ष पहले भारत की गरीबी का किया गया वर्णन आज भी न केवल सही है बल्कि हालत उससे भी अधिक खराब हो गई है। एक लाख 60 हजार किसान आत्महत्या कर चुके हैं। राष्ट्रकवि 'दिनकर' ने ही चेतावनी देते हुए एक कविता में कहा था—

'शांति नहीं तब तक जब तक सुखभाग न नर का सम हो
नहीं किसी को बहुत अधिक हो, नहीं किसी को कम हो।'

परंतु हुआ इससे बिलकुल विपरीत। कुछ को बहुत अधिक मिल गया और कुछ के पास बहुत कम रह गया। 'दिनकर' इस स्थिति से आहत हुए, जब उन्हें लगा कि कुछ प्रभावशाली लोग गरीब का शोषण कर रहे हैं तो वे आक्रोश और विद्रोह की भाषा बोलने पर भी विवश हो गए। उनकी एक कविता की ये पंक्तियाँ विचारणीय हैं—

'पिलाने को कहाँ से रक्त लाएँ दानवों को
नहीं क्या स्वत्व है प्रतिशोध का हम मानवों को।
जरा तू बोल तो सारी धारा हम फूँक देंगे,
पड़ा जो पथ में गिरि कर उसे दो टूक देंगे।
कहीं जो पूछने बूढ़ा विधाता आज आया।
कहेंगे 'हाँ' तुम्हारी सृष्टि को हमने मिटाया।'

देश का दुर्भाग्य तो यह है कि स्वामी विवेकानंद से लेकर महात्मा गांधी और दिनकर तक—सब की बात भुला दी गई, और देश आज इस हालत में खड़ा है। हिंसा के रास्ते पर चलने वाले इन नक्सलवादियों के प्रति किसी भी प्रकार की सहानुभूति का कोई प्रश्न नहीं। भारत सरकार ने जितना बड़ा अभियान प्रारंभ किया है, उससे भी और बड़ा अभियान शुरू होना चाहिए। परंतु मैं सावधान करना चाहता हूँ कि केवल यही काफी नहीं है। इतना ही बड़ा अभियान देश की अति गरीबी को दूर करने के लिए भी शुरू करना होगा।

समाज के सभी लोग बराबर नहीं हो सकते। भगवान् की सृष्टि में भी सब बराबर नहीं हैं। जो भगवान् नहीं कर सकते, वह समाज और सरकार भी नहीं कर सकती। गरीबी-अमीरी रहेगी; परंतु अति गरीबी दूर की जा सकती है, दूर की जानी चाहिए। कम-से-कम लोगों की बुनियादी जरूरतें तो पूरी की जानी चाहिए। गरीबी

और अमीरी के बीच की खाई कम होनी चाहिए। विश्व के बहुत से देशों ने यह करके दिखाया है, फिर भारत क्यों नहीं कर सकता? इस समय भारत की लगभग 120 करोड़ जनसंख्या में से केवल 25 करोड़ लोग गरीबी की रेखा से नीचे हैं। देश के 95 करोड़ लोग इन अति गरीब 25 करोड़ों लोगों को अति गरीबी से ऊपर क्यों नहीं उठा सकते? अति गरीबी को दूर करने के लिए अति अमीरों को त्याग करना होगा और यदि वे त्याग करने को तैयार न हों तो सरकार द्वारा उनसे कुछ छीनकर इस अति गरीबी को दूर करना होगा।

देश में बढ़ता अपराध, नक्सल व माओवाद एक बड़ी चेतावनी है, एक चुनौती है। यदि समय रहते कुछ क्रांतिकारी निर्णय नहीं लिये जाएँगे तो इतिहास हमें क्षमा नहीं करेगा। केंद्र सरकार पूरे विपक्ष को विश्वास में लेकर ये निर्णय करे—

1. अगले पाँच वर्ष में अति गरीबी को दूर करने का एक महासंकल्प किया जाए। इसके लिए संसद् प्रस्ताव पास करे। गरीबी रेखा से नीचे के सभी लोगों को एक विशेष पहचान-पत्र दिया जाए। उसमें पाँच वर्ष में उनकी अति गरीबी दूर करने का आश्वासन दिया जाए।
2. 'अंत्योदय' नाम से इस काम के लिए एक नया विभाग प्रधानमंत्रीजी के अधीन हो।
3. केंद्र व प्रदेश सरकारों के 10 लाख करोड़ के प्रशासनिक व्यय में भारी फिजूलखर्ची होती है। उसमें 20 प्रतिशत कटौती करके ये 2 लाख करोड़ रुपए इस विभाग को दिए जाएँ।
4. पचास लाख शुद्ध वार्षिक आयवाले लोगों व कंपनियों को 'अंत्योदय कर' लगाकर वह धन इस विभाग में दिया जाए।
5. पाँच वर्ष तक नेता विधायक, सांसद व सरकारी अधिकारियों के वेतन में कोई वृद्धि न की जाए।
6. पाँच वर्ष तक प्रदेश व केंद्र सरकार के सभी विभागों, उपक्रमों में चतुर्थ श्रेणी के सभी पद केवल गरीबी रेखा से नीचे के लोगों के लिए आरक्षित कर दिए जाएँ।
7. सभी प्रकार के आरक्षित पदों में सब पदों पर सबसे पहले उन्हीं वर्गों के गरीबी रेखा से नीचे के लोगों को भरती किया जाए।
8. प्रदेश व केंद्र सरकारों के सभी विभागों की सभी कल्याणकारी योजनाओं का लाभ केवल गरीबी रेखा के नीचे के लोगों को दिया जाए।
9. इस सारे कार्यक्रम के कार्यान्वयन के लिए ब्लॉक तथा जिला स्तर पर

समितियाँ बनाई जाएँ, जिनमें जनप्रतिनिधियों के साथ-साथ अति गरीब लोगों को भी प्रतिनिधित्व दिया जाए। इसके साथ ही संबंधित अधिकारी की जवाबदेही भी तय की जाए।

10. भ्रष्टाचार में दोषी पाए जानेवालों की संपत्ति जब्त करके इस विभाग को दी जाए।

इस प्रकार के कार्यक्रम से देश के अति गरीबों में एक नई आशा व विश्वास का संचार होगा। यह कार्यक्रम नक्सलवाद की कमर तोड़ देगा, और फिर वे इस वर्ग को बरगला नहीं सकेंगे।

□

तटस्थ भी अपराधी है

चंडीगढ़ की लॉन टेनिस खिलाड़ी 14 वर्षीय रुचिका की आत्महत्या के मामले में अभियुक्त को 19 वर्ष बाद केवल छह मास की सजा पर उद्वेलित जनभावनाओं ने यह तो साबित कर दिया कि जनता की अदालत सबसे बड़ी अदालत है और इस अदालत के समक्ष आखिर सभी को नतमस्तक होना ही पड़ता है। हरियाणा के भूतपूर्व पुलिस महानिदेशक एस.पी.एस. राठौर अपने पद का दुरुपयोग करते हुए 19 वर्ष तक कानून से अठखेलियाँ करते रहे और आखिर में कानून को धत्ता बताते हुए अदालत से बाहर आए। राठौर के चेहरे पर कुटिल मुसकान थी। ऐसी मुस्कान, जो शायद जाने-अनजाने हम सबका मजाक उड़ा रही थी।

गत वर्ष 25 दिसंबर को जब 'रुचिका मामले' पर अदालत ने फैसला सुनाया, मैं भौचक्का रह गया। इस निर्णय को लेकर मैंने भी मीडिया में अपनी प्रतिक्रिया दर्ज कराई थी। प्रजातांत्रिक व्यवस्था में एक आम नागरिक के नाते मुझे भी अपने विचार व्यक्त करने का उतना ही अधिकार है, जितना किसी दूसरे को। टी.वी. चैनलों पर मेरी प्रतिक्रिया पर ढेरों पत्र मुझे मिले। कुछ ने पत्र लिखकर मुझसे सहमति जताई थी और कुछ ने गिला-शिकवा किया था कि मैं केंद्र में मंत्री होने के बावजूद कुछ नहीं कर पाया था। एक पाठक ने लिखा है, 'अटलजी से मिले। अटलजी ने आँसू बहा दिए और बस आपकी भारत सरकार चुप बैठ गई!' इस आरोप में सचमुच वजन है। मैंने अपने विवेक से जो कदम उठाया था, वह अपर्याप्त था—केवल अहसास मात्र। सोचता हूँ तमाम उम्र जब व्यवस्था से समझौता नहीं किया तो उस समय कुछ और भी करना चाहिए था। कुछ मित्रों को साथ लेता, एन.डी.ए. सरकार को विवश करता। पार्टी के भीतर दबाव बढ़ता तो न्याय दिलवाया जा सकता था।

वास्तव में हमारे संपूर्ण समाज की आत्मा कुंद हो गई है। यहाँ पूरे-के-पूरे

समाज का वातावरण समझौता करनेवाला बन गया है। मानवीय संवेदनाओं से जुड़ा हुआ कोई भी मुद्दा हो, हमारा समाज संवेदनहीन हो जाता है। मैंने जीवनपर्यंत कभी भी समझौता नहीं किया। इसके लिए मुझे भारी कीमत भी चुकानी पड़ी है। लेकिन मुझे यह कीमत चुकाते हुए दुःख नहीं होता था, बल्कि हर बार मैं स्वयं को गौरवान्वित महसूस करता था। मेरे निकटस्थ मित्र मुझे बार-बार समझाते, यदि इसी तरह से मूल्य चुकाते रहे, तो मुख्यधारा से कटकर रह जाओगे, वजूद भी नहीं रहेगा। ऐसे बहुत से उदाहरण हैं जहाँ मैं अपनी भावनाओं को रोक नहीं पाया था।

'रुचिका आत्महत्या' के मामले में वर्ष 2000 में केंद्रीय मंत्री के संवेदनशील पद पर आसीन होने के बावजूद मैंने इस सामाजिक लड़ाई की योद्धा मधुप्रकाश को पत्र लिखकर उनके साहस और प्रतिबद्धता की प्रशंसा की थी। इतना ही नहीं, टी.वी. एंकर और प्रसिद्ध स्तंभकार करण थापर के एक कार्यक्रम में तो मैंने यहाँ तक कह दिया था कि 'मैं यदि हरियाणा का मुख्यमंत्री होता तो एक मिनट भी ऐसे आदमी को पद पर स्वीकार नहीं करता।' रुचिका, बंगारू लक्ष्मण-रिश्वत मामला और 'गुजरात नरसंहार' पर मेरी प्रतिक्रियाओं पर गोवा में संपन्न राष्ट्रीय कार्यकारिणी की अप्रैल 2002 में होने वाली बैठक में चर्चा होनी थी।

मैं जानता था कि इस चर्चा में सीधे टकराव की आशंका थी। मेरी धारणा निर्मूल साबित नहीं हुई। गुजरात दंगों पर मेरी प्रतिक्रिया उन दिनों समाचार-पत्रों में प्रकाशित हुई थी और इसकी काफी चर्चा भी हुई। एक समाचार-पत्र ने तो यहाँ तक लिख दिया था कि 'पार्टी अनुशासन के भार तले शांता कुमार ने अपने जमीर को दफना दिया।' बहुत से पत्र मुझे मिले। भोपाल के सईद बिलगरामी ने लिखा था—'हमको नहीं मालूम था...हम नहीं समझते थे कि इस ऊँचाई पर विराजमान एक व्यक्ति, जिसका नाम शांता कुमार है, इतनी अच्छी सोच का मालिक है। इस सोच के लिए धन्यवाद और शुक्रिया जैसे शब्द बहुत छोटे हैं...बुरे लोग इकट्ठा हैं, अपने तुच्छ और क्षणिक लाभ के लिए...क्या अच्छे लोग मानव हित, देश हित (वास्तविक) के लिए एक नहीं हो सकते।' ऐसे दर्जनों पत्र आए थे। कुछ पत्र तो मेरे लिए अमूल्य दस्तावेज बनकर रह गए हैं। इन पत्रों ने मेरी राजनीतिक सोच एवं प्रतिबद्धता को पुख्ता और पुरस्कृत किया था। 'रुचिका प्रताड़ना' मामले में 19 वर्ष तक न्याय का इंतजार किया गया, और 19 वर्ष बाद न्याय मिला, तो वह भी आधा-अधूरा! इस अदालती निर्णय के बाद एक बार फिर 'रुचिका प्रकरण' चर्चा में है। मामला सी.बी.आई. को सौंप दिया गया है। अब न जाने और कितनी देर रुचिका के परिवार को न्याय के लिए प्रतीक्षा करनी पड़ेगी? एक विचारक ने कहा है कि कोई भी देश

बुरे लोगों की बुराई के कारण नष्ट नहीं होता, अपितु अच्छे लोगों की तटस्थता के कारण नष्ट होता है। आज भी भारत में बुरे लोग कम संख्या में हैं। पर वे सक्रिय हैं, शैतान हैं पर संगठित हैं। अच्छे लोग संख्या में अधिक हैं, पर वे बिलकुल निष्क्रिय हैं, असंगठित हैं और चुपचाप तमाशा देखने वाले हैं। बहुत कम संख्या में ऐसे लोग हैं, जो बुराई के सामने सीना तानकर उसे समाप्त करने में कुछ भी करने को तैयार हो जाते हैं। बुरे लोग इस सीमा तक संगठित हैं कि आज राजनीति में लगभग सभी भ्रष्ट लोगों की एक पार्टी है। वे अंदर से मिले हुए हैं और उनका समझौता है—'तुम हमें बचाना, हम तुम्हें बचाएँगे।' ऐसे तटस्थ लोगों के संबंध में कवि रामधारी सिंह 'दिनकर' ने कहा है—

'समर शेष है नहीं पाप का भागी केवल व्याध,
जो तटस्थ हैं समय लिखेगा उनका भी अपराध'

कारण कुछ भी हो, एक बात हमारे समाज को भूलनी नहीं चाहिए कि जब शरीफ और अच्छे लोग देखकर मक्खी निगलना शुरू कर दें और कायर बन जाएँ, तब देश बरबाद हो जाता है। आज की सबसे बड़ी आवश्यकता यही है कि अच्छे लोग सक्रिय हों, संगठित हों और निश्चय करें कि बहुत हो गया, अब किसी की बुराई को कहीं भी, जरा भी सहन नहीं करेंगे।

□

गरीब की सेवा ही भगवान् की सच्ची पूजा है

कई बार कुछ खबरें ऐसी होती हैं, जिनकी ओर आदमी का ध्यान बरबस ही आकर्षित हो जाता है। आम जीवन में इंटरनेट के प्रवेश से शायद ही कोई दिन ऐसा होगा जब कई चौंका देने वाली खबरों से आदमी रू-ब-रू न होता हो। पिछले दिनों एक ऐसी ही खबर नजर से गुजरी—देश के सबसे धनी मंदिर आंध्र प्रदेश के तिरुपति मंदिर की सारी दीवारें स्वर्ण-जड़ित होंगी। इस मंदिर का प्रबंध करनेवाले संस्थान 'तिरुमाला तिरुपति देवस्थानम' के अध्यक्ष डी.के. अधिकेश कलूनायडू के हवाले से खबर दी गई थी कि इस महत्त्वाकांक्षी योजना पर इस वर्ष एक हजार करोड़ रुपए खर्च किए जाएँगे। देश के सर्वाधिक धनी मंदिर की संपन्नता और वैभव में वृद्धि का मानवीय प्रयास कितना स्तुत्य और प्रशंसनीय है, यह विचारणीय मुद्दा है।

हमारे देश में हिंदू मंदिरों की संख्या लाखों में है। देश के प्रसिद्ध मंदिरों के आय के आँकड़ों की ओर ध्यान दें तो अत्यंत रोचक तथ्य सामने आते हैं। देश के सबसे धनी मंदिर तिरुपति बालाजी की गत वर्ष आय 600 करोड़ रुपए रही, जबकि इस मंदिर का गत वर्ष का वार्षिक बजट 1925 करोड़ रुपए था। इस मंदिर में 15 टन के करीब सोना भी जमा है। इसके अतिरिक्त इस मंदिर को 46 करोड़ रुपए की आय प्रसाद का लड्डू बेचने से भी हुई थी। यह उस आय के अतिरिक्त है जो कटे हुए बालों की बिक्री से होती है। देश में और भी ऐसे संपन्न मंदिर हैं, जिनकी आय करोड़ों में है। महाराष्ट्र के साईंबाबा मंदिर, केरल के गुरव्यार मंदिर और मुंबई के सिद्धी विनायक मंदिर भी धनी मंदिरों की

श्रेणी में आते हैं। इन तीनों मंदिरों की वार्षिक आय अनुमानतः 130 करोड़ से अधिक है। गुजरात और दिल्ली में विश्व के सबसे धनी संप्रदाय द्वारा निर्मित अक्षरधाम की भव्यता दर्शनीय है। दिल्ली का अक्षरधाम 200 करोड़ रुपए की लागत से निर्मित है और यहाँ हजारों की संख्या में प्रतिदिन सैकड़ों लोग दर्शन के लिए आते हैं।

एक तरफ ये मंदिर धन-दौलत से भरे जा रहे हैं और सोने से सजाए जा रहे हैं, दूसरी तरफ देश के करोड़ों घरों में गरीबी सिसक रही है, दम तोड़ रही है। भूखा, लाचार गरीब जब कभी इन मंदिरों में सोने-चाँदी की चकाचौंध को देखता होगा तो शायद प्रभु से यही पूछता होगा—'प्रभु, हमने ऐसा कौन सा पाप किया है, जो हमें आप दो जून रोटी भी मुहैया कराने में गुरेज कर रहे हैं? आप स्वयं तो संपन्नता में रहते है और मैं अपने सामने बच्चों को भूखा-प्यासा देखता हूँ। यह कैसा संसार बनाया है आपने?'

भारत में आज भी 28 करोड़ से अधिक लोग गरीबी रेखा से नीचे रहते हैं। 'राष्ट्रसंघ खाद्य कार्यक्रम' की रिपोर्ट के अनुसार विश्व में सबसे अधिक भूखे लोग भारत में रहते हैं। देश के कितने ही रेलवे स्टेशनों पर जूठन चाटते हुए भूखे लोग नजर आते हैं। डेढ़ लाख से अधिक किसान गरीबी के कारण आत्महत्या करने को विवश हैं। एक समाचार आया कि उड़ीसा के एक गाँव में भुखमरी से कुछ लोग मर गए हैं। एक माँ ने भूख से बिलखते परिवार को बचाने के लिए अपनी दस साल की बेटी पाँच सौ रुपए में बेच दी। गरीबों की संख्या चार करोड़ और बढ़ गई है। देश में आज भी 70 प्रतिशत लोग 20 रुपए प्रतिदिन की आजीविका पर जीवन का बोझ ढो रहे हैं।

हमारे देश में गरीबी बढ़ रही है और अमीरी भी। यह आर्थिक विषमता भयंकर खतरा बन गई है। निराश-हताश गरीब नौजवान अपराध के रास्ते पर चल पड़ा है। नक्सलवाद और माओवाद देश में पनप रहे हैं।

यह सब सोचते हुए मेरा ध्यान एक सदी पूर्व एक महान् संत स्वामी विवेकानंद की ओर अकस्मात् चला जाता है। स्वामी विवेकानंद बचपन से ही ईश्वर को प्राप्त करना चाहते थे। मोक्ष-प्राप्ति की तीव्र लगन थी, इसलिए घर छोड़कर स्वामी राम-कृष्ण परमहंस के चरणों में जा बैठे और मोक्ष की साधना में लीन हो गए। मोक्ष प्राप्त करने के लिए घर-परिवार छोड़ दिया। गुरु परमहंस के आदेशानुसार उनके स्वर्गवास के बाद दो वर्ष तक पूरे भारत का भ्रमण किया। देश में गरीबी, पिछड़ापन, लाचारी और मजबूरी देखी तो अंत में कन्याकुमारी

की शिला पर खड़े होकर ऐतिहासिक घोषणा की—''हे प्रभु! नहीं चाहिए मुझे मोक्ष जब तक भारत का प्रत्येक व्यक्ति भर पेट भोजन नहीं कर लेता। मैं बार-बार इस धरती पर जन्म लूँ और मातृभूमि की सेवा करूँ!'' जिस मोक्ष के लिए सबकुछ छोड़ दिया था, गरीबी को दूर करने के लिए उस मोक्ष का भी परित्याग कर दिया। उन्होंने आह्वान किया कि आने वाले कुछ वर्षों के लिए सभी देवी-देवताओं को भूल जाओ। गरीब की सेवा, दरिद्रनारायण की सेवा ही ईश्वर की सच्ची पूजा है। विवेकानंद यह संदेश देकर चले गए, लेकिन उनके बाद के 100 साल में भारत विश्व का सबसे भूखा देश बन गया।

वस्तुत: भगवान् केवल सोना-चाँदी से बने मंदिरों में नहीं, झोंपड़ियों में भी वास करते हैं। मनुष्य के बनाए लाखों मंदिर हैं, लेकिन भगवान् का बनाया एक ही मंदिर है—वह है मनुष्य। उस मंदिर को भूखा मारकर ईंट-पत्थर के मंदिरों को सजाने में कोई पूजा नहीं है। करोड़ों लोगों को भूखा-प्यासा रखकर यदि कोई भगवान् सोने-चाँदी से सजे मंदिरों में बैठा है तो वह भगवान् हो ही नहीं सकता।

कुछ मंदिर सेवा का रचनात्मक काम भी कर रहे हैं। कुछ स्थानों पर विश्वविद्यालय, स्कूल, अस्पताल चल रहे हैं। यह सब सराहनीय है, पर बहुत कम है। बढ़ती गरीबी के अनुपात में ये प्रयत्न बहुत कम हैं।

यह सही है कि मंदिरों का मुख्य उद्देश्य आध्यात्मिकता का प्रसार है। पिछड़ापन व गरीबी दूर करना मंदिरों का मुख्य काम नहीं। यह सोचकर कुछ पाठकों को मेरी बातें अटपटी लग सकती हैं। पर धर्म व मंदिर समाज में हैं और समाज के लिए हैं। स्वामी विवेकानंद ने जब देश की गरीबी देखी तो यह नहीं सोचा कि गरीबी से एक संन्यासी का क्या संबंध है। उन्होंने मोक्ष की इच्छा भी छोड़ दी। उन्होंने गरीब को ही भगवान् मानने का आग्रह किया। इससे देशभक्ति की जो ज्योति प्रज्वलित हुई, उससे आजादी के संघर्ष को एक नई दिशा मिली। मंदिरों का मुख्य धर्म अध्यात्म है, पर वह समाज के लिए है, और आज समाज गरीबी व आर्थिक विषमता में पिसता जा रहा है।

मंदिरों को सजाना तो एक सीमा तक सार्थक है। यह भक्तों की भावनाओं का द्योतक है। पर आज तो कुछ नेता अपनी मूर्तियाँ लगाकर उनकी पूजा शुरू करवा रहे हैं। मायावती ने कई हजार करोड़ रुपए की मूर्तियों व पार्क बना डाले। जिस उत्तर प्रदेश में सबसे अधिक गरीबी है, उसके मुख्यमंत्री का यह काम दुर्भाग्यपूर्ण है और निंदनीय भी। यह गरीब का अपमान है, भगवान् का उपहास है। यह सब सरकारी धन से किया जा रहा है। मायावती इससे भी अधिक धन

से दलितों की गरीबी दूर करने की योजना बनातीं तो कितना सार्थक होता?

भारत का मर्म धर्म है। धर्म के नाम पर सबसे अधिक दान दिया जाता है। परंतु कुछ लोग दान के धन के दुरुपयोग के कारण या उचित उपयोग न होने की आशंका के कारण दान नहीं देते। यदि इन मंदिरों के धन का और अधिक रचनात्मक उपयोग करने की व्यवस्था हो जाए तो दान की राशि कई गुना बढ़ सकती है।

एक हजार करोड़ रुपए से पूरे मंदिर को सोने से सजाने की बजाय यदि दस हजार अति गरीब परिवारों को रहने के लिए मकान, पशुशाला व एक अच्छी दुधारू गाय दी जाए तो ये दस हजार परिवार गरीबी रेखा से ऊपर आ जाएँगे। एक अच्छी गाय के दूध की आय से एक परिवार आत्मनिर्भर हो जाता है। दस हजार गाएँ दान भी हो जाएँगी। किसी मंदिर की ऐसी 'अंत्योदय गऊदान योजना' के लिए दानियों की कोई कमी न रहेगी। देश के सभी मंदिर प्रतिवर्ष कुछ लाख ऐसे अति गरीबों को गोद लें। इस प्रकार की सहायता करें। ऐसा करने से दान कई गुना बढ़ जाएगा और लाखों परिवार गरीबी रेखा से ऊपर उठ जाएँगे। इससे सच्चे भगवान् की सच्ची पूजा भी हो जाएगी।

हर बड़ा मंदिर एक अच्छा अस्पताल चलाए। उसमें गरीब लोगों का मुफ्त इलाज किया जाए। हर बड़ा मंदिर अच्छे अंत्योदय स्कूल-कॉलेज चलाए, जिनमें अति गरीब परिवारों के बच्चों को मुफ्त शिक्षा दी जाए। इस प्रकार की और भी कई योजनाएँ बनाई जा सकती हैं।

मंदिरों में काला धन भी चढ़ाया जाता है। भ्रष्टाचार में कुछ करोड़ कमा लिये और उसमें से कुछ लाख मंदिर में जाकर चुपचाप चढ़ा दिए। उससे मन में संतोष हो जाता है। यह एक प्रकार से भ्रष्टाचार में भगवान् को भी हिस्सेदार बनाने की कोशिश होती है। भ्रष्टाचार आज देश का कैंसर बन गया है। यदि उसमें परोक्ष रूप में धर्म का भी सहारा मिलता है तो यह चिंतनीय है। हर मंदिर के प्रवेश-द्वार पर एक सूचना लिखकर लगाई जाए—"यह भगवान् का मंदिर है। यहाँ पर पाप की कमाई का धन चढ़ाकर और अधिक पाप के भागी न बनें। दान थोड़ा दें, पर अपनी ईमानदारी की कमाई से ही दें।" इससे ईमानदारी का वातावरण बनाने में सहायता मिलेगी।

हमारे देश में मंदिर तो पहले भी बहुत थे। सोने-चाँदी और हीरों से भरे हुए। सोमनाथ के मंदिर से लेकर काँगड़ा तक के मंदिर सोने-चाँदी और हीरे-जवाहरात से भरे थे। क्या हुआ, जब सारा धन विदेशी लूट ले गए। सोमनाथ

मंदिर को ही मोहम्मद गजनवी छह महीने तक लूटता रहा।

हम मंदिरों को धन-दौलत से सजाते रहे, पर समाज व देश का ध्यान न किया। राष्ट्रीय एकता व चरित्र समाप्त हो गया। देश टुकड़ों में बँट गया। सोने में सजे भगवान् किसी को न बचा सके। हजारों साल की गुलामी की चक्की में देश पिसता रहा। देश को आजाद कराने के लिए एक सौ साल संघर्ष करना पड़ा। लाखों देशभक्तों को बलिदान देना पड़ा।

देश इस गलती को फिर न दुहराए। गरीबी के कलंक को मिटाने के लिए सरकार, समाज, मंदिर सब जुट जाएँ। यही भगवान् की सच्ची पूजा है। नहीं तो मंदिरों की घंटियाँ बजती रहेंगी, आरती भी होती रहेगी, पर भ्रष्टाचार से देश और खोखला हो जाएगा तथा गरीबी से निकली आतंक व नक्सलवाद की लपटें देश को झुलसाती रहेंगी।

□

और अब राहुल गांधी दूर करेंगे गरीबी!

आजादी प्राप्त करने के एकदम बाद प्रथम प्रधानमंत्री जवाहर लाल नेहरू, फिर इंदिरा गांधी, उसके बाद राजीव गांधी और फिर सोनिया गांधी तथा अबकी बार राहुल गांधी देश की गरीबी दूर करने का संकल्प देश के सामने रख रहे हैं। राहुल गांधी गाँव में जा रहे हैं। गरीबों की झोंपड़ी पर दस्तक दे रहे हैं, इस बार की चुनाव सभाओं में उन्होंने गरीबी दूर करने का नारा दिया है।

यह सब सुनकर एक बार तो प्रसन्नता होती है। मैं इस प्रयास की सराहना करता हूँ। वास्तव में आज की परिस्थिति में इस प्रकार के प्रयास की जितनी सराहना की जाए, कम है। मैं जो कुछ लिख रहा हूँ, केवल आलोचना के लिए नहीं लिख रहा, परंतु इस परिदृश्य से कुछ सवाल उभरकर आ रहे हैं, जिनका उत्तर खोजना बहुत ही आवश्यक है।

15 अगस्त, 1947 को देश आजाद हुआ। सदियों की गुलामी का अँधेरा दूर हुआ था। विदेशियों ने दोनों हाथों से देश को लूटा था। गरीब की झोंपड़ी का अँधेरा दूर होने की आशा करोड़ों लोगों को थी। फाँसी के फंदे को चूमते हुए शहीद यह नारा लगाते थे कि देश आजाद हो और भारत में कोई गरीब न हो। प्रथम प्रधानमंत्री जवाहर लाल नेहरूजी ने देश को समाजवाद का नारा दिया। पूरा देश झूम उठा। नया उत्साह, नई आशा जगी कि सब बराबर होंगे और गरीबी दूर होगी। समाजवाद के नारे लगे। पंचवर्षीय योजनाएँ बनती गईं, चलती गईं और गरीब उनको देखता रहा। कुछ समय के बाद नारा बदला। समाजवादी समाज लाने का एक नया नारा दिया गया। खूब प्रचार हुआ, खूब शोर मचाया गया। विज्ञापनों से अखबारों के पृष्ठ भर गए। देश का गरीब इस नारे का शोर भी सुनता रहा। कुछ समय के बाद एक बार आम चुनाव से पहले श्रीमती इंदिरा गांधी ने गरीबी दूर करने का एक नया नारा दिया। कांग्रेस कार्यसमिति

ने 'गरीबी हटाओ' शीर्षक से एक प्रस्ताव पास किया। फिर वही शोर, वही प्रचार, वही नारे! इसी नारे के शोर पर कांग्रेस ने देश में होनेवाला वह आम चुनाव जीत लिया। धीरे-धीरे नारे का शोर फीका होता गया। गरीबी दूर नहीं हुई, पर अमीरी बढ़ती गई। फिर राजीव गांधी आए। उन्होंने पूरे देश को इक्कीसवीं सदी में ले जाने का एक नया सपना दिखाया। फिर वही शोर, वही नारों की आवाज। वही प्रचार की चकाचौंध, आँखें चुँधियाती रहीं और खुशहाली के सपने दिखाती रहीं, और अब राहुल गांधी गाँव में जा रहे हैं गरीब के घर खाना खा रहे हैं और गरीबी दूर करने का देश से वायदा कर रहे हैं।

आजादी आए 60 साल बीत गए। इनमें से लगभग 50 साल केंद्र में एक ही पार्टी कांग्रेस का शासन रहा। थोड़ा सा समय छोड़कर एक ही परिवार, गांधी परिवार सत्ता पर बैठा रहा। बदल-बदलकर नारे लगते रहे। गरीब की झोंपड़ी पर नए-नए नारों के नए-नए झंडे फहराते रहे। हर चुनाव से पहले नेता गाँव में गए। गरीब के घर खाना भी खाया, नए वायदे किए, वोट माँगे, वोट लिये। सत्ता की कुरसी पर बैठे और फिर पाँच साल सत्ता का उपयोग किया। इसी प्रकार लंबे 60 साल बीत गए।

इस सबके बाद भी आज देश की तसवीर क्या है ? 26 करोड़ लोग गरीबी रेखा से नीचे रह रहे हैं। असंगठित क्षेत्र के संबंध में राष्ट्रीय कमीशन की रिपोर्ट के अनुसार देश के 77 प्रतिशत लोग 20 रुपए प्रतिदिन पर गुजारा करते हैं। संयुक्त राष्ट्रसंघ के 'विश्व खाद्य कार्यक्रम' की रिपोर्ट के अनुसार विश्व में सबसे अधिक भूखे लोग भारत में रहते हैं। इनकी संख्या 20 करोड़ है। ये मुश्किल से आधी-अधूरी रूखी-सूखी खाकर केवल जी रहे हैं। उसी रिपोर्ट में कहा गया है कि भारत में छोटी आयु के 50 प्रतिशत बच्चों की मृत्यु का कारण गरीबी है।

अंतरराष्ट्रीय खाद्य शोध संस्थान की 'विश्व भूख रिपोर्ट' के अनुसार विश्व के 119 भूख पीड़ित देशों में भारत 94वें स्थान पर है। विश्व के भूखे लोगों में से 27 प्रतिशत लोग भारत में रहते हैं।

भारत सरकार के 'राष्ट्रीय नमूना सर्वेक्षण' के अनुसार 20 करोड़ लोग इतने गरीब हैं, जो केवल 8 रुपए प्रतिदिन पर गुजारा करते हैं। भारत के गाँवों में 70 प्रतिशत लोगों को शौचालय तक की सुविधा प्राप्त नहीं हो पाई है।

'राष्ट्रीय नमूना सर्वेक्षण 2006-07' के अनुसार ग्रामीण क्षेत्रों में 50 प्रतिशत लोगों का मासिक उपभोक्ता व्यय प्रति व्यक्ति केवल 19 रुपए है।

ग्रामीण जनसंख्या में 10 प्रतिशत लोगों के पास आज भी अपनी कोई भूमि नहीं है। 65 प्रतिशत लोगों के पास केवल एक से लेकर डेढ़ एकड़ तक भूमि है। भारत

जैसे कृषिप्रधान देश में अन्नदाता किसान आत्महत्या करने पर विवश हो रहे हैं। अब तक लगभग एक लाख 60 हजार किसान आत्महत्या कर चुके हैं।

भारत की इस सिसकती-कराहती गरीबी के चित्र के साथ-साथ एक चमकती अमीरी का चित्र भी है। 'फाइनेंशियल एक्सप्रेस रिपोर्ट' के अनुसार भारत में करोड़पतियों की संख्या एक लाख हो गई है। भारत की आर्थिक प्रगति तेजी से हो रही है। भारत विश्व में सिंगापुर के बाद आर्थिक प्रगति करनेवाला दूसरा देश बन गया है। 'फोर्ब्स' पत्रिका के अनुसार भारत में अरबपतियों की संख्या जापान से भी अधिक हो गई है। उसी पत्रिका के अनुसार विश्व के 125 अरबपतियों में 53 भारतीय हैं। विश्व के 10 सबसे बड़े अमीर लोगों में 4 भारतीय हैं।

भारत के 36 पूँजीपतियों की संपत्ति दस लाख करोड़ रुपए हो गई है—भारत सरकार के एक साल के बजट के धन के बराबर। दो वर्ष पूर्व के मूल्यांकन में विश्व के दस सबसे अमीर लोगों में जहाँ 5 अमेरिका के हैं, वहीं 3 भारत के भी हैं। एक भारतीय पूँजीपति इतना अमीर है कि उसने अपनी धर्मपत्नी के जन्मदिन पर 135 करोड़ रुपए का एक हवाई जहाज उसे उपहार में दिया। एक पूँजीपति अपने लिए विश्व का सबसे महँगा घर 8 हजार करोड़ रुपए में बनवा रहा है।

इन दो चित्रों के साथ-साथ एक तीसरा चित्र भी है। 'ट्रांसपेरेंसी इंटरनेशनल' की रिपोर्ट के अनुसार विश्व के सबसे भ्रष्ट 196 देशों में भारत 91 वें स्थान पर है। 2001 में भारत 72वें स्थान पर था। पिछले 8 वर्षों में यह और अधिक भ्रष्ट हो गया। विश्व बैंक की रिपोर्ट के अनुसार भारत में हर वर्ष नीचे के प्रशासनिक स्तर पर 21 हजार करोड़ रुपए की रिश्वत ली जाती है। कुल खाद्य सब्सिडी में से 500 करोड़ रुपए भ्रष्टाचार में चले जाते हैं।

देश के कुछ बेईमान लोगों ने इस देश को इतना लूटा कि लूट का धन देश में न रख सके। लगभग 60 लाख करोड़ रुपया केवल स्विट्जरलैंड के बैंकों के गुप्त खातों में जमा है।

यह आज के भारत का चित्र है। विकास हुआ, बहुत अधिक हुआ; पर सामाजिक न्याय नहीं हुआ। सबसे अधिक लाभ ऊपर के लोगों को हुआ। नीचे तक लाभ नहीं पहुँचा। महात्मा गांधीजी का अंत्योदय का सपना अछूता रह गया। संपत्ति कुछ हाथों में सिमटती गई। परिणाम यह हुआ कि एक तरफ अमीरी चमक रही है और दूसरी तरफ गरीबी सिसक रही है। यही आर्थिक विषमता आतंकवाद व माओवाद को भी बढ़ा रही है।

विश्व में सबसे अधिक गरीब, रोगी और बेरोजगार भारत में हैं। सबसे अधिक

भ्रष्टाचार भारत में है। क्या राहुल गांधी बताएँगे कि इस परिस्थिति के लिए जिम्मेदार कौन है ?

इस प्रकार की परिस्थिति में उसी परिवार व पार्टी के राहुल गांधी का गाँव में जाना, किसी दलित के घर में रोटी खाना, और फिर गरीबी दूर करने का वायदा करना देश के करोड़ों गरीबों के दिल में कौन सी आशा पैदा कर सकता है ? राहुल गांधी ने उत्तर प्रदेश में कांग्रेस नेताओं को गाँव में जाने का आह्वान किया। सभी बड़े नेता गाँव की तरफ चले। दिन नहीं, रातें भी बिताईं। 12 अक्तूबर, 2009 के 'ट्रिब्यून' में उसका ब्योरा छपा है। यह पढ़कर बड़ा आश्चर्य हुआ कि 2 अक्तूबर, 2009 को बहुत से नेता गाँवों में गए। वहाँ जाकर मुर्गे खाए। अपने साथ बिजली के पंखे, मिनरल वाटर, गद्दे, रसोइए आदि ले गए। एक मंत्री अपने साथ एक जेनरेटर भी ले गए।

मैं गहरे दुःख के साथ कहना चाहता हूँ कि यदि करोड़ों गरीबों की गरीबी दूर नहीं की जा सकती तो इस प्रकार के झूठे-पुराने वायदों और इस प्रकार के गाँव-प्रवास के नाटक से गरीबों की गरीबी के घावों पर नमक छिड़कने का काम तो न करें। अब गरीब अधिक देर सहन नहीं करेगा। वह चल पड़ा है, पर गलत रास्ते पर चल पड़ा है। देश में फैला माओवादी गलियारा गरीबी गलियारा है, माओवाद, आतंकवाद और अपराध बढ़ाने में आर्थिक विषमता और यह गरीबी सबसे बड़ा कारण हैं।

यदि सचमुच गरीबी दूर करनी है तो कुछ क्रांतिकारी निर्णय लेने होंगे। एक अलग से 'अंत्योदय विभाग' सीधे प्रधानमंत्री के अधीन बनाया जाए। केंद्र व प्रदेशों का शुद्ध प्रशासनिक व्यय दस लाख करोड़ से भी अधिक है। उसमें भारी फिजूलखर्ची होती है। इस व्यय में बीस प्रतिशत की अनिवार्य कटौती करके ये दो लाख करोड़ रुपए उस विभाग को दिए जाएँ। यह निर्णय किया जाए कि जब तक सभी गरीबी रेखा से ऊपर नहीं आ जाते तब तक किसी नेता, विधायक, सांसद व सरकारी अधिकारियों के वेतन-भत्ते बिलकुल नहीं बढ़ाए जाएँगे। भारी-भरकम प्रशासन में कटौती की जाए। आरोप सिद्ध होने पर भ्रष्ट लोगों की संपत्ति जब्त करके 'अंत्योदय विभाग' को दी जाए। 50 लाख रुपए सालाना से अधिक शुद्ध लाभ कमानेवालों पर एक 'विशेष अंत्योदय कर' लगाया जाए। विदेशी बैंकों में जमा 60 लाख करोड़ रुपए वापस लाकर उसी विभाग को दिए जाएँ। केवल पाँच साल में यह अति गरीबी दूर हो सकती है।

क्या कोई राहुल गांधी यह सब करने-कराने का साहस दिखा सकता है ?

□

गरीब देश के करोड़पति नेता

संसद् के अधिवेशन के बाद मैं घर आया। एक मित्र मिले, उन्होंने मुझे बधाई दी। मैंने हैरान होकर पूछा, 'बधाई किस बात की?' वे नाराज होकर कहने लगे, 'आपका इतना अधिक वेतन बढ़ गया, क्या उसकी मिठाई नहीं खिलाओगे?' मैं चुप हो गया और मेरी चुप्पी से वे और भी परेशान होने लगे। उन्होंने पूछा कि क्या मुझे खुशी नहीं हुई? मैंने कहा, थोड़ी खुशी तो हुई लेकिन दुःख उससे भी अधिक हुआ।

मेरा भी परिवार है। परिवार की बढ़ती जरूरतें और प्रतिदिन बढ़ती महँगाई मुझे भी परेशान करती है। मैं सांसदों का वेतन बढ़ाने के विरुद्ध नहीं हूँ; परंतु जिस तरीके से वेतन बढ़ाने के लिए कुछ सांसदों ने व्यवहार किया, वह बहुत ही निंदनीय है। इस विषय पर लोकसभा को स्थगित करवाना, उसके बाद स्वयं लोकसभा में नाटकीय अधिवेशन करना और खड़े होकर वेतन बढ़ाने की माँग करना—ऐसा लगा, जनता के चुने हुए नेता अपने वेतन की याचना कर रहे हैं। इससे लोकतंत्र और सांसदों की गरिमा को आँच आई है।

सांसदों द्वारा अपने वेतन स्वयं ही बढ़ाना बिलकुल उचित नहीं है। कोई और अधिकरण होना चाहिए; जो सांसदों के वेतन बढ़ाने की समय-समय पर सिफारिश करे।

आज की संसद् में तीन सौ सांसद करोड़पति हैं। जिन्होंने चुनाव लड़ते समय स्वयं अपनी संपत्ति का ब्योरा दिया है। ये स्वयं घोषित करोड़पति सांसद हैं। बहुत से ऐसे सांसद हैं, जिन्होंने अपनी संपत्ति का ब्योरा छिपाया है। एक अनुमान के अनुसार लगभग पाँच सौ सांसद करोड़पति हैं। लखपति तो लगभग सारे हैं।

देश में 26 करोड़ लोग गरीबी रेखा से नीचे रह रहे हैं। एक सरकारी समिति की रिपोर्ट के अनुसार 70 प्रतिशत लोग 20 रुपए प्रतिदिन पर गुजारा करते हैं।

संयुक्त राष्ट्रसंघ की रिपोर्ट के अनुसार दुनिया में सबसे अधिक भूखे लोग भारत में रहते हैं। एक लाख से अधिक किसान आत्महत्या कर चुके हैं। कुछ अति निर्धन क्षेत्रों में कुछ लोगों को दो वक्त की सूखी रोटी भी नहीं मिलती। कई स्टेशनों पर भूखे बच्चे फेंकी हुई जूठी पत्तलों को चाटते हुए दिखाई देते हैं। भारत के चुने हुए सांसद, जिनमें पाँच सौ करोड़पति भी हैं, अपना वेतन स्वयं बढ़ा लेते हैं। यह परिस्थिति अत्यंत दुर्भाग्यपूर्ण है।

देश की गरीबी नहीं तो अति गरीबी और अति गरीबी नहीं तो कम-से-कम भुखमरी मिटाने के लिए कोई क्रांतिकारी योजना भारत की संसद् शुरू करती। अंत्योदय की भावना से कल्याणकारी योजनाओं को अति गरीब परिवारों तक पहुँचाती। सड़ रहे अनाज को भूखे लोगों के घरों तक पहुँचाती। एक निश्चिति अवधि में अति गरीबी को दूर करने की योजना बनाती और उसके बाद सांसद अपना वेतन बढ़ाते तो कुछ औचित्य था।

सरकार कर्मचारियों और अधिकारियों के लिए वेतन आयोग बनाती है। उसमें निर्णय करनेवाले सरकारी अधिकारी ही होते हैं। वे सिफारिश करते हैं और सभी का वेतन एकदम बढ़ जाता है। आयोग एक सौ करोड़ लोगों के देश में केवल कुछ लाख कर्मचारियों के बारे में ही सोचता है। होना चाहिए तो यह कि देश के पूरे साधनों का समान बँटवारा किया जाए। परंतु केवल सरकारी कर्मचारियों और अधिकारियों की आवश्यकताओं को ध्यान ही रखकर वेतन बढ़ा दिया जाता है। देश का खजाना लुटा दिया जाता है। करोड़ों गरीब देखते रहते हैं। इसी प्रकार विधायक और सांसद कानून बनाकर अपना वेतन बढ़ा लेते हैं। देश में सभी प्रकार के सरकारी अधिकारी, कर्मचारी, नेता और बड़े-बड़े उद्योगपति एक करोड़ से अधिक नहीं होंगे। एक सौ करोड़ के देश में ये एक करोड़ लोग सभी प्रकार के साधनों का उपयोग कर रहे हैं। इन्हीं में से कुछ लोगों ने देश का धन लूटकर स्विट्जरलैंड के बैंकों के गुप्त खातों में जमा करवाया है। क्या देश के खजाने पर इसी वर्ग का एकाधिकार है? गरीब और अति गरीब को उसके अधिकार से वंचित क्यों रखा जा रहा है?

देश के कुछ अति गरीब क्षेत्रों की दिल दहलानेवाली खबरें अखबारों में आती रहती हैं। कहीं बच्चे मिट्टी खाकर गुजारा कर रहे हैं। कहीं गरीबी की लाचारी से दु:खी होकर माता-पिता बच्चों सहित आत्महत्या कर रहे हैं, और कहीं भूख से मजबूर माँ अपने बच्चों को बेचने पर विवश हो रही है। ऐसे लोगों को जब यह समाचार मिलता होगा कि सांसदों ने स्वयं अपना वेतन बढ़ा लिया, तो उनके दिल पर क्या गुजरती होगी? इसी मजबूरी और लाचारी से अपराध, नक्सलवाद और माओवाद

बढ़ रहा है। देश की संपत्ति कुछ हाथों में सिमटती जा रही है। योजना आयोग द्वारा नियुक्त एक विशेषज्ञ समिति ने अपनी रिपोर्ट में कहा है कि नक्सलवाद का एक बड़ा कारण गरीबी, पिछड़ापन और गरीबों के साथ होने वाला अन्याय है।

मेरा यह दृढ़ विश्वास है, और मैंने राज्यसभा में कहा भी था कि सरकार यदि संकल्प करे तो देश की भुखमरी और अति गरीबी दूर की जा सकती है। उसके लिए दृढ़ संकल्प के साथ कुछ क्रांतिकारी कदम उठाने की आवश्यकता है। ऐसी किसी योजना पर तो संसद् में चर्चा नहीं हुई। यहाँ तक कि सर्वोच्च न्यायालय के सुझाव पर खराब होते अनाज को गरीब के घर तक पहुँचाने का निर्णय भी संसद् नहीं कर सकी। यदि अपने वेतन बढ़ाने के लिए संसद् की कारवाई स्थगित कराई जा सकती थी, तो देश की भुखमरी और अति गरीबी दूर करने के लिए सरकार को विवश क्यों नहीं किया जा सकता?

यह कहा गया कि भारत के सांसदों का वेतन विश्व के बहुत से देशों से कम है। इनके साथ यह भी सोचना चाहिए था कि स्वतंत्रता के 63 साल के बाद भारत में गरीबी भी ज्यादा है; भुखमरी, लाचारी और मजूबरी भी ज्यादा है। सिंगापुर विश्व का एक छोटा सा देश है, वहाँ के प्रधानमंत्री, मंत्री और सांसदों का वेतन विश्व में सबसे अधिक है परंतु वहाँ के नेताओं ने ईमानदारी से सरकार चलाई। आज वहाँ कोई गरीब नहीं है। भ्रष्टाचार सबसे कम है। देश संपन्न है। हालाँकि भगवान् ने उस देश को पीने का पानी भी नहीं दिया। पीने का पानी सिंगापुर को मलेशिया से आयात करना पड़ता है। उस देश के नेताओं को विश्व में सबसे अधिक वेतन लेने का पूरा अधिकार है; परंतु विश्व के ऐसे देशों का उदाहरण देकर भारत में सांसदों द्वारा अपना वेतन बढ़ाने की माँग बिलकुल भी उचित नहीं है।

गरीबों की सिसकियों का ध्यान न रखकर करोड़पति-लखपति सांसदों की अमीरी को और चमका दिया गया, इससे मैं क्षुब्ध था। एक अपराध-बोध से ग्रसित था। उसे कुछ हलका करने के लिए मैंने इस बार अपना जन्मदिन अनाथ बच्चों के आश्रम में मनाया। उनके भवन के लिए अपनी सांसद निधि से तीस लाख रुपए दिए और अपने बढ़े वेतन में से पाँच लाख रुपए भी दिए। इस प्रकार मैंने प्रायश्चित्त करने की कोशिश की है।

□

कृषि को प्राथमिकता चीन के विकास का रहस्य

गरीबी एक अभिशाप है। गरीबी दूर की जा सकती हो और फिर भी दूर न की जाए तो यह एक अपराध ही नहीं, महापाप है। हमारे शास्त्रों में कहा गया है, 'बुभुक्षित:किम् न करोति पापम्' अर्थात् भूखा व्यक्ति कौन सा पाप नहीं करता। भारत में आज यही हो रहा है। भुखमरी और गरीबी के कारण अपराध बढ़ रहा है। अशांति बढ़ रही है और नक्सलवाद को भी हवा मिल रही है।

गरीबी दूर करने की दृष्टि से पिछले 30 वर्षों का भारत और चीन का इतिहास रोचक तो है, हैरान करनेवाला भी है। दोनों देशों में एक साथ आर्थिक विकास प्रारंभ हुआ। चीन में विकास दर 10.4 प्रतिशत तक पहुँची, परंतु भारत में 6.3 प्रतिशत रही। इस अंतर के बाद एक और सबसे बड़ा फर्क यह रहा कि विकास के परिणाम दोनों देशों में अलग-अलग रहे। 1980 में दोनों देशों में प्रति व्यक्ति विकास दर लगभग समान थी। बल्कि भारत चीन से आगे था। चीन की प्रति व्यक्ति विकास दर 205 अमेरिकी डॉलर थी, जबकि भारत की 263 अमेरिकी डॉलर थी। इन 30 वर्षों में चीन की विकास दर 4,282 अमेरिकी डॉलर हो गई, जबकि भारत की केवल 1,176 डॉलर तक पहुँची। 30 वर्ष पहले जो चीन भारत से पीछे था, वह अब भारत से चार गुणा आगे बढ़ गया। एक और विचित्र परिणाम यह हुआ कि इस अवधि में चीन ने अपनी गरीबी 30 प्रतिशत से घटाकर 3 प्रतिशत कर ली। चीन में गरीबी रेखा से नीचे 62.5 करोड़ लोग थे, जो अब 1.5 करोड़ रह गए। वह विश्व की दूसरी बड़ी आर्थिक शक्ति बन गया। जापान से आगे बढ़ गया। वर्ष 2030 तक अमेरिका से आगे हो जाएगा।

चीन के इस विकास के मुकाबले भारत की स्थिति निराशाजनक है। आजादी प्राप्त करने के समय भारत की कुल आबादी 35 करोड़ थी, आज गरीबी रेखा के नीचे रहने वालों की संख्या ही 26 करोड़ है। चीन में भुखमरी नहीं है। राष्ट्रसंघ की खाद्य रिपोर्ट के अनुसार, विश्व में सबसे अधिक भूखे लोग भारत में रहते हैं। एक लाख से अधिक किसान भारत में आत्महत्या कर चुके हैं।

चीन के विकास का सबसे बड़ा कारण यह रहा कि वहाँ कृषि को प्राथमिकता दी गई। उस क्षेत्र में सब प्रकार का निवेश बढ़ाया। परिणाम यह हुआ कि 1966 में कृषि वृद्धि दर 2.5 प्रतिशत थी, वह 1978 में बढ़कर 4.6 हो गई। इसी का परिणाम हुआ कि गरीबी घट गई। इस संबंध में चीन के प्रमुख नेता डैंग ने कहा था कि वे सबसे पहले ग्रामीण अर्थव्यवस्था को प्राथमिकता देंगे क्योंकि देश की अधिक संख्या वहीं रहती है और उसके बाद अन्य क्षेत्रों की ओर ध्यान देंगे।

इसके विपरीत भारत ने आर्थिक सुधार और उदारीकरण का प्रारंभ उद्योग क्षेत्र से किया। कृषि की पूरी उपेक्षा की गई और उद्योग तथा बड़ी योजनाओं के आधारभूत ढाँचे को प्राथमिकता दी। हरित क्रांति के रूप में कुछ समय कुछ काम अवश्य हुआ परंतु बाद में गाँव किसान भुला दिया गया। उसके परिणामस्वरूप कुल वृद्धि दर 8.3 प्रतिशत तक पहुँची, परंतु कृषि वृद्धि दर केवल 3 प्रतिशत रही। भारत और चीन का यह उदाहरण सिद्ध करता है कि कृषि को प्राथमिकता देने से ही गरीबी दूर की जा सकती थी। भारत में कृषि क्षेत्र 60 प्रतिशत लोगों को रोजगार देता है। कृषि से ही अन्न, चारा और उद्योग से संबंधित सभी प्रकार का कच्चा माल प्राप्त होता है। भारत में कृषि को प्राथमिकता नहीं दी गई। कृषि क्षेत्र में निवेश नहीं किया गया। विश्व में कृषि क्षेत्र में निरंतर होनेवाले शोध में हम पिछड़ गए और परिणाम यह है कि आज चीन में प्रति हेक्टेअर कृषि उत्पादन भारत के मुकाबले दुगने से भी अधिक है। कृषि में कुल पूँजी उत्पाद 2.5 प्रतिशत से केवल 3 प्रतिशत तक बढ़ा। जबकि उद्योग क्षेत्र में 14 प्रतिशत तक बढ़ गया। भारत जैसे देश में जहाँ कुल आबादी का 72 प्रतिशत गाँव में रहता है और उनमें से बहुसंख्य कृषि में काम करते हैं। कृषि को सबसे अधिक महत्त्व मिलना चाहिए था। योजना में इसका ध्यान नहीं रखा गया और उसी का परिणाम आज की आर्थिक विषमता है।

भारत और चीन के 30 वर्षों के इस अनुभव का परिणाम आज की परिस्थिति है। चीन ने कृषि को महत्त्व दिया। भारत ने कृषि की उपेक्षा की। चीन

ने गरीबी दूर कर दी और आज अमेरिका के बाद दूसरी बड़ी महाशक्ति के रूप में उभर गया है। उसकी तुलना में भारत विश्व भर में सबसे अधिक भूखे लोगों का देश बन गया। विश्व में सबसे अधिक गरीब भारत में रहते हैं। कृषि की उपेक्षा से गरीबी बढ़ी और केवल उद्योग को बहुत अधिक महत्त्व देने से अमीरी बढ़ी। सामाजिक न्याय नहीं हुआ।

चीन के विकास में कुछ और कारण भी रहे हैं। उसने विकास के लिए साम्यवाद के पुराने रूढ़िवादी रास्ते को छोड़ दिया। श्रम कानूनों में सुधार किया। भारत की तरह प्रतिदिन हड़तालें नहीं होने दीं। आर्थिक विकास में पूँजी के महत्त्व को समझा। चीन के प्रसिद्ध नेता डैंग ने कहा था, 'बिल्ली का रंग काला हो या सफेद, इससे कोई फर्क नहीं पड़ता, यदि बिल्ली चूहे मार सकती हो।' अनुशासन, कार्यसंस्कृति भी एक कारण रहा। भ्रष्टाचार पर भी अंकुश लगाया, परंतु आर्थिक विकास गरीबी दूर करने व सामाजिक न्याय के लिए बड़ा कारण कृषि को दी जाने वाली प्राथमिकता थी।

दुर्भाग्य का विषय यह है कि इस दिशा में भारत आज भी कुछ नहीं सीख रहा। आज भी कृषि उपेक्षित है।

□

कुछ और ज्वलंत मुद्दे

नन्ही कलियों को मुरझाने से बचाओ

पिछले कुछ ही दिनों में लगभग 25 छोटे-छोटे बच्चों ने अलग-अलग कारणों से, अलग-अलग तरीकों से आत्महत्या कर ली। खिलने से पहले ही कुछ परिवारों की ये नन्ही कलियाँ यों अपने ही हाथों मसली गईं। एक-एक समाचार दिल को दहला देने वाला था। यह सिलसिला रुक नहीं रहा। यदा-कदा ऐसे समाचार आते ही रहते हैं। अब तो यह एक नियम सा बन गया है कि जब भी किसी प्रदेश में किसी परीक्षा का परिणाम निकलता है तो उसके बाद कुछ बच्चों द्वारा असफलता की निराशा में जीवन समाप्त करने का दु:खद समाचार साथ ही आ जाता है।

एक चौंका देने वाली घटना और पढ़ने की मिली। एक तथाकथित डॉक्टर दंपति के दो बेटे थे। वे दोनों को डॉक्टर बनाना चाहते थे। एक पढ़ने में बहुत मेधावी था और दूसरा बहुत ही कमजोर। उन्होंने कमजोर बच्चे को भी मेधावी बनाने का प्रयत्न किया, पर विफल रहे। फिर मंदिरों के चक्कर लगाए। फिर एक तांत्रिक के पास गए। उसने कई उपाय बताए। उसने कहा कि मेधावी बच्चे का रक्त दूसरे बच्चे के शरीर में डालने से वह भी मेधावी हो जाएगा। डॉक्टर दंपति अपने ही घर में रक्त बदलने का प्रयत्न करने लगे। उसी प्रक्रिया में एक बेटे की मौत हो गई। वे पकड़े गए। मुकदमा चला और फिर अपने ही बेटे की हत्या के आरोप में माँ को सात वर्ष की कैद हुई।

उद्योग, व्यापार और राजनीति में भी एकदम आगे बढ़ने की जल्दबाजी, रातभर में अमीर होने का लालच और छलाँग लगाकर नेता पद की सीढ़ियाँ चढ़ने की महत्त्वाकांक्षा प्रतिदिन तेज हो रही है। कोई भी रुकने को तैयार नहीं। अधिकतर लोग पद-प्रतिष्ठा और पैसा प्राप्त करने के लिए कुछ भी करने को तैयार बैठे हैं।

इन सारी परिस्थितियों का सबसे बड़ा कारण यह है कि पूरे जीवन की

मान्यताएँ ही बदल गईं। जीवन को भौतिकवादी दृष्टिकोण ने पूरी तरह से लील लिया है। मानवता, देश और समाज पूरी तरह से पिछड़ गए। 'मैं' और केवल 'मैं' एकमात्र लक्ष्य बनता जा रहा है।

आबादी बढ़ गई। जीवन के प्रत्येक क्षेत्र में उस अनुपात में अवसर कम हो गए। अधिक लोग शिक्षित हो गए। हर कोई अच्छे-से-अच्छे पद पर जाना चाहता है। अवसर कम, उम्मीदवार बहुत अधिक संख्या में हो गए। इस कारण एक गलाकाट प्रतिस्पर्धा प्रतिदिन बढ़ती जा रही है।

टी.वी. बहुत आकर्षक और प्रभावशाली हो गया। नित नए चैनल शुरू हो रहे हैं। टी.वी. ने एक अति सुनहले ऐश्वर्य संपन्न भव्य जीवन का दृश्य दिखाना शुरू कर दिया। बच्चों के कोमल बालमन पर उस आलीशान जीवन के सपने उतरने लगे हैं। इसने इच्छाओं-वासनाओं को जगा दिया, महत्त्वाकांक्षा को भड़का दिया। अब उससे जरा भी कम स्वीकारना कठिन हो रहा है।

जीवन की दौड़ तेज हो गई। बच्चों के बस्ते भारी ही गए। होमवर्क का दबाव बढ़ गया। अब यदि बच्चे खेलते भी हैं तो मैदान में नहीं, बंद कमरे में अपने लेपटॉप पर। बचपन की किलकारियाँ व शैशव की मस्ती कॅरियर व परीक्षा प्रतिस्पर्धा में खो-सी गई। चाहिए सबकुछ था, पर इसके लिए एक संतुलन होना चाहिए था। लेकिन वह पूरी तरह से गड़बड़ा गया।

समाज के एक वर्ग के पास बहुत धन आ रहा है। धन के साथ सुख-सुविधाएँ भी बढ़ रही हैं। बच्चों का लालन-पालन पहले की तुलना में बहुत अच्छे तरीके से किया जा रहा है। बच्चों की हर इच्छा पूरी की जाती है। वे जो चाहते हैं, जब चाहते हैं, वह उनको प्राप्त हो जाता है। अब अधिक डाँट-डपट नहीं होती। ऐसे परिवारों के बच्चों को किसी भी बात के लिए 'न' सुनने की आदत ही नहीं रही। उन्हें लगता है कि वे जो भी चाहते हैं, वह मिल जाता है, और जो भी चाहेंगे, वह मिल जाएगा। ऐसी स्थिति में जब कभी उन्हें किसी बात से रोका जाता है या कुछ नहीं मिलता है तो वो उस स्थिति को स्वीकार ही नहीं कर पाते। आज के संपन्न परिवारों में बहुत से माता-पिता बच्चों के प्रति प्यार भी करते हैं और उनकी हर इच्छा पूरी करते रहने की गलती करके उनके प्रति प्यार का अत्याचार भी करते हैं। प्रारंभ से ही बच्चों को यह संस्कार मिलना चाहिए कि उन्हें कभी कुछ मिलेगा और कभी कुछ नहीं भी मिलेगा। उनकी हर बात हमेशा ही नहीं मानी जाएगी। कब क्या मिलना चाहिए, इसका निर्णय माता-पिता करेंगे।

हम पश्चिम की अंधी नकल कर रहे हैं। पश्चिम पश्चिम है, पूरब पूरब है।

वहाँ परिवार की संख्या उस प्रकार नहीं है जिस प्रकार से भारत में है। इसलिए इस प्रकार की बहुत सी परिस्थितियाँ वहाँ इतनी कठिनाई पैदा नहीं करतीं। यद्यपि भारत में भी परिवार थोड़े बिखर रहे हैं, फिर भी भारत पूरी तरह अभी पश्चिम नहीं बना। हम न इधर के रहे, न उधर के। आज के युग की प्रगति और परिवर्तन की दौड़ में हम दुनिया से अछूते भी नहीं रह सकते थे। परिवर्तन तो होना ही था। परंतु उस परिवर्तन में अपनी नींव को न छोड़ते और अपनी उसी पुरानी नींव पर नया निर्माण करते। संस्कृति की सुगंध वही रहती और सभ्यता का नया फूल खिल जाता। यह हम नहीं कर सके। यही हमारी सबसे बड़ी भूल हुई है।

धर्मनिरपेक्षता के नाम पर शिक्षा पद्धति में नैतिकता की शिक्षा को दूर रखा गया। इस देश की संस्कृति की सुगंध से युवा पीढ़ी लगभग वंचित हो गई। उसपर पश्चिम के भौतिकवाद का प्रभाव बढ़ता गया।

भारतीय संस्कृति में भौतिकवाद को कभी नकारा नहीं गया। भारत की विशेषता यह रही कि उसने भौतिकवाद का अध्यात्मीकरण किया। उपनिषद् में कहा गया कि इस दुनिया में जो कुछ है, प्रभु का है। इसका खूब उपभोग करो; परंतु त्यागपूर्वक उपभोग करो। यहाँ तक कहा गया कि केवल ज्ञान काफी नहीं है। यदि ज्ञान के साथ विवेक न हो तो वह बहुत खतरनाक हो जाता है। फिर उसमें संतोष और धैर्य नहीं रहता। हमें केवल अपने लिए ही नहीं, बल्कि समाज के साथ, सबके लिए जीना है। जीवन सरल-सहज व स्वाभाविक होना चाहिए। सबको सबकुछ नहीं मिल सकता।

राजनीति की आपा-धापी व मारा-मारी प्रतिदिन बढ़ रही है। एक मधु कोड़ा पकड़ा गया। लेकिन यहाँ कदम-कदम पर वे दनदना रहे हैं। देखते-देखते कुछ नेता धन-दौलत से माला-माल हो रहे हैं। इस बार संसद् में साढ़े तीन सौ करोड़पति चुनकर पहुँच गए। लूट के धन से विदेशी बैंकों के गुप्त खाते भरे जा रहे हैं।

देश के इसी वातावरण से कुछ परिवारों में महत्त्वाकांक्षा चरम सीमा पर पहुँच गई। कुछ तो कड़ी प्रतिस्पर्धा की विवशता है और सबसे अधिक अपने बच्चों को शिखर पर पहुँचाने की महत्त्वाकांक्षा है। वही महत्त्वाकांक्षा बच्चों में थोड़ी सी विफलता के समय घोर निराशा बनती है और हमने उनमें निराशा स्वीकार करने की आदत नहीं डाली। उन्हीं क्षणों में ऐसी दुर्घटनाएँ होती हैं।

महत्त्वाकांक्षा आवश्यक है। उसके बिना मनुष्य जीवन में आगे नहीं बढ़ सकता। पर अति महत्त्वाकांक्षा खतरनाक है, उससे जीवन का संतुलन गड़बड़ा जाता है।

राजनीति, धर्म, प्रशासन व समाज के सभी स्तरों के सभी नेता भोगवाद व

अति महत्त्वाकांक्षा के इस मानसिक प्रदूषण के लिए दोषी हैं। सबसे बड़े अपराधी राजनेता व नौकरशाह हैं। इसीलिए 'नेता' शब्द गाली बन गया है। आज लोगों में बहुत कम नेताओं के प्रति सम्मान बचा है।

आवश्यकता इस बात की है कि जीवन के प्रत्येक स्तर पर भौतिकतावाद व भोगवाद को संयमित किया जाए और सार्वजनिक जीवन में भ्रष्टाचार को पूरी तरह समाप्त किया जाए। यदि चीन में भ्रष्टाचार के अपराध पर फाँसी दी जाती है तो भारत में पुरस्कार क्यों मिलता है? समग्र जीवन का अध्यात्मीकरण हो। ग्लोबल वार्मिंग का इलाज प्रकृति से सहयोग है। इसी प्रकार इस क्रूर भोगवाद का इलाज अध्यात्मीकरण है। ऊपर से नीचे तक ईमानदारी व सहजता-सरलता का वातावरण बने। पद-प्रतिष्ठा व पैसे का पागलपन रोकने के लिए सभी स्तरों पर कड़े कदम उठाए जाएँ, ताकि देश की ऐसी नन्हीं कलियाँ खिलने से पहले ही मुरझा न जाएँ।

□

गांधी-अंत्योदय और यह विषमता

भारतीय गणतंत्र की मूल आत्मा देश के संविधान में निहित है, जिसके जरिए देश को कल्याणकारी राज्य बनाने का संकल्प लिया गया। वस्तुतः संविधान निर्माताओं ने देश के लिए जिस श्रेष्ठतम गणतंत्र की कल्पना की थी, हमारे जनप्रतिनिधियों ने निहित स्वार्थों के कारण उसे तार-तार कर दिया। आजादी के बाद देश की बागडोर सँभालनेवाले नेताओं ने नई राजनीतिक व्यवस्था से स्वार्थपूर्ति ही की। देश की सर्वोच्च प्रजातांत्रिक संस्था संसद् में इन प्रतिनिधियों द्वारा जो प्रदर्शन किया जाता है, उसकी उम्मीद देशवासियों को बिलकुल नहीं थी।

महात्मा गांधी ने देश की नब्ज पहचानी थी और कहा था कि भारत गाँव और गरीबों का देश है। जब गाँव आबाद होगा तो निस्संदेह देश आबाद होगा। राष्ट्रकवि सोहनलाल द्विवेदी कहा करते थे, 'है सच्चा हिंदुस्तान कहाँ, वह बसा हमारे गाँव में।' इसी भावना से गांधीजी ने अंत्योदय का मूलमंत्र दिया था। पर आजादी के बाद शासक गांधीजी के इस मूलमंत्र को भूल गए। देश के गाँवों को भूल गए और अंत्योदय की जगह अमीरोदय में लग गए। आज देश के किसी भी हिस्से को लें, कोई भी राज्य लें और उस राज्य के किसी भी दूरस्थ गाँव की तसवीर जेहन में उतार लें। बहुत से गाँव आजादी के 62 वर्ष बाद भी जस-के-तस हैं। बहुत कम गाँव विकसित हुए हैं, पर नगरों के मुकाबले उनका विकास बहुत कम हुआ है। विकास के नाम पर इन गाँवों में सड़कें अगर पहुँची हैं तो शिक्षा सुविधाएँ नदारद हैं। शिक्षा के नाम पर एकाध प्राथमिक स्कूल गाँव में खुल भी गया है तो पढ़ानेवालों का अभाव है। चिकित्सा सुविधाओं के नाम पर स्थिति बद से बदतर होती जा रही है। आखिर क्यों? क्या हमारी राजनीतिक व्यवस्था पिछले छह दशकों में ग्रामीण विकास की नब्ज नहीं पकड़ पाई या इस व्यवस्था द्वारा ग्रामीणों के लिए निर्मित योजनाएँ

अव्यावहारिक एवं खोखली हैं, जिससे ग्रामीणों को सिवाय धोखे के और कुछ नहीं मिल रहा।

गाँव पिछड़ रहे हैं। वहाँ बेरोजगारी है, इसलिए रोजगार की तलाश में गाँव से लोग कम गरीब प्रदेशों के नगरों में रोजगार की तलाश में जा रहे हैं। यह पलायन लाखों-करोड़ों की संख्या में हो रहा है। गाँव का थोड़ा सा संपन्न व्यक्ति नगर की ओर भागने लगा है। जनसंख्या का दबाव होने के कारण नगरों की हालत खराब हो रही है। भीड़-भड़क्का, झुग्गी-झोंपड़ियों का जाल नगर के इर्द-गिर्द बिछ रहा है। राष्ट्रीय राजधानी दिल्ली में मेट्रो रेल के आने के बाद भी ट्रैफिक जाम बराबर बना रहता है; क्योंकि आबादी के साथ वाहनों की आबादी भी बढ़ रही है। सड़कों की हालत खराब है। विश्व में सबसे अधिक सड़क दुर्घटनाएँ भारत में होती हैं, तो इसका यही कारण है।

वस्तुत: पिछले छह दशकों में हमने कई उतार-चढ़ाव देखे हैं। उदारवाद और वैश्वीकरण ने कृषि अर्थव्यवस्था की कमर तोड़कर रख दी है। चार दशक पूर्व जो देश खाद्यान्नों के मामले में आत्मनिर्भर था, वह फिर पराधीनता की ओर बढ़ रहा है। देश की 70 प्रतिशत जनता 20 रुपए प्रतिदिन पर अपना जीवनयापन कर रही है। 20 करोड़ लोग खाली पेट सोने के लिए विवश हैं। किसान कर्ज में फँसकर आत्महत्याएँ कर रहे हैं। बहुसंख्यक जनता जीवन की मूलभूत आवश्यकता रोटी, कपड़ा, मकान, शिक्षा और स्वास्थ्य से वंचित है। देश के बेईमान लोगों का 72 लाख करोड़ काला धन स्विस बैंक में जमा है। विदेशों में जमा भारतीयों के गुप्त खातों का पैसा यदि देश की 5 करोड़ जनता में बाँट दिया जाए तो प्रत्येक के हिस्से में एक लाख रुपए आएगा। गाँवों को समृद्धि की ओर ले जाने के राजनेताओं के सभी दावे खोखले नजर आ रहे हैं। आखिर गाँव का विकास ऐसी कौन सी जटिल गुत्थी है, जिसे सुलझाने में राजनेता सफल नहीं हो पा रहे हैं?

इन 62 वर्षों में देश ने अगर तरक्की की तो केवल भ्रष्टाचार की दर बढ़ाने में। 'ट्रांसपेरेंसी इंटरनेशनल 2009' की रिपोर्ट के अनुसार विश्व के भ्रष्ट देशों की सूची में भारत का क्रम 84 है। इस भ्रष्टाचार ने सकल घरेलू उत्पाद की दर भी एक-चौथाई कम कर दी है। पिछले दस वर्षों में संसदीय व्यवस्था का जितना अधिक पतन हुआ है, इससे पहले कभी नहीं हुआ। इस काम में राजनीतिक दलों की अवसरवादिता और निर्वाचित जनप्रतिनिधियों की पतनशीलता चरम पर दिखाई दी है। भारत का सबसे बड़ा संबल प्रजातांत्रिक व्यवस्था है, जिसे बनाए रखना अति आवश्यक है।

गाँवों के विकास का अजीब सा सिलसिला है। केंद्र द्वारा गरीबी हटाने के

लिए प्रायोजित योजनाएँ गाँव तक पहुँचते-पहुँचते दम तोड़ देती हैं। दो दशक पूर्व स्व. राजीव गांधी ने कहा था कि विकास योजनाओं के प्रत्येक एक रुपए में से केवल 15 पैसे जरूरतमंदों तक पहुँचते हैं। इस लिहाज से देखें तो केंद्र के 1,20,000 करोड़ रुपए की योजनाओं का कितना हिस्सा ग्रामीण गरीबों तक पहुँचता है, इसका अंदाजा लगाया जा सकता है। ग्रामीण विकास योजनाओं के कार्यान्वयन के लिए 2.50 लाख स्थानीय निकायों के माध्यम से 32 लाख जनप्रतिनिधि कार्य कर रहे हैं। फिर भी गाँव की हालत में ज्यादा सुधार नहीं हो रहा। गाँवों में 23 करोड़ लोग कुपोषण के शिकार हैं, जबकि देश के 40 प्रतिशत से अधिक बच्चे इसकी बजह से मर जाते हैं। यही नहीं, विश्व 'भूख सूचकांक' में दुनिया के 119 देशों में भारत 94वें स्थान पर है। देश के अनुमानत: 6,38,365 गाँवों के विकास की तकदीर सँवारने के लिए सभी को एकजुट होकर आगे आना होगा। गाँव की समस्याएँ एक जैसी हैं और इन समस्याओं के व्यावहारिक समाधान की जरूरत है। हमारे देश में अमीर और गरीब के बीच की खाई बहुत बढ़ गई है।

सरकार गरीब व आम आदमी के नाम पर बनी है, पर पिछले नौ वर्षों में गरीबों की संख्या चार करोड़ 40 लाख बढ़ गई है। पिछले एक वर्ष में भारत के 100 अमीर परिवारों की संपत्ति छह लाख करोड़ से बढ़कर 13 लाख करोड़ हो गई है। अरबपतियों की संख्या 27 से बढ़कर 54 हो गई है। यदि आज गांधीजी आएँ तो यह सब देखकर भौचक्के रह जाएँगे। गाँवों की स्थिति सुधारने के लिए गाँव की ओर वापस लौटना जरूरी है। तभी गाँव की तसवीर बदल सकती है। अन्यथा कुछ वर्षों के बाद स्थिति इतनी बदतर हो जाएगी कि गाँव दिखाई ही नहीं देंगे।

□

दर्द की काली रात लंबी होती है

आज ही महाराष्ट्र के थाणे जनपद में गरीबी, मुफलिसी और लाचारी में जिंदगी बसर करनेवाली एक विधवा माँ द्वारा चार सौ रुपए में अपने छह मास के जिगर के टुकड़े को बेचने की खबर एक अंग्रेजी दैनिक में पढ़ी। इसी गाँव में पिछले वर्ष 43 बच्चे भूख व कुपोषण के कारण मर गए थे। इस विधवा के बच्चे को खरीदनेवाला रमेश दंपति हैरान था कि केवल 400 रुपए लेकर एक माँ यों चुपचाप चली गई। भूख व गरीबी की लाचारी से इसके हृदय की ममता सूख गई होगी। संवेदना पथरा गई होगी। क्या यह सब सोचकर दिल दहल नहीं जाता? इस समाचार को देश के लाखों लोगों ने पढ़ा होगा, चर्चा की होगी और यह सोचकर भुला दिया होगा कि ऐसे समाचार यदा-कदा अखबारों में छपते ही रहते हैं। गरीबी और भुखमरी से यह देश कब छुटकारा पाएगा, इसका अंदाजा लगाना मुश्किल है।

राष्ट्रसंघ के तत्त्वावधान में वर्ष 2015 तक विश्व से गरीबी दूर करने के लिए 'सहस्राब्दि विकास लक्ष्य' (मिलेनियम डेवलपमेंट गोल) निर्धारित किया गया है। राष्ट्रसंघ के 192 सदस्य देशों ने वर्ष 2005 में दुनिया से गरीबी, भुखमरी और कुपोषण हटाने के लिए आठ सूत्रीय महत्त्वाकांक्षी कार्यक्रम बनाया है। इन सदस्य देशों में हमारा देश भी शामिल है। इस महत्त्वपूर्ण कार्यक्रम में भारत का शामिल होना जरूरी भी है; क्योंकि विश्व के सौ करोड़ गरीब लोगों में से आधे भारत में रहते हैं। इन लोगों की गरीबी दूर करने के लिए देश में हजारों-करोड़ों रुपए की योजनाएँ बनती हैं, फिर भी गरीब अपनी खुशहाली के लिए तरसता रहता है।

सहस्राब्दि विकास लक्ष्यों में गरीबी, भुखमरी दूर करना, सार्वभौमिक शिक्षा का लक्ष्य प्राप्त करना, महिला सशक्तीकरण व लिंग-असमानता समाप्त करना,

शिशु मृत्यु-दर कम करना, मातृ-स्वास्थ्य में सुधार, एच.आई.वी. एड्स, मलेरिया व अन्य घातक बीमारियों पर नियंत्रण, पर्यावरण स्थायित्व सुनिश्चित करना और विकास के लिए वैश्विक साझेदारी को बढ़ावा देना शामिल है।

इस वर्ष सितंबर मास के अंतिम सप्ताह में इन सदस्य देशों का न्यूयॉर्क में सम्मेलन हुआ था, जिसमें सहस्राब्दि विकास लक्ष्यों के संदर्भ में सदस्य देशों में हुई प्रगति का मूल्यांकन किया गया और निष्कर्ष निकाला गया कि भारत सहित कुछ देशों में गरीबी उन्मूलन वर्ष 2015 तक पूरा नहीं हो पाएगा। भारत ने स्वास्थ्य, गरीबी, भुखमरी तथा पर्यावरण स्थायित्व व लिंग-समानता के कार्यों में कोई उल्लेखनीय प्रगति नहीं की है। भारत में दुनिया के 50 प्रतिशत भूखे लोग रहते हैं। पिछले छह दशकों में देश में विकास हुआ लेकिन सामाजिक न्याय की बात नहीं हो पाई। इसी कारण इन लक्ष्यों की प्राप्ति में देश पिछड़ गया। सरकारी आँकड़े कुछ भी कहते हों, लेकिन यह सच है कि देश में गरीबों की संख्या बढ़ी है। वर्ष 1993-94 में 32 करोड़ लोग गरीबी रेखा से नीचे रह रहे थे, जो अब 35 करोड़ हो गए हैं। वर्ष 2015 तक गरीबों की संख्या में कोई कमी नहीं आएगी। यदि बढ़ती जनसंख्या की तुलना में अंदाजा लगाया जाए तो गरीबों की संख्या उतनी ही नजर आएगी, जितनी आज है। एक अंदाजा है कि इतने गहन प्रयासों के बावजूद वर्ष 2015 तक 28 करोड़ लोग गरीबी रेखा से नीचे होंगे।

कुपोषण के कारण देश में पंद्रह लाख बच्चे जन्म से एक वर्ष के भीतर काल का ग्रास बन जाते हैं। देश के कुछ राज्यों में तो सहस्राब्दि विकास लक्ष्यों के मामले में कोई अधिक कार्य नहीं हुआ है। बिहार, झारखंड, छत्तीसगढ़, महाराष्ट्र, मध्य प्रदेश, उड़ीसा, उत्तर प्रदेश और उत्तरांचल में स्थिति चिंताजनक है। देश की सरकार को इन राज्यों की ओर विशेष ध्यान देने की जरूरत है।

भारत में लाखों-करोड़ों घरों में गरीबी और भुखमरी का दंश सहनेवाले लोग वर्तमान राजनेताओं और नीति-निर्धारकों के बारे में क्या सोचते होंगे? भारत अमीर हो रहा है। करोड़पतियों की संख्या दिन-प्रतिदिन बढ़ती जा रही है। अमीरी के हिसाब से विश्व के 12 देशों में भारत का नाम भी आ गया है। वेतन आयोग धड़ाधड़ सरकारी कर्मचारियों और अधिकारियों का वेतन बढ़ाता जा रहा है। जरा सी महँगाई बढ़ती है तो इन कर्मचारियों को महँगाई भत्ता दे दिया जाता है। देश की सर्वोच्च प्रजातांत्रिक संस्था संसद् में सैकड़ों करोड़पति सांसद विराजमान हैं। वे सांसद अपना वेतन स्वयं बढ़ा लेते हैं। यह सब सुनकर झोंपड़ियों में रहनेवाले, सदियों से गरीबी का दर्द सहते रहनेवाले, कभी-कभी आत्महत्या पर विवश होनेवाले क्या सोचते होंगे—मैं यही सोचता रहता हूँ! तब वे देश के नेताओं को

इस गीत की ये पंक्ति कहते होंगे—

कभी किसी रोज यूँ भी होता
हमारी हालत तुम्हारी होती।
जो रात हमने गुजारी मरकर
वो रात तुमने गुजारी होती॥

□

जरा तू बोल तो, सारी धरा हम फूँक देंगे

पिछले वर्ष मैं कनाडा में टोरंटो स्थान पर अपनी बेटी के पास था। प्रात:काल वहाँ का स्थानीय समाचार पत्र 'टोरंटो स्टार' देखने लगा। एक समाचार पर नजर टिक गई। उसमें कनाडा में गरीबी के संबंध में कुछ आँकड़े थे। तभी मेरी दोहती कृति उठकर आ गई और जोर से आवाज लगाई—'नाना, कम हेयर!' समाचार-पत्र को छोड़कर मैंने उसे गोद में ले लिया। थोड़ी देर के बाद मैंने अपनी पत्नी संतोष को उस पृष्ठ को सँभालकर मेरी डायरी में रखने को कहा। पिछले सप्ताह अचानक उस समाचार-पत्र का वह पृष्ठ सामने दिखा तो मुझे याद आ गई। अच्छी तरह से पढ़ा तो मुझे लगा कि उस समाचार के तथ्यों को अपने पाठकों तक पहुँचाना आवश्यक है।

18 नवंबर के उस समाचार-पत्र में कनाडा की एक ससंदीय समिति ने उस देश की गरीबी पर गहरी चिंता व्यक्त की थी और उसे दूर करने के लिए एक महत्त्वपूर्ण कार्यक्रम का सुझाव दिया था। उस रिपोर्ट के अनुसार कनाडा में 9.4 प्रतिशत अर्थात् 31 लाख लोग गरीबी रेखा से नीचे रहते हैं। 6 लाख बच्चे कुपोषण से पीड़ित हैं और 7 लाख मजदूर गरीबी की हालत में रह रहे हैं। कमेटी ने 300 पृष्ठों की रिपोर्ट में इनकी आर्थिक स्थिति सुधारने के लिए एक विस्तृत कार्यक्रम का सुझाव दिया था। इनके लिए धन का विशेष प्रावधान करने की सिफारिश की थी। योजनाएँ तो हमारे देश में भी बहुत बनती हैं। इसलिए मेरे लिए उस देश की योजनाएँ महत्त्वपूर्ण नहीं थीं। मैं उस समाचार में यह ढूँढ़ने की कोशिश करने लगा कि उस देश में गरीबी की रेखा की व्याख्या क्या है।

संसदीय कमेटी की रिपोर्ट में गरीबी रेखा की व्याख्या की गई थी। उस देश के अनुसार 34738 डालर 4 सदस्यों के परिवार की वार्षिक आय को गरीबी रेखा माना गया है। इतनी या इससे कम आयवाले लोगों को गरीब माना गया है। पूरी स्थिति स्पष्ट करने के लिए मैंने कनाडियन डॉलर को रुपए में बदला और प्रति व्यक्ति प्रतिदिन की आय का हिसाब लगाया। उस देश के अनुसार 1148 रुपए प्रति व्यक्ति प्रतिदिन की आय गरीबी की रेखा मानी गई है। इतनी या इससे कम आयवाले लोगों को गरीब माना गया है। सोचकर मेरा दिमाग चकरा गया। मैंने अपने देश की ओर देखा। भारत में गरीबी की रेखा प्रति व्यक्ति प्रतिमास 360 रुपए मानी गई है। अर्थात् प्रति व्यक्ति प्रतिदिन 12 रुपए या इससे कम आयवाले व्यक्ति को गरीब माना गया है और गरीबी दूर करने की अधिकतर योजनाएँ इन्हीं लोगों के लिए चलाई गई हैं। पिछले दिनों इस संबंध में सर्वोच्च न्यायालय में एक रोचक चर्चा हुई। गरीबी रेखा के संबंध में सरकार की ओर से यह कहा गया था कि 12 रुपए प्रति व्यक्ति प्रतिदिन आयवाले ही गरीबी रेखा से नीचे हैं। इस पर न्यायालय के माननीय न्यायाधीश ने प्रश्न किया था कि इसका अर्थ यह हुआ कि जिसकी आय 13 रुपए प्रतिदिन है, उसे आप गरीब नहीं मानते। सरकार की ओर से इसे स्वीकार किया गया था। इसपर तीखी प्रतिक्रियाएँ हुई थीं।

कनाडा में 1148 रुपए आयवाला व्यक्ति गरीब माना जाता है और भारत में 12 रुपए आयवाला व्यक्ति गरीब माना जाता है। सोच कर रोंगटे खड़े हो जाते हैं और शर्म से सिर झुक जाता है। कनाडा में इतनी आय और इससे कम आयवाले व्यक्ति के लिए बड़ी-बड़ी योजनाएँ और धन जुटाने का प्रबंध किया जाता रहा है, परंतु भारत में 12 रुपए से ऊपर की आयवालों को गरीब ही नहीं समझा जाता। साधारणत: उनके लिए कोई विशेष योजना सरकार के पास नहीं है।

भारत में 26 करोड़ लोग गरीबी की रेखा से नीचे, अर्थात् 12 रुपए प्रतिदिन की आय से कम वाले हैं। एक सरकारी रिपोर्ट के अनुसार 70 करोड़ लोग केवल 20 रुपए प्रतिदिन पर गुजारा करते हैं। भयंकर गरीबी, लाचारी और मजबूरी के कितने दर्दनाक समाचार रोज समाचार-पत्रों में छपते हैं। किसान आत्महत्या करने पर विवश होते हैं। 20 सितंबर, 2010 के 'हिंदुस्तान टाइम्स' में दिल दहला देने वाला एक समाचार छपा था—महाराष्ट्र में थाणे के निकट ज्वार नामक स्थान पर रमेश और मनीषा दंपति ने एक अत्यंत निर्धन माँ से उसके बच्चे को 400 रुपए में खरीद लिया। खरीदनेवाले दंपति का कहना था कि वह बच्चा 'सागर' जब 18 दिन का था, तब उन्होंने उसे देखा। वह कुछ हड्डियों का एक नन्हा सा ढाँचा था। मनीषा

ने एक चम्मच दूध पाउडर गरम पानी में मिलाकर बोतल में डाल उसके मुँह पर लगाया तो उसके होंठों ने झपटकर निप्पल मुँह में डाल लिया। रमेश ने कहा कि 28 वर्ष की उसकी माँ इतनी भूखी व मजबूर थी कि केवल 400 रुपए लेकर चुपचाप चली गई। उसी समाचार-पत्र में लिखा था कि कुछ वर्ष पूर्व इसी गाँव में 48 बच्चे भूख और कुपोषण के कारण मर गए थे। पिछले वर्ष भी यहाँ 20 बच्चे भुखमरी के कारण मरे थे। एक और व्यक्ति ने इसी इलाके की एक विधवा से कुछ रुपए देकर एक बच्चा खरीदा था। समाचार में यह भी लिखा था कि विधवा अति गरीब थी, वह स्वयं भूखी थी, इसलिए उसने अपने बच्चे को बेच दिया था।

हम सब ऐसे समाचार पढ़ते हैं, दुःख मनाते हैं, चर्चा करते हैं और फिर भूल जाते हैं। मैं एक लेखक हूँ। लेखक भावुक व संवेदनशील होता है। घटना के भुक्तभोगी को अपनी किसी रचना का पात्र समझकर स्वयं उसे जीने लग पड़ता है। मैं भी यह समाचार पढ़कर आँखें बंद कर सोचने लगा था। विचार आया, यदि मैं ही वह होता! अपनी आँखों के सामने अपने बच्चे को यों ̈। मैं आगे सोच न सका। एकदम भीतर से हुँकार उठी—ऐसा होता तो मैं इस व्यवस्था को आग लगा देता ̈फिर मैं सँभल गया। सोचता रहा और सोचता ही रहा। आँखें सजल हो गईं। शायद यही वे परिस्थितियाँ हैं, जो इस देश के कुछ युवकों को अपराध, आतंक और माओवाद के रास्ते पर जाने को विवश कर रही हैं। ऐसी ही स्थिति में उर्दू के एक कवि ने लिखा है—

जिस खेत से दहकान को मयस्सर हो न रोटी,
उस खेत के गोशाए गंदम को जला दो।

राष्ट्रकवि रामधारी सिंह 'दिनकर' तो इससे और आगे बढ़कर ईश्वर को भी ललकार बैठते हैं। भारत की गरीबी का चित्रण करते हुए उन्होंने लिखा है—

श्वानों को मिलते दूध-वस्त्र, भूखे बालक अकुलाते हैं
माँ की हड्डी से चिपक ठिठुर जाड़ों की रात बिताते हैं।
युवती के लज्जा वसन बेच जब ब्याज चुकाए जाते हैं
मालिक तब तेल फुलेलों पर पानी सा द्रव्य बहाते हैं॥

देश की इसी गरीबी, लाचारी व शोषण से व्यथित हो विद्रोही बनकर 'दिनकर' भगवान् को भी ललकारते हैं और लिखते हैं—

पिलाने को कहाँ से रक्त लाएँ दानवों को
नहीं क्या स्वत्व है प्रतिशोध का हम मानवों को

जरा तू बोल तो सारी धरा हम फूँक देंगे
खड़ा जो पथ में गिरि कर उसे दो टूक देंगे
कहीं जो पूछने बूढ़ा विधाता आज आया
कहेंगे 'हाँ' तुम्हारी सृष्टि को हमने मिटाया।

राष्ट्रकवि 'दिनकर' की इन पंक्तियों में गाँव के गरीब की व्यथा व पीड़ा की चुभन व्यक्त हुई है। आर्थिक विषमता और शोषण से उत्पन्न स्थिति पर एक चेतावनी उन्होंने दी है। पर देश का दुर्भाग्य है कि हमारे नेता बिलकुल अंधे-बहरे होकर सब होने दे रहे हैं।

कनाडा को भगवान् और प्रकृति ने भारत से अधिक कुछ विशेष नहीं दिया है। उस देश का लगभग तीसरा भाग पूरे वर्ष बर्फ में जमा रहता है। भयंकर ठंड होती है। परंतु उस देश ने विकास किया और आज खुशहाली में जी रहा है। उसने इतनी भयंकर ठंड में भी सुखमय जीवन व्यतीत करने की परिस्थिति पैदा की हैं। मैं उसे विश्व का सबसे अधिक कल्याणकारी देश मानता हूँ। उस देश में हर नागरिक के इलाज की पूरी जिम्मेदारी सरकार की है। किसी भी बड़े-से-बड़े उपचार व ऑपरेशन के लिए किसी को कुछ भी खर्च नहीं करना पड़ता। वहाँ के सरकारी अस्पताल दिल्ली के एस्कॉर्ट और किसी भी निजी बढ़िया अस्पताल के बराबर हैं। मैंने स्वयं अपनी बेटी के साथ वहाँ के अस्पताल जाकर देखा। वहाँ कुछ लोगों को केवल कुछ दवाइयों के पैसे देने पड़ते हैं। उन दिनों वहाँ चुनाव का यही मुद्दा था। एक विपक्षी दल जनता से वायदा कर रहा था कि वे सत्ता में आए तो उन लोगों को कुछ दवाइयों का मूल्य भी नहीं देना पड़ेगा। किसी के घर अगर बच्चा पैदा हो तो वहाँ सरकार का एक विभाग यह पता करता है कि क्या उस परिवार में उस बच्चे का पालन-पोषण करने की आर्थिक सुविधा है! यदि कमी हो तो सरकार विशेष अनुदान देती है। मेरे दोहते का जन्म हुआ तो उस विभाग ने मेरी बेटी से पूछा। जब उसने कहा कि हमें सहायता की कोई आवश्यकता नहीं है तो भी विभाग के एक अधिकारी ने पूरी छानबीन करके इस बात की तसल्ली की।

कनाडा ने यह विकास और उन्नति थोड़े समय में ही की है। इसका मुख्य कारण ईमानदारी, कार्यसंस्कृति और परिश्रम है। उस देश के नेताओं ने सही योजनाएँ बनाईं। उन्हें ईमानदारी से चलाया। उनकी खुशहाली का एक मात्र यही रहस्य है। सब लोग अपने कर्तव्य का कड़ाई से पालन करते हैं, कोई नियम नहीं तोड़ता, अनुशासन नहीं तोड़ता। सड़क पर अपना कुत्ता साथ घुमाते हुए यदि वह कहीं पर मल-विर्सजन कर दे तो अपनी जेब में रखी पोटली और खुरपन लेकर उस मल को

संभ्रांत महिलाओं को मैंने स्वयं साफ करते हुए देखा है। नियम-अनुशासन, ईमानदारी और कार्य-संस्कृति ही उस देश की संपन्नता का एकमात्र कारण है।

आजादी के 63 वर्ष बाद भारत की स्थिति देखकर चिंता होती है। गरीबी पिछड़ापन और भ्रष्टाचार के चंगुल में कराहते करोड़ों लोग यह पूछते हैं कि 15 अगस्त, 1947 को जो आजादी आई थी, वो कहाँ है? यह सब सोचकर चिंता भी होती है और शर्म भी आती है।

इसके साथ ही जब यह कड़वी सच्चाई सामने आती है कि देश के कुछ लोगों ने 300 लाख करोड़ से भी अधिक भारत का धन लूटकर विदेशी बैंकों में जमा करवाया है, आज की सरकार उनके नाम बताने को तैयार नहीं है और वह धन वापस लाने के लिए उनके खिलाफ कोई काररवाई करने को भी तैयार नहीं है तो सिर शर्म से झुक जाता है। कुछ कर गुजरने को शरीर का रोम-रोम मचल उठता है। भगवान् देशवासियों को शक्ति दे, ताकि कभी कुछ हो सके।

□

खुदरा बाजार में विदेशी निवेश तर्कसंगत नहीं

हमारे देश में हर रोज कस्बों, गाँवों, गलियों और मोहल्लों में हजारों हाट-बाजार सजते हैं और 'सस्ते' के चक्कर में अभावों में जिंदगी बसर करनेवाले करोड़ों लोग इन हाट-बाजारों से खरीददारी करके जिंदगी चलाते हैं। 'मॉल-संस्कृति' ने इन लोगों को सस्ते बाजारों की ओर अधिक आकर्षित किया है।

देश के सकल घरेलू उत्पाद की प्रतिशतता बढ़ाने के चक्कर में यूपीए सरकार के आर्थिक नीति-निर्धारकों ने रिटेल सेक्टर में विदेशी प्रत्यक्ष निवेश की अनुमति का मन बनाकर गरीब लोगों की जहाँ उपभोक्ता-क्षमता पर प्रहार किया है वहीं दूसरी ओर देश को विकसित देशों के फालतू उत्पादों के लिए 'डंपिंग ग्राउंड' बनाने के लिए भी रास्ता साफ कर दिया है। भारत जैसे गरीब देश में, जहाँ आधे से अधिक जनसंख्या गरीबी रेखा से नीचे रह रही है, सरकार के इस तरह के निर्णय गरीबों के हित में नहीं कहे जा सकते।

हमारे कृषिप्रधान देश में कृषि के बाद खुदरा बाजार ही एकमात्र ऐसा सेवा-क्षेत्र है, जहाँ छह करोड़ से अधिक लोग प्रत्यक्ष अथवा अप्रत्यक्ष रूप से कार्यरत हैं। विदेशी निवेश का सीधा सा अर्थ होगा—इन लोगों की रोजी-रोटी पर कुठाराघात! वस्तुतः यह छोटे दुकानदार स्पर्धा के क्षेत्र में बड़ी मछलियों से मुकाबला नहीं कर पाएँगे, और जाहिर है कि काल का ग्रास बन जाएँगे। देश की बड़ी रिटेल कंपनियों को नए बाजार की सदैव तलाश रहती है। ये कंपनियाँ जब भारत में प्रवेश करेंगी, खुदरा बाजार थरथरा उठेगा। अमेरिका, जिसके दबाव में भारत सदैव रहता है, की कंपनी 'वाल मार्ट' रिटेल-उद्योग की ऐसी बड़ी कंपनी है, जिसकी वार्षिक आय

14.33 अरब डालर है तथा कुल परिसंपत्तियाँ 170.70 अरब डालर हैं। यदि रिटेल क्षेत्र में अनुमति के बाद यह कंपनी भारत में प्रवेश करेगी तो निस्संदेह रिटेल व्यवसाय से जुड़े छह करोड़ लोगों के लिए स्पर्धा के मामले में आफत खड़ी कर देगी। सस्ते सामान के चक्कर में लोग इन छोटे दुकानदारों से विमुख हो जाएँगे, जिससे रिटेल व्यापारियों को भारी नुकसान होगा। रिटेल की सबसे बड़ी अमेरिका की कंपनी 'वाल मार्ट' आरोपों से घिरी कंपनी है, जिस पर कम कीमतों के प्रचलन का सबसे बड़ा आरोप लगा है। वर्ष 2003 में जर्मन के सर्वोच्च न्यायालय ने 'वाल मार्ट' की कम कीमत-नीति पर निर्णय सुनाते हुए इसे स्पर्धा के क्षेत्र को नुकसान पहुँचानेवाली करार दिया, जिसके परिणामस्वरूप 'वाल मार्ट' को जर्मनी में अपने रिटेल शोरूम बंद करने पड़े।

ऐसी कंपनियाँ, जिनकी विश्वसनीयता संदिग्ध है, जब रिटेल सेक्टर में प्रवेश करेंगी, तो निस्संदेह देश के खुदरा बाजार का कबाड़ा ही होगा।

खुदरा बाजार की मानसिकता थोक बाजार से भिन्न है। थोक बाजार धनाढयों द्वारा व्यापार करने की इच्छा पर निर्भर है, जबकि खुदरा बाजार बेरोजगारी के कारण परिस्थितिजनित बाजार है, जहाँ व्यक्ति अपनी रोजी के लिए छोटी दुकान खोलकर परिवार का पेट अपनी शर्तों पर पालने की कोशिश करता है। देश की अर्थव्यवस्था में खुदरा बाजार की हिस्सेदारी 14 प्रतिशत से अधिक है। खुदरा बाजार संगठित और असंगठित क्षेत्र, दोनों रूपों में कार्य करता है। संगठित क्षेत्र का खुदरा बाजार वह है, जहाँ क्षेत्र व्यापारी, बिक्री-कर, अन्य कर आदि, असंगठित रिटेल क्षेत्र में किराना स्टोर, पानी-बीड़ी की दुकानें, रेहड़ीवाले आदि शामिल हैं। फिक्की के अनुमान के अनुसार इस तरह के खुदरा बाजार में संलग्न लोगों की संख्या 11 लाख के करीब है।

देश के सकल घरेलू उत्पादन में खुदरा बाजार का योगदान 44 प्रतिशत है। खुदरा बाजार प्रतिवर्ष 8-9 प्रतिशत की दर से वृद्धि कर रहा है। वर्ष 2002-2003 में 38200 करोड़ रुपए का खुदरा व्यापार था, जिसकी संभावना इस साल बढ़कर 11,00,000 करोड़ रुपए हो गई है। खुदरा बाजार में किसी भी विदेशी आयातित टेक्नोलॉजी की जरूरत नहीं है, इसलिए इस बाजार में विदेशी प्रत्यक्ष निवेश का अर्थ केवलमात्र दखलंदाजी होगी, जो देश में पनप रहे खुदरा बाजार के हित में नहीं है। और जितनी तेजी से यह बाजार बढ़ रहा है, विदेशी निवेश का कोई औचित्य नहीं है।

रिटेल सेक्टर में विदेशी निवेश की वकालत करनेवाले मानते हैं कि यदि प्रत्यक्ष विदेशी निवेश की खुदरा बाजार में अनुमति सरकार द्वारा दे दी जाए तो खुदरा व्यवसाय 300 बिलियन डॉलर तक प्रति वर्ष पहुँच सकता है, लेकिन विदेशी निवेश

की अनुमति के साथ नीति-निर्धारकों ने देश में रोजगार के अवसर बढ़ाने की ओर ध्यान नहीं दिया है। बड़ी कंपनियाँ स्थानीय युवकों को रोजगार देने में आना-कानी करती हैं।

रिटेल व्यवसाय में प्रत्यक्ष विदेशी निवेश से पारंपरिक रिटेल सेक्टर के तहस-नहस होने की संभावना है, क्योंकि छोटे खुदरा व्यापारियों के पास बड़ी व्यापारिक कंपनियों से मुकाबला करने की क्षमता नहीं है, जिसके परिणामस्वरूप छोटे खुदरा व्यापारी बेरोजगार हो सकते हैं। बड़ी रिटेल कंपनियाँ पहले महँगे भावों पर खरीदकर सस्ते दामों पर अपने उत्पाद बेचती हैं और बाद में समयानुकूल भावों में बढ़ोतरी करती रहती हैं।

सरकार ने अभी एकल ब्रांड उत्पादों में 51 प्रतिशत विदेश प्रत्यक्ष निवेश की अनुमति प्रदान की है। इस अनुमति से एकल ब्रांड देश में प्रवेश कर चुके है तथा इन कंपनियों के 'शो-रूम' देश के सभी शहरों में अपनी शोभा बढ़ा रहे हैं। इन कंपनियों द्वारा बिना 'छिपा मूल्य' बताए ग्राहकों को इस तरह से लुभाया जाता है कि ग्राहक उनके जाल में फँस ही जाता है। 'दो कमीजें खरीदने पर तीन कमीजें मुफ्त' जैसी लुभावनी शर्तें हैं। लेकिन दिक्कत यह है देश के दो-तिहाई लोग इन कंपनियों की तरफ नजर उठाने की क्षमता तक नहीं रखते।

रिटेल सेक्टर में 70 प्रतिशत कार्य 'खाद्य' से संबंधित है, जो सीधे-सीधे ग्रामीण अर्थव्यवस्था से जुड़ा है। एक आकलन के अनुसार देश में 50,000 करोड़ रुपए का खाद्य उत्पाद खराब हो जाता है। सरकार इस क्षेत्र में संगठित प्रयासों के प्रति गंभीर नहीं है। इस क्षेत्र में सबसे ज्यादा जरूरत आधारभूत ढाँचे को सुदृढ़ करने की है। अन्यथा इसके बिना खाद्य-सेक्टर की वृद्धि असंभव है।

पारंपरिक रिटेल सेक्टर को विदेशी कंपनियों के आगमन से गहरा धक्का पहुँचेगा। किसानों के लिए तो अपनी मरजी से पैदावार उगाना भी दूभर हो जाएगा। ये कंपनियाँ जिस तरह चाहेंगी, वैसा उत्पादन करना जरूरी होगा। कृषि का पारंपरिक फसल-चक्र भी इससे प्रभावित होगा। रिटेल सेक्टर में विदेशी निवेश में अनुमति देने से पूर्व सरकार को एक राष्ट्रीय आयोग गठित करना चाहिए, जो रिटेल सेक्टर में विदेशी निवेश की समस्याओं का अध्ययन करे।

□

6 दिसंबर आक्रोश का परिणाम

बाबरी मसजिद गिराने के संबंध में एक महिला अधिकारी अंजू गुप्ता ने अदालत के सामने अपने बयान में आडवाणीजी को अयोध्या में एकत्रित भीड़ को उकसाने का दोषी बताया है। कुछ दिन पूर्व विश्व हिंदू परिषद् के प्रमुख नेता अशोक सिंघलजी ने अपने बयान में कहा कि यदि आडवाणीजी ने रथयात्रा न निकाली होती तो राम मंदिर बन गया होता। राममंदिर न बनने का पूरा दोष उन्होंने अडवाणीजी पर थोपा है, और यह भी कहा है कि रथयात्रा निकालने के संबंध में उनसे कोई विचार-विमर्श नहीं हुआ था। प्रसिद्ध स्तंभ लेखक खुशवंत सिंह ने भी अपने लेख में आडवाणीजी को सांप्रदायिकता फैलाने का दोषी करार दिया।

इस संबंध में मैं इतिहास की कुछ घटनाओं का स्मरण दिलाना चाहता हूँ :

संघ परिवार और विश्व हिंदू परिषद् ने सांस्कृतिक राष्ट्रवाद की भावना से प्रेरित होकर राममंदिर बनाने का आंदोलन शुरू किया था। भारतीय जनता पार्टी ने 1989 में अपनी राष्ट्रीय कार्यसमिति की बैठक में इस आंदोलन का समर्थन करने का निर्णय लिया। यह महत्त्वपूर्ण बैठक मेरे गृहनगर पालमपुर, हिमाचल प्रदेश में 9 जून, 1989 में हुई थी। मुझे अच्छी तरह से याद है कि इस आंदोलन का पूरा समर्थन करने का निर्णय उन्हीं सिद्धांतों के कारण हुआ था, जो भाजपा का एक बड़ा वैचारिक आधार है। राम इस देश के राष्ट्रीय प्रतीक हैं। उनके जन्मस्थान अयोध्या में मंदिर बनाने का प्रयत्न सांप्रदायिक नहीं अपितु शुद्ध राष्ट्रवाद से प्रेरित है।

आडवाणीजी द्वारा सोमनाथ से अयोध्या तक की रथयात्रा प्रारंभ करने का निर्णय भी इसी सांस्कृतिक राष्ट्रवाद की भावना से प्रेरित था। इसका उद्देश्य पूरे देश में एक प्रबल जनमत जागृत करना था। वह उद्देश्य पूरा हुआ। पूरे भारत में एक

प्रबल जनमत खड़ा हुआ। देश के सभी वर्गों में एक आम सहमति की भावना बनी। आम व्यक्ति ही नहीं, देश में बुद्धिजीवी भी यह सोचने और कहने लगे कि जहाँ राम का जन्म हुआ, वहाँ मंदिर बनाने की माँग बिलकुल उचित है।

इस व्यापक जनसमर्थन का प्रभाव तत्कालीन केंद्र सरकार पर भी हुआ। मैं उस समय हिमाचल प्रदेश का मुख्यमंत्री था। प्रधानमंत्री नरसिम्हा राव ने मुझे बुलाकर कहा था कि वे भी हिंदू हैं। देश की संस्कृति में भी उनकी पूरी आस्था है। वे भी चाहते हैं कि मंदिर बने। उन्होंने आग्रहपूर्वक कहा कि हम मसजिद की जगह ही मंदिर बनाने का आग्रह छोड़ दें तो वे मंदिर बनाने में पूरा-पूरा समर्थन ही नहीं, बल्कि सहयोग भी देंगे। नरसिम्हा राव ने भाजपा के चारों मुख्यमंत्रियों को बुलाकर अलग-अलग यह बात कही। एक बार उनसे इकट्ठे मिले तो भी उन्होंने बड़े आग्रह से इस बात को कहा। नरसिम्हा राव के प्रति मैं बहुत आदर-सम्मान रखता हूँ। उन्होंने उस समय पनबिजली उत्पादन में निजी क्षेत्र को लाने तथा हिमाचल प्रदेश को बिजली की परियोजनाओं में रॉयल्टी देने में मेरी बहुत सहायता की थी। उस समय रॉयल्टी का सिद्धांत मनवाने के कारण आज हिमाचल प्रदेश को प्रतिवर्ष लगभग 1500 करोड़ रुपए की आय हो रही है। हिमाचल के कांग्रेसी मुख्यमंत्री केंद्र की कांग्रेस सरकार से जो नहीं करवा सके, वह मेरे कहने पर केंद्र की कांग्रेस सरकार ने कर दिया था। मैं हिमाचल की बात लेकर जब उनसे मिला और मैंने कहा कि वैसे मैं भाजपा मुख्यमंत्री हूँ, तो उसपर उनके कहे शब्द आज भी मुझे याद हैं। मुझे बिठाकर उन्होंने कहा था—"शांता कुमारजी, लोकतंत्र में पार्टियों की सरकारें होती हैं, पर सरकार की कोई पार्टी नहीं होती। आप कहिए, हिमाचल को पूरा न्याय व सहयोग मिलेगा।" और सचमुच हिमाचल को ऐतिहासिक वरदान मिला था, जो रॉयल्टी के रूप में हमेशा मिलता रहेगा। वे एक विद्वान्, ईमानदार और सच्चे व्यक्ति थे।

मुझे आज भी अच्छी तरह से याद है कि जब उन्होंने अकेले में कहा था—"शांता कुमारजी, मैं भी हिंदू हूँ, और किसी से कम हिंदू नहीं हूँ। अयोध्या में राम का मंदिर बने, इससे बड़ा हमारा सौभाग्य और क्या हो सकता है ? आप संघ परिवार के सब नेताओं को समझाएँ कि मसजिद की जगह मंदिर बनाने का आग्रह न करें।" ये शब्द कहते हुए उनकी आँखों में मैंने भावुकता और ईमानदारी की सजलता का अनुभव किया था।

मैं और श्री भैरोंसिंह शेखावत इस बात से सहमत थे। अन्य दोनों मुख्यमंत्री भी इस विषय पर लगभग अनुकूल विचार रखते थे। मैंने इस संबंध में श्री अटल बिहारी वाजपेयी से भी बात की थी। वाजपेयीजी रथयात्रा तथा मंदिर के संबंध में एक परोक्ष

दूरी बनाकर रखते थे। वह पूरा समर्थन भी करते थे, परंतु एक सीमा से अधिक वे उसमें संलिप्त नहीं होते थे। मुझे अच्छी तरह याद है कि वे भी इस सुझाव पर लगभग सहमत थे।

उन दिनों की चर्चा में मैंने यह तर्क भी दिया था कि पुरानी मसजिद के ढाँचे को हटाना कठिन है और असंभव भी है। मैंने आग्रहपूर्वक कहा था कि मेरे विचार में उस ढाँचे को हटाना भी नहीं चाहिए। वह हमारे प्रति एक अन्याय की निशानी है। इतिहास का हिस्सा है। उसको बने रहने देना भी कई दृष्टियों से लाभदायक है। आधी सदी से वहाँ पर किसी ने नमाज नहीं पढ़ी। वह खँडहर बना रहे और याद दिलाता रहे। उसके पास सबके सहयोग से भगवान् राम का एक भव्य, विशाल मंदिर बन जाए।

परंतु उन दिनों पूरा वातावरण 'शपथ राम की खाते हैं, मंदिर वहीं बनाएँगे।' के नारों से गुंजायमान था। 'वहीं' शब्द की व्याख्या बदली जा सकती थी। परंतु जोश के उस वातावरण में इस संबंध में कोई सोचने को तैयार ही नहीं था। आंदोलन के कुछ सूत्रधार तो यह सुनने को भी तैयार नहीं थे। मुझे लगता है, यदि उस समय इस बात पर गंभीरता से विचार किया गया होता, दूर भविष्य में देखने की कोशिश की गई होती, और आगे होने वाले दुष्परिणामों की आशंका के संबंध में सोचा गया होता, तो शायद आज इतिहास कुछ और ही होता! यदि मसजिद की जगह छोड़कर भव्य राममंदिर बना लेते तो विश्व भर में हमारी उदारता व सहिष्णुता की प्रशंसा होती। और सबसे बड़ी बात तो यह कि मंदिर बन गया होता।

6 दिसंबर से पहले भाजपा की राष्ट्रीय कार्यसमिति की बैठक भुवनेश्वर में नवंबर, 1992 हुई थी। उस समय के उत्तर प्रदेश के मुख्यमंत्री कल्याण सिंहजी ने कार्यसमिति की बैठक से पहले भाजपा मुख्यमंत्रियों को इकट्ठा किया। उन्होंने सबके सामने यह कहा कि 6 दिसंबर को अयोध्या में लाखों लोग इकट्ठे होंगे। इतना जोश और अक्रोश होगा, जिसे सँभालना कठिन होगा। न्यायालय में हमने शपथपत्र दिया है कि मसजिद को सुरक्षित रखेंगे। उन्होंने कहा कि वे इस संबंध में बहुत चिंतित हैं। उन्होंने यह भी कहा कि इस संबंध में यदि वे कुछ कहेंगे तो शायद उनकी कमजोरी समझी जाएगी। मुझे याद है कि इस विषय पर हम चारों मुख्यमंत्री लंबे समय तक चर्चा करते रहे। हमारी यह सहमति बनी कि कार्यसमिति में हमें यह विषय उठाना चाहिए। 6 दिसंबर को टालने या नियंत्रित करने के संबंध में कुछ आवश्यक निर्णय होना चाहिए, ताकि वहाँ कोई अप्रिय घटना न हो। यह भी तय हुआ कि कार्यसमिति में यह मामला श्री भैरों सिंह शेखावत उठाएँगे और हम सब

इसका समर्थन करेंगे।

कार्यसमिति की बैठक प्रारंभ हुई और समाप्त भी होने लगी, परंतु इस संबंध में न श्री भैरों सिंह शेखावतजी बोले और न कोई अन्य बोला। मुझे स्मरण है कि उस बैठक में श्री गोविंदाचार्यजी ने कुछ ऐसी टिप्पणियाँ की थीं कि अटलजी तो बिलकुल मौन बैठे रहे थे। बैठक समाप्त होने लगी और मुझसे नहीं रहा गया। मैंने उठकर कहा कि भाजपा आज केवल विरोधी दल नहीं है। कुछ प्रदेशों में हमारी सरकारें हैं। मैंने यह भी कहा कि हमारी सरकार न्यायालय को शपथ-पत्र दे चुकी है कि अयोध्या में कानून-व्यवस्था ठीक रखी जाएगी। परंतु 6 दिसंबर को इतनी अधिक संख्या में पूरे देश से कारसेवक इकट्ठे होंगे कि उन्हें सँभालना कठिन होगा। और यदि कुछ हो गया तो उसके परिणाम ठीक नहीं होंगे। मेरी बात समाप्त नहीं हुई थी कि मुझे चुप करा दिया गया। मेरी बात सुनी नहीं गई और कुछ समय के बाद बैठक समाप्त हो गई। बाद में मुझे कृष्णलाल शर्माजी अलग ले गए और गुस्से में कहा कि यह सब कहने की क्या जरूरत थी?

6 दिसंबर को अयोध्या में बाबरी मसजिद ढाँचा गिरा दिया गया। मुझे नहीं लगता कि इसमें कोई पूर्व-योजना थी। कुछ गिने-चुने लोगों की अपनी योजना हो सकती थी, परंतु किसी भी संगठन के प्रमुख लोग इसमें शामिल नहीं थे। वह राममंदिर बनाने के अति जोश से प्रेरित उस अपार भीड़ के आक्रोश का परिणाम था। भीड़ का तो मनोविज्ञान ही अलग होता है।

6 दिसंबर के कुछ ही दिन बाद श्री अटलजी शिमला आए थे। इस संबंध में चर्चा हुई तो अटलजी ने अपने दोनों हाथ उठाकर बड़ी भावुकता में कहा था, "यह सब कैसे हो गया? यदि कोई योजना थी तो हमें तो बताया होता! मुझे कुछ भी पता नहीं था।" तब मैंने कहा था कि उस जोश भरे वातावरण में इतनी बड़ी भीड़ इकट्ठी होने पर यह सब होना स्वाभाविक था। मुझे याद है, तब अटलजी ने मुझे कहा था—"ठीक है, कार्यसमिति की बैठक में आपने यह विषय जरूर उठाया था।" उस पर मैंने कहा था कि तब मुझ पर सब नाराज हुए थे। मैं अकेला पड़ गया था।

आज उस समय की परिस्थिति का सही मूल्यांकन किया जा सकता था। 6 दिसंबर से पहले और 6 दिसंबर के बाद के वातावरण में जमीन-आसमान का अंतर है। 6 दिसंबर से पहले पूरे भारत में हिंदुत्व के प्रति प्रबल जोश था। एक अनुकूल लहर थी। एक बहुत बड़ी सद्भावना बनी थी। गाँव, नगर और बुद्धिजीवियों में इस बात की चर्चा थी कि राम के जन्मस्थान पर मंदिर बनाने में कुछ भी गलत नहीं है। अयोध्या में राम का मंदिर नहीं बनेगा तो कहाँ बनेगा? कुछ राजनैतिक दलों ने भी

एक सीमा तक समर्थन दिया। समझदार मुसलमानों में भी सोच बदल रही थी। मंदिर बनाने के लिए बहुत अनुकूल परिस्थितियाँ बन रही थीं। परंतु 6 दिसंबर को मसजिद का ढाँचा टूटा तो सारी परिस्थितियाँ और वातावरण पूरी तरह प्रतिकूल हो गए। विश्व भर में संघ परिवार की छवि को गहरी चोट पहुँची। कई स्थानों पर दंगे हुए। संघ परिवार और भाजपा मसजिद तोड़नेवाले अपराधी बन गए। चार प्रदेशों की हमारी सरकारें गिरा दी गईं।

यदि 6 दिसंबर को बाबरी मसजिद का ढाँचा न टूटता और लाखों लोग अपनी भावनाएँ व्यक्त करके शांतिपूर्वक लौट जाते तो राममंदिर के प्रति जन-समर्थन कई गुणा बढ़ जाता, इससे हिंदुत्व के प्रति सद्भावना भी बढ़ती। मंदिर बनाने में रुकावट डालने वालों के प्रति आक्रोश बढ़ता और मंदिर-निर्माण का समाधान अवश्य निकलता।

6 दिसंबर की मसजिद का ढाँचा गिराने की घटना भारत के इतिहास की अत्यंत दुर्भाग्यपूर्ण घटना है। उससे देश का नुकसान हुआ। विश्व भर में भारत की छवि खराब हुई। हिंदुत्व के प्रति रोष पैदा हुआ। संघ परिवार और भारतीय जनता पार्टी की पूरे विश्व में प्रतिष्ठा घटी। राममंदिर बनाने का एक सुनहरी मौका हाथ से निकल गया।

राममंदिर न बनने की जिम्मेदारी आडवाणीजी पर नहीं डाली जा सकती। मंदिर बनाने के लिए सबसे अधिक प्रयत्न व परिश्रम आडवाणीजी ने ही किया था। पाकिस्तान में जिन्ना की मजार पर जाने के कारण कुछ लोगों को आडवाणीजी की हर बात गलत लगने लगी है। देश और भाजपा के लिए उनके पूरे जीवन की सेवा इतिहास का एक महत्त्वपूर्ण पृष्ठ है, जिसे कभी भुलाया नहीं जा सकता। यदि 6 दिसंबर की घटना न होती तो आज तक भव्य मंदिर बन गया होता।

यह सोचकर मैं हैरान होता हूँ कि लगभग एक सौ साल पहले गुलाम भारत के युवा संन्यासी स्वामी विवेकानंद ने जब विदेश में जाकर हिंदुत्व की बात की थी तो पूरा विश्व उनके चरणों में झुक गया था, पर आज हिंदुत्व के प्रति रोष और विरोध की भावना क्यों पैदा हो गई? इस संबंध में गंभीरता से आत्मनिरीक्षण करने की आवश्यकता है।

□

कल्पनाशील नेता : भैरों सिंह शेखावत

पिछली शताब्दी की राजनीति के युग का एक महत्त्वपूर्ण स्तंभ गिर गया। जमीन से जुड़े हुए आम आदमी के एक नेता श्री भैरों सिंह शेखावत हमेशा के लिए हमसे जुदा हो गए। एक साधारण गरीब परिवार में जनमे, आर्थिक कठिनाई के कारण मैट्रिक से पहले स्कूल की पढ़ाई छोड़ने पर विवश हुए, फिर पुलिस विभाग में एक सिपाही के रूप में नौकरी की। वहीं से धीरे-धीरे अपने परिश्रम, ईमानदारी और योग्यता से भारत के उपराष्ट्रपति के पद पर पहुँचे।

राजस्थान में भारतीय जनता पार्टी के 9 विधायक चुने गए, परंतु जमींदारी उन्मूलन के सवाल पर 6 विधायकों को पार्टी ने निकल दिया। 3 विधायकों को लेकर श्री भैरों सिंह शेखावतजी के नेतृत्व में पार्टी आगे बढ़ी और राजस्थान में एक बार नहीं, चार बार भारतीय जनता पार्टी को शासन करने का मौका मिला।

भैरों सिंह शेखावत गाँव, गरीब और आम आदमी से जुड़े थे। वे हमेशा उनके संबंध में ही चिंतन-मनन करते थे। अपनी कल्पनाशीलता से नए कार्यक्रम बनवाते थे और अपनी योग्यता से उन कार्यक्रमों को सफलतापूर्वक लागू करवाते थे। 1977 में मैं हिमाचल प्रदेश का मुख्यमंत्री बना। 19 महीने की जेल से निकलकर सीधा मुख्यमंत्री की कुरसी पर बैठा था। बहुत कुछ करने की ललक थी। पीने का पानी देने का काम शुरू किया। मैंने जेल में रहकर महात्मा गांधी और उनके अंत्योदय विचारों का अध्ययन किया था। उन्हीं दिनों मैं श्री भैरों सिंह शेखावतजी से मिला। मुझे यह जानकर प्रसन्नता हुई कि वे अंत्योदय के विचार से प्रेरित होकर एक कार्यक्रम शुरू कर रहे हैं। मैं तुरंत कुछ अधिकारियों को लेकर जयपुर गया। उनसे लंबी बातचीत की और हिमाचल प्रदेश में तुरंत 'अंत्योदय

कार्यक्रम' प्रारंभ किया। और भी बहुत सी योजनाओं पर लगातार उनसे सलाह-मशविरा करता रहता था। मुझे केंद्रीय मंत्रिमंडल में स्थान मिला तो 'अंत्योदय अन्न योजना' प्रारंभ की। देश के करोड़ों सबसे गरीब लोगों को सस्ता राशन आज भी दिया जा रहा है। 1977 और फिर 2000 में अंत्योदय की कल्पना तथा उससे जुड़े कार्यक्रम ही आज भारत सरकार के 'खाद्य सुरक्षा कानून' के आधार-स्तंभ बने हैं। महात्मा गांधीजी के अंत्योदय के विचार को साकार करने की बात सबसे पहले शेखावतजी ने ही सोची थी। वे एक कल्पनाशील दूरदर्शी नेता थे।

राज्यसभा में सभापति के रूप में भैरों सिंह शेखावत का कार्यकाल अत्यंत सफल रहा। राजनीति में उनका अनुभव बहुत गहरा था। उनका आकलन लगभग बहुत ठीक निकलता था। परंतु राष्ट्रपति के चुनाव में वैसा नहीं हुआ। उन दिनों मैं जब भी उनको मिला करता था, उन्हें पूरा विश्वास था कि बहुत से अन्य राजनैतिक दलों के सांसद उनका समर्थन करेंगे। यह उनकी विशेषता थी कि हर पार्टी में उनके प्रशंसक मित्र थे। इसी गुण के कारण अल्पमत में होते हुए भी वे राजस्थान में सरकार बना पाए थे। परंतु वह मित्रता राष्ट्रपति चुनाव में काम नहीं आई। मुझे याद है, बड़ी हिम्मत के साथ उन्होंने चुनाव लड़ा। पार्टी ने मिलकर उनका पूरा सहयोग दिया; परंतु वे चुनाव न जीत सके। उन्हें बड़ी निराशा हुई थी। मैंने उन्हें उतना निराश व उदास पहले कभी नहीं देखा था।

उन्होंने अवकाश प्राप्त कर लिया। लोकसभा चुनाव की तैयारियाँ शुरू हुईं। जब यह समाचार आया कि वे लोकसभा का चुनाव लड़े रहे हैं तो चारों तरफ खलबली मच गई। कुछ नेताओं से उनकी कुछ बातों पर नाराजगी चल रही थी। चुनाव लड़ने के उनके समाचार से हमारी पार्टी ने भी चिंता व्यक्त की। मैं तुरंत उनसे मिलने गया। मैंने बड़े गुस्से में कहा "इस आयु में और इस स्थान से अवकाश प्राप्त करने के बाद यह बात आपके मन में क्यों आई?" मैं प्राय: उनसे मिलता रहता था। यदि मिलने में विलंब हो जाता था तो वे संदेश देकर मुझे बुला लेते थे। मुझे उन्होंने कहा कि चुनाव लड़ने का प्रश्न नहीं, लेकिन वे देश में बढ़ते हुए भ्रष्टाचार से परेशान हैं। मुझे उनके शब्द याद हैं—"मैं चुनाव तो नहीं लड़ूँगा, पर भ्रष्टाचार के विरुद्ध एक बड़ा सघंर्ष शुरू करूँगा।" वे साथ के कमरे में पड़ी फाईलें ले आए। कुछ दस्तावेज दिखाए और कहने लगे—"हजारों-करोड़ों रुपए का भ्रष्टाचार हुआ है। कैसे चुप रहा जाए?"

पिछले दिनों जब आई.पी.एल. के घोटाले की चर्चा हुई तो मुझे उस समय की उनकी कही हुई बातें याद आईं। उस समय वे बड़े क्रोध में थे। मैंने उनसे लंबी बात की और कहा कि इस संबंध में वे अकेले नहीं हैं। हम सब चिंतित

हैं। परंतु वह सबकुछ ठीक करने का सही तरीका निकालना चाहिए। स्वामी रामदेवजी द्वारा भ्रष्टाचार के विरुद्ध छेड़े अभियान की भी चर्चा हुई। वे कई बार स्वामी रामदेवजी से मिल चुके थे। स्वामीजी से मेरा भी संपर्क रहता है। वे शेखावतजी से इस संबंध में प्रभावित थे। लौटकर मैंने अपनी पार्टी के कुछ नेताओं को सारी बात बताई। मुझे आज महसूस होता है कि यदि उस समय उनकी बातों को गंभीरता से लिया होता, उनपर गहरा विचार किया होता, और सख्ती से कुछ सुधार किया जाता, तो राजस्थान प्रदेश में पार्टी की स्थिति मजबूत रहती और आई.पी.एल. घोटाला भी समय पर पकड़ में आ जाता।

विधानसभाओं के चुनावों से पूर्व मुझे हरियाणा का भी प्रभारी बनाया गया। एक दिन राज्यसभा सदस्य श्री त्रिलोचन सिंह से हरियाणा के चुनाव की चर्चा चल रही थी तो चुनाव प्रचार के लिए श्री भैरों सिंह शेखावतजी से सहयोग लेने की बात हुई। हम दोनों ने सलाह की। मैं श्री ओमप्रकाश चौटाला से मिला। उन्होंने श्री शेखावतजी से विशेष आग्रह किया। हरियाणा की एक बड़ी चुनाव सभा में श्री भैरों सिंह शेखावत को चलने के लिए मनाया। मैं उनके साथ गया। चुनाव सभा में उनका प्रभावशाली भाषण हुआ और इस समाचार की सब जगह चर्चा हुई। मैं लगातार यह प्रयत्न करता रहता था कि श्री शेखावत प्रत्यक्ष नहीं तो परोक्ष रूप से भाजपा से जुड़े रहें और उनके मन के क्रोध को जैसे-तैसे शांत किया जाए।

मैं केंद्रीय मंत्री के रूप में जब भी उनको मिलता था, वे हमेशा आग्रह करते थे कि केंद्र में सरकार चलाने का मौका मिला है तो कुछ विशेष, असाधरण करके दिखाना चाहिए और भ्रष्टाचार समाप्त करने के लिए कुछ प्रभावी कारवाई होनी चाहिए। इसलिए देश में बढ़ती जनसंख्या को रोकने के लिए भी कठोर उपाय उठाने चाहिए। इस प्रकार की कुछ बातों को लेकर वे स्वयं भी श्री अटलजी से मिला करते थे।

वर्ष 2003 के चुनाव में हिमाचल में भाजपा की हार हुई। मैंने कुछ टिप्पणी की थी। कुछ नेता नाराज हो गए। मेरे विरुद्ध कई प्रकार का दबाव डाला जाने लगा। मैंने इस संबंध में श्री भैरों सिंह शेखावत से विस्तार से चर्चा की। वे श्री अटलजी से मिले। उन्होंने मुझे बताया कि श्री अटलजी ने कहा है कि मैं अपने विभाग में ईमानदारी से काम कर रहा हूँ, इसलिए किसी दबाव का उनपर असर नहीं होगा। 'प्रधानमंत्री ग्राम सड़क योजना' के संबंध में एक विवाद उठा था। आंध्र प्रदेश को धन के आवंटन पर कुछ उँगलियाँ उठीं। मैंने उस पर उचित और

सख्त काररवाई की। कुछ नेता नाराज हो गए। अटलजी पर दबाव बढ़ा। मेरे आग्रह पर शेखावतजी उन्हें फिर मिले। तब अटलजी ने कहा था कि वे धीरे-धीरे विवश हो रहे हैं। तब मैं स्वयं अटलजी के पास चला गया। मैंने उनसे कहा था कि आपकी विवशता हो गई है, पर मेरी यहाँ बने रहने की कोई विवशता नहीं है। मैंने स्वयं ही त्यागपत्र दे दिया था। उसके बाद मिलने पर मुझे शेखावतजी ने कहा था, "आपको ईमानदारी की सजा मिली है, और इससे बड़ा ईनाम भी कोई नहीं हो सकता।"

□

जनगणना में जाति एक भयंकर भूल

एक महापुरुष ने एक ऐतिहासिक सत्य कहा है—''मनुष्य इतिहास से यही सीखता है कि मनुष्य इतिहास से कुछ नहीं सीखता।'' जनगणना में 'जाति' का समावेश करने की चर्चा से यही सिद्ध होता है।

भारतीय समाज में बहुत पहले जन्म से जाति की व्यवस्था नहीं थी। वर्ण-व्यवस्था किसी और संदर्भ में थी। पुराने ऐतिहासिक नामों में कोई जातिगत उपनाम नहीं मिलता है। राम, कृष्ण, अर्जुन, दुर्योधन, बुद्ध, महावीर, तुलसी, नानक, कबीर—किसी भी नाम के साथ शर्मा, वर्मा, ठाकुर का प्रयोग नहीं होता था। बाद के युग में किन्हीं कारणों से जातिप्रथा का प्रादुर्भाव हुआ और धीरे-धीरे बढ़ता गया। एक देश और एक राष्ट्र की भावना कमजोर हुई। देश टुकड़ों में बँटता चला गया। मुट्ठी भर विदेशी भारत आए—देश को गुलाम बनाया और सदियों की दास्ताँ की जंजीरों में भारत को जकड़ा गया।

समय-समय पर महापुरुषों ने चेताया और जगाया। विवेकानंद, दयानंद, राममोहन राय, कबीर, नानक, गांधी, अंबेडकर, नेहरू, पटेल और लोहिया तक सभी महापुरुष जातिप्रथा को समाप्त करके समता का समाज बनाने का प्रयत्न करते रहे। इसके लिए कितने ही प्रकार के छोटे-बड़े सामाजिक आंदोलन शुरू हुए। उन सबका प्रभाव भी हुआ। धीरे-धीरे समाज को बाँटनेवाली ये दीवारें टूटती गईं या छोटी होती गईं।

अब सदियों बाद देश की जनगणना में फिर से जाति को शामिल करने का प्रयत्न सचमुच अत्यंत दुर्भाग्यपूर्ण है। जिन कारणों से देश टूटा और दासता का युग आया, उसी में से एक बड़े कारण को दोहराना यह एक बहुत बड़ी गलती है। देश को सदियों पीछे ले जाने का यह प्रयत्न केवल स्वार्थ की राजनीति के कारण किया जा रहा है।

दुर्भाग्य से आज पद और पैसे की भूख तथा लालच एक पागलपन का रूप ले

चुका है। कुछ लोग उसके लिए कुछ भी करने को तैयार हैं। जाति की सीढ़ी पर चढ़कर राजनीति के शिखर पर पहुँचने की भावना ही इसके पीछे मुख्य कारण है। इस सवाल पर आज संसद, राजनैतिक दल, और यहाँ तक कि सरकार भी बँटी हुई है। भारत में कुल लगभग 6 हजार से अधिक जातियाँ/उपजातियाँ हैं। इस प्रस्ताव के अनुसार किसी व्यक्ति की जाति वह मानी जाएगी, जो वह लिखवाएगा। जरा गहराई से सोचें, अपनी अलग जाति का स्वाभिमान जगाने के लिए कितनी जातियाँ उभरकर सामने आएँगी—उनकी गणना कैसे होगी ?

स्वतंत्रता के बाद सबसे बड़ी गलती यह हुई कि समानता और सामाजिक न्याय दिलाने के लिए तथा गरीबी दूर करने के लिए केवल आर्थिक आधार नहीं रखा गया, अपितु जातिगत आधार रखा और कुछ जातियों को आरक्षण दिया गया। कहीं-कहीं कुछ समय के लिए आरक्षण जरूरी हो सकता था, परंतु अब तो आरक्षण स्थायी हो गया है। जातिगत आरक्षण का परिणाम यह हुआ कि उन जातियों में उन सुविधाओं का उपयोग करके कुछ लोग एक नई जाति 'क्रीमी लेयर' के रूप में उभर आए और बाकी सब लोग उसी प्रकार से गरीबी में पलते रहे। गरीबी का कलंक मिटाने के लिए आर्थिक आधार अपनाना होगा और जातिगत आरक्षण से बाहर निकलना होगा।

जातिगत जनगणना का न तो कोई औचित्य है, न कोई लाभ होने वाला है। यदि उसके बाद किसी जाति की संख्या अधिक भी हो जाए तो भी कोई लाभ नहीं होगा; क्योंकि उच्चतम न्यायालय ने आरक्षण की सीमा 50 प्रतिशत बाँध दी है। इस समय अनुसूचित जाति और जनजाति को 23 प्रतिशत आरक्षण है। बाकी जो 27 प्रतिशत बचता है, वह ओबीसी को दिया हुआ है। एक प्रतिशत भी नया आरक्षण किसी और जाति को नहीं दिया जा सकता। फिर यह झंझट किसलिए किया जा रहा है ?

लंबे समय के महापुरुषों के प्रयत्न के बाद भारत जातिविहीन समाज की रचना की ओर बढ़ रहा था। धीरे-धीरे दीवारें टूट रही थीं। एक नई चेतना आ रही थी। वीपी सिंह ने मंडल आयोग को लागू कर पूरे इतिहास के चक्र को घुमा दिया। युगों पुराना जाति स्वाभिमान जगा दिया। अर्जुन सिंह ने उच्च शिक्षण संस्थानों में आरक्षण को लाकर योग्यता/पात्रता की भावना को ठेस पहुँचाई। इसने महापुरुषों के प्रयत्नों पर पानी फेर दिया।

कमजोर वर्गों और दलितों के मसीहा स्वयं डॉ. अंबेडकर भी जातिप्रथा को समाप्त करना चाहते थे। उन्होंने कहा था, "हजारों जातियों में बँटा हुआ समाज एक राष्ट्र व एक देश कैसे बन सकता है ?" भारत के प्रथम गृहमंत्री सरदार पटेल ने घोषणा की थी कि स्वतंत्र भारत में जातिगत जनगणना कभी नहीं की जाएगी। डॉ. लोहिया ने जाति व्यवस्था को देश के लिए घातक बताया था। जबकि आज उसी कांग्रेस और समाजवादी

पार्टी के नेता इसकी माँग कर रहे हैं।

जातिगत जनगणना के इतिहास की ओर नजर उठाएँ। अंग्रेजों ने ऐसी जनगणना कब और क्यों शुरू की ? 1857 में प्रथम स्वतंत्रता-संग्राम हुआ। पूरा देश अंग्रेजों के विरुद्ध एक होकर खड़ा हो गया। हिंदू-मुसलमान का भेदभाव भी समाप्त हो गया। एक नए राष्ट्रवाद ने जन्म लिया। अंग्रेज उससे बहुत चिंतित हुए और इसीलिए 1871 की जनगणना में जाति को पहली बार शामिल किया गया। अंग्रेजों ने योजनापूर्वक जातिगत व्यवस्था को बढ़ावा दिया। उन्होंने भारतीय समाज को बाँटने की कोशिश की, आखिर में हिंदुओं और मुसलमानों को बाँटकर देश को दो टुकड़ों में बाँट दिया। अंग्रेजों ने इस देश को तोड़ने के लिए जो जहर घोला था, उसी जहर को अब फिर से फैलाने का प्रयत्न क्यों किया जा रहा है ?

यह सोचकर बड़ी हैरानी होती है कि लोकसभा में कुछ यादव नेताओं के शोर मचाने पर बिना सोचे-समझे इस माँग को गंभीरता से ले लिया गया और स्वयं प्रधान मंत्री ने भी इस पर विचार करने का आश्वासन दे दिया। मुलायम सिंह यादव और लालू प्रसाद यादव अपने-अपने प्रदेशों में किस प्रकार की राजनीति करते रहे हैं ? उस राजनीति के द्वारा उन्होंने उत्तर प्रदेश और बिहार का जो हाल किया है, क्या वही हाल पूरे भारत का करने की तैयारी नहीं हो रही है ?

देश को सदियों पीछे ले जाने का षड्यंत्र सफल नहीं होना चाहिए। अब भविष्य में सभी प्रकार की सोच देश को एकजुट करने की होनी चाहिए। 50 वर्षों के अनुभव ने यह सिद्ध कर दिया है कि जातिगत सोच और आरक्षण से आर्थिक समानता नहीं आ सकती। उसके कारण गरीबी बढ़ी है। अब गरीबी दूर करने के लिए आर्थिक और केवल आर्थिक आधार होना चाहिए। देश को बाँटनेवाले किसी भी प्रयत्न का जरा सा भी समर्थन नहीं किया जाना चाहिए।

विश्व के कुछ देशों ने गरीबी की समस्या का समाधान किया है। चीन हमसे पीछे था। वहाँ 60 प्रतिशत लोग गरीब थे। उसने केवल आर्थिक आधार पर गरीबी दूर करने की कोशिश की। आज चीन में गरीब केवल 16 प्रतिशत रह गए। और भी कई छोटे-छोटे देशों ने गरीबों की संख्या कम कर ली है। भारत में गरीबों की संख्या बढ़ रही है। पिछले आठ वर्षों में ही भारत में 4 करोड़ 40 लाख गरीब बढ़ गए हैं। नए अमीर बन रहे हैं। आरक्षण का लाभ उन जातियों के ऊपर के लोगों ने उठाकर एक नई अमीर जाति बना ली। इस अनुभव से लाभ उठाना चाहिए।

देश को इस जातिगत सोच के दलदल से बाहर निकालने की आवश्यकता है। कुछ नेताओं के सामने न इतिहास है न देश है, केवल अपनी नेतागीरी है। राष्ट्रवादी सोच के सभी लोगों को इस माँग का डटकर विरोध करना चाहिए। □

26 जून : इतिहास का काला दिन

किसी भी देश के इतिहास में कुछ ऐसी घटनाएँ घट जाती हैं, जिन्हें सदियों तक भुलाया नहीं जा सकता। और भुलाना भी नहीं चाहिए। सदियों पहले वनवास काट रहे राम की कुटिया से सीता का हरण हुआ। राम-रावण युद्ध हुआ। रावण का वध किया गया। दशहरे के दिन रावण के पुतले जलाकर देश इस घटना को याद रख रहा है। 15 अगस्त, 1947 को सदियों की गुलामी के बाद भारत आजाद हुआ। उस दिन को भी भारत कभी भुला नहीं सकता। ठीक इसी प्रकार 26 जून, 1975 का दिन भारत के इतिहास में अत्यंत दुर्भाग्यपूर्ण है। उस दिन एक नेता की कुरसी बचाने के लिए पूरे देश के सम्मान, संप्रभुता और आजादी को निर्दयता से कुचल देने का एक अति निंदनीय कलंकित प्रयास हुआ था। इसलिए आज का दिन (26 जून) भी कभी भुलाया नहीं जा सकता।

26 जून से पहले देश में कुछ घटनाएँ घट रही थीं। भ्रष्टाचार, बेरोजगारी और महँगाई के कारण लोगों में असंतोष था। गुजरात में एक आंदोलन चल रहा था। श्री जयप्रकाश नारायण समग्र क्रांति की बात सोच रहे थे। देश की युवाशक्ति बदलाव के लिए छटपटा रही थी। लगातार बढ़ते भ्रष्टाचार से जनता त्रस्त थी और मुक्ति का रास्ता ढूँढ़ रही थी।

देश में व्याप्त इस आक्रोश को एक घटना ने नया रूप दे दिया। श्री राजनारायण ने श्रीमती इंदिरा गांधी के चुनाव को इलाहाबाद हाईकोर्ट में चुनौती दी थी। उनका आरोप था कि चुनाव जीतने के लिए श्रीमती इंदिरा गांधी ने भ्रष्ट तरीके अपनाए हैं। मुकदमे में जब गवाहियाँ हो रही थीं, तभी कांग्रेस को चिंता सताने लगी थी। कुछ आरोप सिद्ध होते हुए दिखाई दे रहे थे। न्यायालय के निर्णय को अपने पक्ष में करने के लिए बहुत-कुछ किया जाने लगा। मुकदमे को न्यायाधीश श्री जगमोहन लाल सिन्हा सुन रहे थे।

वे धार्मिक प्रवृत्ति के इनसान थे। इसलिए एक विशेष साधु को उनके निवास के बाहर बिठा दिया गया था। अलग-अलग रूपों में कुछ गुप्तचर भी उनके निवास के चारों ओर घूमते रहते थे। उन्हीं दिनों इंदिरा गांधी विदेश-यात्रा पर जा रही थीं। उन्हें यह चिंता हुई कि यात्रा के दौरान ही यदि विपरीत निर्णय आ गया तो कठिनाई होगी। भारत सरकार का एक विशेष अधिकारी देहरादून में उत्तर प्रदेश के उच्च न्यायालय के मुख्य न्यायाधीश से मिला। उनसे निवेदन किया कि निर्णय को विदेश-यात्रा तक टाल दिया जाए। मुख्य न्यायाधीश ने श्री जगमोहन लाल सिन्हा को यह बात कही। उन्हें यह अच्छा नहीं लगा। उन्होंने तुरंत 12 जून को ही निर्णय सुनाने की घोषणा कर दी। दिल्ली की सत्ता चिंतित हो गई। श्री कुलदीप नैयर ने अपनी पुस्तक में लिखा है कि उत्तर प्रदेश के एक कांग्रेसी सांसद श्री जगमोहन लाल सिन्हा से मिले और उन्हें पाँच लाख रुपए तक देने की पेशकश की।

12 जून को न्यायाधीश श्री जगमोहन लाल सिन्हा ने अपना निर्णय सुनाया और श्रीमती इंदिरा गांधी के चुनाव को अवैध घोषित कर दिया। उन्हें भ्रष्ट तरीके अपनाने का दोषी ठहराया गया। इससे कांग्रेस पार्टी और सरकार सकते में आ गई। चारों ओर गतिविधियाँ तेज हुईं। इंदिरा गांधी एकदम त्यागपत्र देना चाहती थीं, पर उनके निकट के लोगों ने उन्हें रोका। उच्चतम न्यायालय से स्थगन आदेश लेने की कोशिश की गई। 24 जून को उच्चतम न्यायालय के न्यायाधीश श्री बी.के. कृष्णा अय्यर ने स्थगन आदेश दे दिया। पर यह शर्त लगाई कि इंदिरा गांधी लोकसभा की काररवाई में भाग नहीं ले सकतीं।

26 जून को देश में आपातकाल की घोषणा कर दी गई। रातभर में विरोधी दलों के हजारों लोगों को जेल में डाल दिया गया। मूलभूत अधिकार स्थगित कर दिए गए। अखबारों पर सेंसर लग गया। पूरे देश की आजादी के सूर्य पर ग्रहण की कालिमा मँडराने लगी। उच्चतम न्यायालय में इमरजेंसी के आदेश को चुनौती दी गई। लंबी बहस हुई। भारत सरकार के एटॉर्नी जनरल श्री निरनडे ने यहाँ तक कह दिया कि आपातकाल की स्थिति में भारत के लोगों का जीने का अधिकार भी स्थगित है। उन्होंने उच्चतम न्यायालय में यह भी कहा कि यदि कोई पुलिस अधिकारी किसी को गोली मार दे तो आपातकाल में न्यायालय उसमें भी कोई दखल नहीं दे सकता। भारत सरकार की ओर से उच्चतम न्यायालय में ऐसी दलीलें सुनकर मानवता शरमा गई। लोकतंत्र चीख उठा था। देश का बहुत कुछ झुक गया था, बिक गया था। उच्चतम न्यायालय के जस्टिस एच.आर. खन्ना को छोड़कर अन्य चारों न्यायाधीशों ने आपातकाल को उचित ठहराया। यह उच्चतम न्यायालय के इतिहास का सबसे काला दिवस था।

मैं 24 जून को पालमपुर से विधानसभा की एक बैठक के लिए शिमला के लिए

चला था। चलते समय मेरी धर्मपत्नी संतोष ने पूछा था कि 'कब वापस आएँगे' तो मैंने कहा था, 'परसों तक आ जाऊँगा।' वह परसों पूरे उन्नीस मास के बाद आया था। बच्चों की छुट्टियाँ थीं। पूरे परिवार के साथ भारत-यात्रा का कार्यक्रम बनाया था। 24 जून को उच्चतम न्यायालय के स्थगन आदेश के बाद चारों तरफ गतिविधियाँ बढ़ीं। यह लग रहा था कि कुछ विशेष होने वाला है। दिन भर टेलीफोन से संपर्क होता रहा। शाम तक यह सूचना मिल गई थी कि पकड़-धकड़ शुरू होनी वाली है। मैंने बहुत सोचकर 25 की रात मैट्रोपोल के अपने निवास में ही बिताने का निर्णय किया। मेरे साथ कांग्रेसी विधायक श्री ओंकार चंद्र रहते थे। वे मेरे बड़े अच्छे मित्र थे। मैंने उनसे बात की। मैं कमरे के भीतर चला गया। उन्होंने बाहर से ताला लगा दिया। मैं आराम से सो गया। रात को कई बार पुलिस मेरे कमरे तक मुझे ढूँढ़ती रही, लेकिन ताला देखकर बाहर से ही वापिस चली गई। दूसरे दिन प्रात: मैं जेल जाने की तैयारी करने लगा। अभी शेव बना ही रहा था कि पुलिस पहुँच गई। मैंने दरवाजा खोला और कहा कि मैं नहा-धोकर चलता हूँ। पुलिस अधिकारी ने हाथ जोड़कर कहा, 'हम रात भर आपको ढूँढ़ते रहे। मुझ पर मेरे अधिकारी नाराज हो रहे हैं। आप कृपा करके अभी चल पड़िए।' मैंने कहा, 'ठीक है।' मैंने शेव नहीं बनाई और लगभग उन्हीं कपड़ों में चला गया। कुछ समय थाने में फिर कैथू जेल में और फिर नाहन जेल में लाया गया। मैंने दूसरे दिन भी शेव नहीं बनाई। यह निर्णय किया कि भारत एक बार फिर से गुलामी की छाया में आ गया है। अब शेव आजाद भारत में ही बनाऊँगा। मैंने दाढ़ी बढ़ानी शुरू कर दी।

35 वर्षों के बाद उस समय को देखने और महसूस करने की कोशिश करता हूँ तो मन और मस्तिष्क में आज भी एक बिजली की लहर कौंध जाती है। हमें 'मीसा' में बंद किया गया। हमें हमारा अपराध पता नहीं था। सजा पता नहीं थी। कब तक जेल में रहेंगे, कुछ भी मालूम नहीं था। कोई अखबार-समाचार बाहर से नहीं आता था। किसी से कोई संपर्क नहीं था।

जेल में रहते हुए यह सोचकर दिमाग चकरा जाता था कि आखिर इमरजेंसी क्यों लगाई है ? पूरे देश को जेलखाना क्यों बनाया गया ? भीतर और बाहर से देश को कोई खतरा नहीं था। एक व्यक्ति···प्रधानमंत्री के चुनाव को न्यायालय में अवैध घोषित किया गया था। केवल इसी कारण पूरे देश को जेलखाना बना दिया गया ! जयप्रकाश नारायण, अटल बिहारी वाजपेयी और मोरारजी देसाई जैसे नेताओं को जेल में डाल दिया गया। एक व्यक्ति की कुरसी के लिए पूरे जनतंत्र को रौंद डाला गया।

मैं और मेरे कुछ साथी जेल में बड़ी मस्ती से रहे। मैंने बहुत पढ़ा। पाँच पुस्तकें लिखीं, खूब योग और व्यायाम किया। लेकिन हम सब लोग कभी-कभी घर-परिवार की याद में बहुत परेशान हो जाते थे। एक अनिश्चित भविष्य का अँधेरा मन-मस्तिष्क

को झकझोरकर रख देता था।

मैं निरंतर अपनी पत्नी संतोष को पत्र लिखता रहता था। एक दिन मुझे पत्नी का पत्र मिला। हर बार की तरह बड़ी उत्सुकता के साथ मैंने उस पत्र को खोला। अंदर एक सफेद कागज लिपटा था। उसे खोला तो एक और सफेद कागज। कहीं कोई शब्द नहीं था। तीन-चार लिपटे कागजों के बाद एक कागज पर एक शेर की पंक्तियाँ थीं—

उजाले अपनी यादों के हमारे पास रहने दो,
न जाने किस गली में जिंदगी की शाम हो जाए।

इन पंक्तियों के पास कागज पर गिरे हुए आँसुओं के निशान भी थे। मुझे उनमें संतोष के, प्यार, विरह और वेदना की सुगंध आने लगी थी। उस समय की अपने मन की व्यथा-कथा को मैं आज भी शब्दों में व्यक्त नहीं कर सकता हूँ। कमरे के एक कोने में चुपचाप उन कागजों को देखता रहा। कुछ देर के बाद सँभलकर इसके उत्तर में एक लंबी कविता लिखी। उसकी अंतिम पंक्तियाँ थीं—

तुम्हारे प्यार की पाती
रहे नित जेल में आती
न जाने कौन सी पाती
तुम्हारे पास ले आए!

मेरा बेटा बीमार हुआ। मैं पैरोल पर आया। एक मित्र मिलने आए। मुझे कहने लगे, "अब कभी लोकतंत्र लौट कर नहीं आएगा। मुआफी माँगो और घर आ जाओ।" मेरी पत्नी संतोष चलते-चलते रुक गई। एकदम गुस्से से बोली, "यह आप क्या कह रहे हैं। कितना भी समय लगे, ये जेल में रहेंगे, मैं घर सँभालूगी—झुकने का प्रश्न ही पैदा नहीं होता।" सुनकर मेरी आँखें स्वाभिमान से सजल हो गई थीं। मुझे लगा संतोष मेरी पत्नी ही नहीं, मेरे जीवन की प्रेरक शक्ति भी है।

इमरजेंसी के 19 मास पूरे देश में एक और आजादी की लड़ाई लड़ी जाती रही। कुल एक लाख 20 हजार लोग जेलों में थे। लाखों लोग जेलों से बाहर अलग-अलग तरीकों से संघर्ष करते रहे। यदि यह संघर्ष न होता तो हो सकता है भारत के लोकतंत्र की शक्ल ही बदल गई होती। कुछ अन्य देशों की तरह एक पार्टी की तानाशाही स्थापित हो गई होती। लोकतंत्र के लिए उस ऐतिहासिक संघर्ष में बलिदान देनेवाले व जेलों की यातना सहनेवाले लाखों लोगों को कभी भुलाया नहीं जाना चाहिए।

1953 में डॉ. श्यामा प्रसाद मुखर्जी के नेतृत्व में कश्मीर को बचाने के लिए एक बड़ा आंदोलन हुआ था। इसमें डॉ. मुखर्जी का बलिदान हुआ। वह आंदोलन और डॉ. मुखर्जी का बलिदान न होता तो कश्मीर भारत के हाथों से निकल जाता। उसी

प्रकार यदि इमरजेंसी के 19 महीने इस देश में संघर्ष न होता तो कांग्रेस श्रीमती इंदिरा गांधी के नेतृत्व में देश में तानाशाही की स्थापना कर देती। उस संघर्ष से अंदर-ही-अंदर एक प्रबल जनमत जागृत होता रहा। कांग्रेस के प्रति रोष और लोकतंत्र के लिए छटपटाहट पैदा होती रही। यद्यपि बाहर से कुछ दिखाई नहीं देता था। इसीलिए श्रीमती इंदिरा गांधी गलतफहमी में रही। उन्होंने चुनाव की घोषणा कर दी और चुनाव का मोरचा जनता ने सँभाला। यह भारत के इतिहास का पहला चुनाव था, जो राजनैतिक दलों ने नहीं, जनता ने लड़ा।

लेकिन इमरजेंसी की घनघोर काली रात के बाद के सुहाने सुप्रभात का देश पूरा लाभ न उठा सका। जयप्रकाश नारायण के समग्र क्रांति के सपने को पूरा किया जा सकता था, पर जनता पार्टी के आपस के झगड़ों ने उस स्वर्ण अवसर को खो दिया। मैं जयप्रकाश नारायणजी के अंतिम संस्कार पर पटना गया था। उसी रात मैंने एक कविता लिखी थी। उसकी कुछ पंक्तियाँ हैं—

गंगा के किनारे जो भीड़ जुड़ी थी
उसमें कुछ चहेरे अजीब लगते थे
कुछ किरकिरी सी पैदा करते थे
जिन्होंने जयप्रकाश का तन तोड़ा
और जिन्होंने जयप्रकाश का मन तोड़ा
वे भी फूल लेकर आए थे
यह शायद इसी देश में हुआ
कि देश को आजाद कराने वाला
आजाद देश में बंदी बनाया गया
देश के सबसे बड़े भक्त को
देश का दुश्मन बतलाया गया
उसने अंग्रेज की जेल तोड़ डाली थी
इन्होंने जेल में ही उसे तोड़ डाला
वह सारी उम्र कुरसी से दूर रहा था
इन्होंने कुरसी के लिए उसे दूर कर डाला।

26 जून का एक ही संदेश है—'देश सजग रहे, फिर कभी जनतंत्र पर ग्रहण न लगे।'

□

एक आदर्श नेता : गंगा सिंह जम्वाल

मृत्यु जीवन का अंत नहीं है अपितु जीवन की पूर्णता है। जीवन एक सतत प्रवाह है। चलता रहता है, कभी भी रुकता नहीं। हम सब उस परम शाश्वत सत्ता के अंश हैं, जो सदा सर्वदा विद्यमान रहती है। भारतीय चिंतन की यही वह विशेषता है जो उसे विश्व भर के आध्यात्मिक चिंतन से बहुत ऊपर ले जाती है।

स्वामी विवेकानंद एक बार बीमार हुए थे। उनकी एक प्रिय शिष्या ने उन्हें चिंता भरा पत्र लिखा। उस पत्र में लिखा कि यदि स्वामीजी को कुछ हो गया तो वे सब शिष्य कैसे जिएँगे? स्वामीजी उत्तर देते भावुक हो गए। उन्होंने अंग्रेजी में एक कविता लिख दी। जिसका भाव यह था कि हम कभी न जन्म लेते हैं, न मरते हैं। केवल शरीर बदलते हैं। आत्मा के रूप में हम सदा सर्वदा रहते हैं। उस कविता का हिंदी के प्रसिद्ध कवि श्री निराला ने बड़ा प्यारा अनुवाद कविता में ही इस प्रकार किया था—

बहुत पहले बहुत पहले
जबकि रवि शशि और उड्गन भी नहीं थे
इस धरा का भी न था अस्तित्व कोई
और जब यह समय भी उपजा नहीं था
मैं सदा था, आज भी हूँ और आगे भी रहूँगा।

इन पंक्तियों में भारतीय वेदांत का मूल स्वर मुखर हो उठा है। प्रलय के बाद जब सृष्टि नहीं होती तब भी आत्मा के रूप में हम सब विद्यमान होते हैं।

मुझे यह सब तब याद आया जब मैं अपने प्रिय मित्र समाजसेवी कर्नल गंगा सिंह जम्वाल के अंतिम संस्कार में जोगिंद्रनगर के श्मशान घाट पर खड़ा था।

एक दिन पूर्व श्री जम्वाल 'विवेकानंद ट्रस्ट' की बैठक में अढ़ाई घंटे मेरे साथ रहे। विदा लेते समय वह मेरा हाथ पकड़कर मुझे कहने लगे, "आप अपने स्वस्थ्य का पूरा ध्यान रखना, हम सबको आपकी बहुत जरूरत है।" तब मैं यह सोच भी नहीं सकता था कि मेरे स्वास्थ्य की चिंता करनेवाले श्री जम्वाल 10 घंटे बाद हम सबसे और संसार से हमेशा के लिए विदा लेने वाले हैं। पालमपुर से जोगिंद्रनगर जाकर, खाना खाकर वे एक स्थानीय मेले के कार्यक्रम में शामिल हुए। उस कार्यक्रम के वे मुख्य अतिथि थे। कुछ देर नाचते रहे, फिर उनके द्वारा बनाए जा रहे गो-सदन को देखा। उसके बाद घर आए। वर्ल्ड कप मैच देखते रहे, खिलखिलाते रहे। भारत की जीत के बाद कुछ देर नाचने भी लग पड़े और थोड़ी देर के बाद उनकी तबीयत खराब हुई और डॉक्टर को बुलाया गया। डॉक्टर ने उनको देखना शुरू किया और 10 मिनट के अंदर-अंदर उनका स्वर्गवास हो गया। कल के समाचार-पत्रों में मेले में नाचते हुए उनकी फोटो को श्मशान घाट पर सब लोग देख रहे थे।

उनकी चिता जल रही थी और मैं सामने बैठा बहुत कुछ याद कर रहा था। वे एक अत्यंत ईमानदार नेता थे। पास-पड़ोस के सभी सेवा के कामों में उनका योगदान था। उन्होंने एक निजी कॉलेज चलाया। जिसको बाद में सरकार सफलतापूर्वक चला रही है। 'विवेकानंद ट्रस्ट' में प्रारंभ से एक ट्रस्टी के रूप में मेरे साथ दिन-रात काम किया। मैं अधिक व्यस्त रहता था तो ट्रस्ट और 'कायाकल्प' का काम वे अन्य सहयोगियों के साथ करते थे। आज 'कायाकल्प' और 'विवेकानंद अस्पताल' के रूप में जो कुछ भी पालमपुर में बना है, उसमें उनका बहुत बड़ा योगदान है।

वे भाजपा के एक प्रमुख नेता थे। आज की राजनीति में ईमानदार नेताओं को ढूँढ़ना कठिन हो गया है। सच्चा कहूँ तो आज की राजनीति चोरों-लुटेरों का एक गिरोह लगती है। राजनीति के कारण पूरे समाज का पूरा जीवन भ्रष्ट हो गया। एक महामारी की तरह प्रशासन, सेना व सबकुछ प्रदूषित हो गया। विश्व के महाभ्रष्ट देशों में भारत का नाम आ गया। कुछ प्रभावशाली बेईमान लोगों ने देश का तीन सौ लाख करोड़ रुपए लूटकर विदेशी बैंकों में जमा करा दिया। इसी कारण भारत गरीब हो गया। सुप्रीम कोर्ट प्रतिदिन भारत सरकार को फटकार लगा रहा है कि उन सब लुटेरों के नाम बताओ। भारत सरकार पूरी निर्लज्जता के साथ प्रतिदिन फटकार सुन रही है, लेकिन कुछ कर नहीं रही। पूरा देश असहाय व विवश होकर यह सारा तमाशा देख रहा है।

श्री जम्वाल कभी किसी भी विवाद में नहीं पड़े। कभी कोई उनपर उँगली नहीं उठा पाया। उनकी सबसे बड़ी विशेषता याद आ रही है कि राजनीति में होते हुए, सब

प्रकार से योग्य होते हुए भी उनमें कोई महत्त्वाकांक्षा नहीं थी। उन्हें विधान सभा चुनाव के लिए कई बार अत्यंत उपयुक्त उम्मीदवार समझा गया। उनके नाम पर विचार भी हुआ, परंतु किसी और के इच्छुक होने पर वे स्वयं पीछे हट गए। कुछ लोगों के कहने पर भी वे चुनाव लड़ने के लिए तैयार नहीं हुए। मुझे याद है ऐसे एक मौके पर उन्होंने मुझे अकेले मिलकर कहा था कि वे किसी विवाद में नहीं पड़ना चाहते। केवल समाज व पार्टी की सेवा करना चाहते हैं। उन्हें इस बात का बड़ा संतोष था कि उनका एक पुत्र अजय जम्वाल अपना पूरा जीवन संघ के प्रचारक के रूप में लगा रहा है।

कोई यह पूछ सकता है कि श्री जम्वाल इतने बड़े व प्रसिद्ध नेता न थे, फिर मैं यह लेख क्यों लिख रहा हूँ? सब ओर छल-कपट, भ्रष्टाचार के रेगिस्तान में यदि कहीं इस प्रकार के फूल सेवा व ईमानदारी की सुगंध आज भी दे रहे हैं तो उनका वंदन होना चाहिए, उनकी चर्चा होनी चाहिए। इसीलिए यह लेख लिख रहा हूँ। आज की राजनीति में उन जैसे लोग बहुत कम हैं। यदि अधिक होते तो आज की राजनीति इस प्रकार भ्रष्ट और बदनाम न होती। वे हँसते-मुसकराते सेवा का काम करते और नाचते-नाचते इस दुनिया से चले गए। सचमुच, इस प्रकार का अंत किसी भाग्यशाली को ही मिल सकता है।

23 मार्च को शहीद शिरोमणि भगत सिंह का शहीदी दिवस उनके पैतृक गाँव में मनाया जा रहा था। मैं अपना भाषण समाप्त करके कुरसी पर बैठा था। थोड़ी देर के बाद मुझे चक्कर आया और मैं गिर पड़ा। होश आने के बाद मैंने प्रभु से यही प्रार्थना की कि इस जीवन का अंत तो होना ही है, परंतु जब भी दुनिया छोड़कर जाऊँ, इसी प्रकार काम करते-करते, देश की सेवा करते-करते विदा लूँ।

श्री जम्वाल ने सफलतापूर्वक अपने जीवन का कार्य पूरा किया। उनकी सादगी, ईमानदारी व समाज-सेवा के कारण वे हमेशा याद किए जाएँगे। इस मृत्यु से उनके जीवन का अंत नहीं हुआ। उन्होंने अपने जीवन का कार्य पूरा किया है। वे सदा-सर्वदा रहेंगे। हिमाचल के सभी नेताओं को उनके जीवन से यह प्रेरणा लेनी चाहिए। यही उनके प्रति सच्ची श्रद्धांजलि होगी।

□

सुरक्षा व सम्मान दाँव पर

नक्सलवादी हिंसा लगातार बढ़ती जा रही है। भारत सरकार एक असहाय और दयनीय स्थिति पर पहुँच गई है। पिछले दिनों एक बहुत बड़े महाभियान की घोषणा की गई। पूरे विपक्ष ने भी इसका समर्थन दिया। वह अभियान तो चलता देखा नहीं, परंतु दंतेवाड़ा में 75 सुरक्षाकर्मियों की नृशंस हत्या हो गई। दिल्ली में फिर बैठकें शुरू हुईं। कुछ करने की योजनाएँ बनने लगीं। तभी उसी क्षेत्र में एक पूरी बस को नष्ट कर दिया गया। अब देश के गृहमंत्री नक्सलवादियों से 70 घंटे तक हिंसा रोकने की याचना सी करते हुए लग रहे हैं। नक्सलवादी इस याचना को भी ठुकरा रहे हैं। उनकी हिंसा लगातार जारी है।

होना तो इसके विपरीत चाहिए था। भारत सरकार का दबाव इतना बढ़ता कि नक्सलवादी बातचीत के लिए हिंसा रोकने का प्रस्ताव करते। सारी स्थिति सामान्य नहीं है, असाधारण है। इतने बड़े देश की आंतरिक सुरक्षा और सम्मान दाँव पर लगा है। उस क्षेत्र में बहुत से इलाकों में कोई सरकार ही नहीं है। कुछ सरकारी कार्यालय बंद हैं। अधिकारी व कर्मचारी काम पर नहीं जा रहे। प्रशासन कहीं नहीं दिख रहा। साधारण प्रशासन ही नहीं है तो विकास कार्य होने का प्रश्न ही नहीं उठता। स्वतंत्र भारत के इतिहास में यह पहली शर्मनाक स्थिति है।

सबसे विचित्र बात तो यह है कि पूरा विपक्ष और जनता सरकार के साथ है, परंतु सत्ताधारी दल आपस में बँटा है। सरकार में भी कुछ मतभेद हैं। गृहमंत्री कह रहे हैं कि आधे मन से युद्ध कैसे जीता जा सकता है ? उन्हीं की पार्टी के कुछ प्रमुख नेताओं ने सरकार की रणनीति पर प्रश्न उठाए हैं। कांग्रेस और सरकार एक मन से, एकजुट होकर काम नहीं कर रही।

प्राथमिकता दी जाए या उस इलाके की गरीबी और पिछड़ेपन को दूर किया जाए। इसमें कोई संदेह नहीं कि पूरा नक्सल गलियारा गरीब गलियारा है। विशेषकर आदिवासी क्षेत्र के लोग गरीबी और पिछड़ेपन में पिस रहे हैं। उन्हें लगता है कि उनकी आजीविका के परंपरागत साधनों पर बड़े-बड़े पूँजीपतियों का अधिकार हो रहा है तथा उनकी गरीबी के कारण उनका शोषण व अपमान हुआ है। कई स्थानों पर उनकी महिलाओं का यौन शोषण भी हुआ है। इसके परिणामस्वरूप अविवाहित माताओं की समस्या पैदा हुई है।

इससे कौन इनकार कर सकता है कि नक्सलवाद को पनपने में इस गरीबी ने भी बहुत बड़ा साथ दिया है। परंतु आज की स्थिति में नक्सली हिंसा को कुचलने में भी किसी प्रकार का संकोच नहीं होना चाहिए। हिंसा को दबाना या विकास—'कौन पहले, कौन बाद में' की बहस बिलकुल व्यर्थ है। यह वैसे ही है जैसे पुराने बौद्धिक विचार में कुछ लोग यह बहस करते रहे कि मुरगी पहले आई थी कि अंडा? सृष्टि में कौन पहले आया? दोनों अलग नहीं हैं। अंडा अव्यक्त मुरगी है और मुरगी व्यक्त अंडा है। दोनों थे, दोनों हैं और रहेंगे। विकास जरूरी है, बहुत जरूरी है, इसमें कोई दो राय नहीं है, पर इस हिंसा को रोके बिना विकास भी कैसे होगा? हमें दोनों मोरचों पर लड़ना होगा।

अभी-अभी विश्व बैंक की रिपोर्ट में यह कहा गया है कि भारत में 17 प्रतिशत लोग अमेरिका के सबसे अमीर लोगों के बराबर अमीर हो गए हैं। खरबपतियों की संख्या कई गुणा बढ़ गई है। पिछले एक वर्ष में भारत के 100 अमीर परिवारों की संपत्ति 6 लाख करोड़ से बढ़कर 13 लाख करोड़ हो गई। दूसरी ओर पिछले कुछ वर्षों में भारत में गरीबों की संख्या 4 करोड़ 40 लाख बढ़ गई। लाखों अन्नदाता किसान आत्महत्या कर चुके हैं। लगभग 40 करोड़ लोग गरीबी की रेखा से नीचे हैं। कम-से-कम 25 करोड़ लोग तो लगभग भुखमरी के कगार पर केवल जीवन का बोझ ढो रहे हैं। एक ओर अमीरी चमक रही है और दूसरी ओर गरीबी सिसक रही है। इस सबका कारण सरकार की गरीब विरोधी और अमीरों के पक्ष की नीतियाँ हैं।

यदि महात्मा गांधीजी के अंत्योदय के विचार को अमल में लाया गया होता तो आज देश में यह भयंकर गरीबी ने होती। देश का विकास तो हुआ है। देश का धन भी बढ़ा है, परंतु समाजिक न्याय नहीं हुआ। कुछ मुट्ठी भर लोगों के हाथों संपत्ति सिमटकर रह गई। 25 करोड़ अत्यंत गरीब भूख से छटपटाते लोग आखिर कब तक इंतजार करते रहेंगे? उन्हीं में कुछ अपराध के रास्ते पर जा रहे हैं। उन्हीं को नक्सलवादी वरगलाकर हिंसा के रास्ते पर ले जा रहे हैं।

नक्सलवाद के नेता गरीब वर्ग से नहीं हैं। वे एक विचारधारा से प्रेरित हैं।

लोकतंत्र पर उनका विश्वास नहीं है। वे बंदूक की गोली से सत्ता हथियाना चाहते हैं। परंतु गाँव के जो गरीब लोग उनके साथ जा रहे हैं, उनमें अधिकतर की कोई विचारधारा नहीं है। वे केवल भूख की मजबूरी व शोषण, पिछड़ेपन व अन्याय की हताशा से वरगलाए जा रहे हैं।

नक्सली हिंसा एक खुला युद्ध है। यह भारत की प्रभुसत्ता को एक चुनौती है, इसलिए इसका दमन करने के लिए एक युद्ध के पूरे साधन झोंक दिए जाने चाहिए। सेना का उपयोग यदि इस युद्ध में नहीं किया जाएगा तो कब किया जाएगा? देश की पूरी शक्ति झोंककर एक निश्चित समय में नक्सलवाद को पूरी तरह से समाप्त किया जाना चाहिए।

योजना आयोग ने 'नक्सल प्रभावित क्षेत्रों में विकास की चुनौती' विषय पर एक विशेषज्ञ समिति बनाई थी। उसने अपनी रिपोर्ट में कहा है कि नक्सलवाद के पनपने का एक बड़ा कारण उस इलाके की गरीबी, पिछड़ापन व उपेक्षा है। रिपोर्ट में एक जगह लिखा है—"सरकार को गरीबों के प्रति अपने कर्तव्य का पालन करने के लिए नक्सलवाद की प्रतीक्षा नहीं करनी चाहिए थी। पर अब जब यह चेतावनी दी गई है, तो युद्धस्तर पर विकास कार्य किए जाने चाहिए।"

नक्सली हिंसा को सख्ती से समाप्त करने का काम अधूरा रहेगा, यदि उसी गति से गरीबी व पिछड़ेपन को दूर करने का काम नहीं किया जाता। दोनों काम जरूरी हैं। उस इलाके के गरीबों को यह विश्वास दिलाना आवश्यक है कि अब सरकार उनकी उपेक्षा नहीं करेगी। प्रधानमंत्री के अधीन एक अलग 'अंत्योदय विभाग' खोला जाए। गरीब व अति गरीब की अलग व्याख्या की जाए। खाद्यमंत्री के रूप में मैंने बीपीएल तथा 'अंत्योदय परिवार' के रूप में यह काम करवाया था। सरकार और संसद् एक महासंकल्प करे कि अति गरीबी को एक निश्चित समय में समाप्त किया जाएगा। सरकार अपने बजट से और अमीर लोगों पर 'विशेष कर' लगाकर कुछ लाख करोड़ रुपए की व्यवस्था करे। पूरे देश की सरकारी व अर्ध-सरकारी नौकरियों की नियुक्ति में इन गरीब परिवारों के बेरोजगार बच्चों को नियुक्त करे। सरकार चाहे तो थोड़े समय में लाखों अति गरीब युवकों को रोजगार दिया जा सकता है।

यह संकल्प लिया जाए कि जब तब उन अति गरीबों की आजीविका का प्रबंध नहीं होता तब तक विधायक, सांसद व सरकारी अधिकारियों के वेतन-भत्तों में कोई वृद्धि नहीं की जाएगी। इसके अलावा और भी कुछ ऐसा किसा जाए कि गरीब की झोंपड़ी में यह संदेश पहुँच जाए कि यह सरकार उनकी अति गरीबी

अवश्य दूर करेगी। हमें हिंसा और गरीबी दोनों मोरचों पर एक साथ लड़ना होगा।

आज की स्थिति चिंताजनक, दयनीय और शर्मनाक है। पूरे विश्व में भारत की साख को धक्का लग रहा है। चीन की सीमा के साथ एक सड़क बन रही थी। सीमा से चीनी सैनिकों ने धमकी दी और सड़क का काम बंद कर दिया गया। आज तक उसका निर्माण शुरू नहीं हुआ। सीमापार से दी गई धमकी के आगे घुटने टेक दिए गए। पिछले दिनों चीन में किसी ने दूध में मिलावट की। दो बच्चे मर गए, कुछ बीमार हो गए। अपराधी पकड़े गए और आठ मास में दो अपराधियों को फाँसी दे दी गई। भारत में अफजल गुरु को फाँसी देने में इस सरकार का दम निकल रहा है। यह कायरता देश को कहाँ ले जाएगी?

□

बहुत याद आते हैं भगतसिंह

भारत में स्वतंत्रता आंदोलन की लड़ाई चरम सीमा पर थी। कांग्रेस और महात्मा गांधी के आंदोलन के साथ-साथ क्रांतिकारी आंदोलन भी तेज होता जा रहा था। केंद्रीय एसेंबली पर बम धमाके से क्रांतिकारी आंदोलन को और उत्तेजना मिली। भगतसिंह, राजगुरु और सुखदेव को 7 अक्तूबर, 1930 को फाँसी की सजा सुना दी गई। इससे पूरा देश उद्वेलित हो उठा।

उन्हीं दिनों लंदन में गोलमेज कॉन्फ्रेंस होने वाली थी। कुछ अंतरराष्ट्रीय विवशताओं के कारण अंग्रेज सरकार भारत को कुछ रियायतें देना चाहती थी। गोलमेज कॉन्फ्रेंस से पहले गांधी-इरविन समझौता हुआ। पूरे देश में आंदोलन हुआ। जनता ने माँग की कि महात्मा गांधी लॉर्ड इरविन से बातचीत में पहली शर्त यह रखें कि भगतसिंह, राजगुरु और सुखदेव की फाँसी की सजा माफ हो। गांधी-इरविन समझौते में 90 हजार राजनैतिक बंदियों को तो रिहा कर दिया गया, लेकिन 'शहीदे आजम' भगतसिंह और उनके साथियों की सजा माफ नहीं की गई। कांग्रेस की ओर से यह कहा गया कि भगतसिंह हिंसा में विश्वास करते हैं, इसलिए उनकी फाँसी की सजा माफ नहीं की जा सकती; क्योंकि इस समझौते में भगतसिंह और उनके सहयोगियों की सजा माफ करने का प्रावधान नहीं था। गांधीजी ने तो यहाँ तक कह दिया था, 'यदि भगतसिंह को फाँसी देनी हो तो कराची अधिवेशन के बाद दे दी जाए', क्योंकि उन्हें लगता था कि क्रांतिकारियों को फाँसी की सजा से गांधी-इरविन समझौते पर असर पड़ेगा।

शहीद भगतसिंह के लिए क्रांति का अर्थ 'बंदूक की क्रांति' नहीं था, वे चाहते थे कि देश के शोषित एवं दलितों को बराबर का हक मिले, ताकि वे समाज में सम्मान का स्थान प्राप्त कर सकें। समरसता और सामाजिक न्याय भगतसिंह के

'दर्शन' का मूल तत्त्व रहा है। उनका मानना था कि जब तक सामाजिक, राजनैतिक एवं व्यक्तिगत जीवन में अवसरों की समानता नहीं होगी, विश्वबंधुत्व और प्रजातंत्र सुदृढ़ नहीं हो सकता, और तब तक सामाजिक प्रगति भी संभव नहीं हो सकती। इसी प्रयोजनार्थ भगतसिंह ने 'नौजवान भारत सभा' की स्थापना की और देश में गणतंत्र की स्थापना के लिए क्रांतिकारी चंद्रशेखर आजाद के साथ मिलकर 'हिंदुस्तान समाजवादी प्रजातंत्र संघ' बनाया।

यह सब वर्ष 1931 में हुआ था। 23 मार्च, 1931 को प्रात: तीनों शहीदों को फाँसी दे दी गई। उसके ठीक 78 वर्ष बाद पाक आतंकवादियों ने भारत की संसद् पर हमला किया। सुरक्षा कर्मियों ने अपनी जान देकर देश के सम्मान को बचाया। यदि एक भी आतंकवादी संसद् के भीतर पहुँच गया होता तो भारत का नेतृत्व नष्ट हो जाता और देश का सम्मान मिट्टी में मिल जाता। भारत के सम्मान पर आक्रमण करनेवाला पकड़ा भी गया। न्यायालय ने अफजल गुरु को फाँसी की सजा भी सुनाई। सुप्रीम कोर्ट ने पुष्टि भी कर दी; परंतु आज वर्षों के बाद भी उसे फाँसी पर नहीं लटकाया गया।

कांग्रेस के कुछ मंत्रियों ने माँग की है कि अफजल गुरु की फाँसी की सजा माफ की जाए। शायद इसीलिए उसे फाँसी पर नहीं लटकाया जा रहा।

आज 23 मार्च है और 'शहीदे आजम भगतसिंह' की 80वीं पुण्यतिथि है। सचमुच बहुत याद आ रहा है भारत माँ का वह लाडला! लगता है, अभी कहीं से आकर देश के कर्णधारों को झकझोरकर पूछेगा—'देश को आजाद कराने के लिए की गई हिंसा पर मेरी फाँसी तो तुम माफ न करा सके, पर आतंकवादी की फाँसी की सजा तुम्हें अखर रही है ?' राजनीति का यह ह्रास देश को किस गर्त की ओर ले जा रहा है, यह चिंतन का विषय है। जो भगतसिंह देश के लिए फाँसी के फंदे पर झूला, उसके लिए कांग्रेस अंग्रेज सरकार से दया, प्रार्थना न कर सकी; पर जिसने भारत के सम्मान 'संसद्' पर आक्रमण किया, उस अफजल के लिए कांग्रेस द्वारा दया दिखाई जा रही है ?

□

संवैधानिक संस्थाओं का अवमूल्यन

जिस स्पैक्ट्रम घोटाले के कारण भारत के इतिहास में पहली बार पूरे विपक्ष ने संसद् अधिवेशन नहीं चलने दिया, उसकी जाँच अब सर्वोच्च न्यायालय की देख-रेख में होगी। केंद्रीय जाँच ब्यूरो तथा प्रवर्तन निदेशालय इसकी जाँच करेंगे। केंद्रीय सतर्कता आयोग के मुख्य सतर्कता आयुक्त इसकी देख-रेख नहीं करेंगे, अपितु देख-रेख के काम की जिम्मेदारी सर्वोच्च न्यायालय ने स्वयं ली है। यह इतना बड़ा घोटाला है और इसमें इतने बड़े-बड़े लोग शामिल हैं कि पूरा देश चाहता है कि इसकी पूरी जाँच हो और अपराधियों को सजा मिले। इस समाचार से लोगों को प्रसन्नता भी हुई और संतोष भी मिला।

परंतु इसका एक और गंभीर पहलू भी है। भारत के संविधान में न्यायपालिका-कार्यपालिका और विधायिका के अधिकारों का स्पष्ट उल्लेख है। यह तीनों एक-दूसरे के अधिकारों में अतिक्रमण नहीं कर सकते। न्यायपालिका को कानून के राज्य की स्थापना करानी है। कहीं भी कोई जाँच कराना या उस जाँच की देखरेख करना न्यायपालिका का काम नहीं है। इस दृष्टि से यह न्यायपालिका द्वारा कार्यपालिका के अधिकारों का अतिक्रमण है। परंतु इसकी सारी जिम्मेदारी कार्यपालिका पर है। नियम के अनुसार जाँच की देखरेख केंद्रीय सतर्कता आयोग के मुख्य सतर्कता आयुक्त को करनी होती है। परंतु उस पद की गरिमा को तो सरकार ने मिट्टी में मिला दिया। जिस व्यक्ति पर गंभीर आरोप लगे हैं और जाँच हो रही है, उसी को पूरे देश की जाँच की देख-रेख की जिम्मेदारी दे दी। इस नियुक्ति में विपक्ष की नेता की सहमति आवश्यक थी। उन्होंने विरोध किया। नियम व निर्देश के अनुसार इस पद पर सब प्रकार से योग्य व अति ईमानदार

व्यक्ति को नियुक्त किया जाना चाहिए था। स्वयं सर्वोच्च न्यायालय ने उनपर संदेह की उँगली उठाई। उन्हें देखरेख करने से मना कर दिया गया। पर वे अपने पद पर डटे रहे। न सरकार हटाने को तैयार, न वे हटने को तैयार! इतनी शर्मनाक हठधर्मिता भारत में ही हो सकती है। महत्त्वपूर्ण संवैधानिक संस्थाओं का अवमूल्यन लोकतंत्र के लिए बहुत बड़ा संकट है।

आजकल प्रतिदिन केंद्रीय जाँच ब्यूरो छापे मार रहा है। भारतीय दूरसंचार नियामक प्राधिकरण 'ट्राई' के अध्यक्ष पद पर रहे श्री प्रदीप बैजल पर भी छापे पड़े। देश की सारी दूरभाष व्यवस्था का नियमन करने के लिए भारत सरकार ने एक उच्च अधिकार संपन्न आयोग बनाया है। श्री बैजल तीन वर्ष तक उस आयोग के अध्यक्ष का बहुत महत्त्वपूर्ण काम सँभालते रहे। श्री बैजल अपने पद से सेवानिवृत्त होने के बाद नीरा राडिया की एक कंपनी में नौकरी कर रहे हैं। निश्चित रूप से केंद्रीय जाँच ब्यूरो को उनके विरुद्ध कुछ विश्वसनीय तथ्य मिले होंगे। इतने ऊँचे स्थान पर रहे अधिकारी के घर पर केंद्रीय जाँच ब्यूरो द्वारा छापा मारना एक असाधारण बात है। कहाँ भारतीय दूरसंचार नियामक प्राधिकरण 'ट्राई' का इतना ऊँचा पद और कहाँ नीरा राडिया की एक छोटी सी कंपनी की नौकरी! मैं सोचता हूँ कि देश की संस्थाओं की गिरावट की कोई सीमा है या नहीं! आखिर जीवन के अंतिम क्षण तक धन कमाने की लालसा में वे किस सीमा तक चले जाएँगे? यह तो वैसा ही हुआ, जैसे किसी प्रदेश में कोई व्यक्ति लोक निर्माण विभाग के मुख्य अभियंता के पद पर नियुक्त हो और पूरे प्रदेश की सड़कों के निर्माण और रख-रखाव की व्यवस्था करता हो तथा अवकाश प्राप्त करने के बाद वह सड़कें बनानेवाले किसी एक छोटे से ठेकेदार के पास नौकरी कर ले।

श्री रतन टाटा भारत के अत्यंत सम्मानीय उद्योगपतियों में से हैं। भारत सरकार ने एक उच्च अधिकार आयोग का गठन किया था। वह आयोग भारत में निवेश के संबंध में सब प्रकार के महत्त्वपूर्ण निर्णय के लिए भारत सरकार को सलाह देता था। श्री रतन टाटा इस आयोग के अध्यक्ष थे और वे सीधे प्रधानमंत्री को इस संबंध में अपनी रिपोर्ट देते थे। एक प्रमुख उद्योगपति और इस प्रकार के आयोग के अध्यक्ष रहे श्री रतन टाटा को भी नीरा राडिया को सरकार से अपने काम करवाने के लिए नियुक्त करना पड़ा। एक घिनौना व दुभार्ग्यपूर्ण चेहरा है। प्रश्न पैदा होता है कि इस देश की सरकार कौन चला रहा है? ए. राजा को फिर से मंत्री बनाने में किस प्रकार किन लोगों ने प्रयत्न किया! फिर

करोड़ों का घोटाला हुआ और इस हमाम में सब पूरी तरह नंगे हो गए।

इस प्रकार के उदाहरण यह दरशाते हैं कि भारत में अब गिरावट और अवमूल्यन की कोई सीमा नहीं है। महत्त्वपूर्ण संस्थाओं की गरिमा समाप्त हो रही है। चाँदी के चंद ठीकरों से किसी को कहीं भी, कभी भी खरीदा जा रहा है। मैंने बहुत पहले किसी विद्वान् की पंक्ति पढ़ी थी—

"सोने से लदा हुआ गधा किसी भी ऊँची जगह पहुँच सकता है।"

इस बार संसद् का अधिवेशन एक दिन भी नहीं चला। अधिवेशन शुरू होता था, अध्यक्ष आते थे, शोर मचता था। अध्यक्ष महोदय एक घंटे के लिए सदन को स्थगित कर देते थे। दोपहर 12 बजे फिर वैसे ही होता था। और फिर प्रतिदिन ऐसा ही होता रहा। कारण कुछ भी रहा हो, परंतु भारतीय लोकतंत्र के लिए यह अत्यंत दुर्भाग्यपूर्ण और शर्मनाक घटना है। मेरे जैसे बहुत से सांसदों की आत्मा कचोटती रहती थी। यह संसद् की गरिमा का बहुत बड़ा अवमूल्यन है।

एक लाख 76 हजार करोड़ रुपए का घोटाला वर्षों तक चलता रहा। पता लगने पर भी पता नहीं किया। इसे दबाने और छिपाने की कोशिश हुई। घोटाला करवाने के लिए ए. राजा को फिर से उसी विभाग का मंत्री बनाने के लिए कितने लोग किस प्रकार से प्रयत्न करते रहे? नीरा राडिया के दूरभाष के टेप से भ्रष्टाचार के कुछ नए आयाम सामने आए हैं। इस सारे घोटाले की सब प्रकार की पूरी जाँच केवल संयुक्त संसदीय समिति ही कर सकती थी। परंतु जिस हठ के द्वारा कांग्रेस ने उसे ठुकराया, वह लोकतंत्र के इतिहास का एक दुर्भाग्यपूर्ण अध्याय बना रहेगा।

सर्वोच्च न्यायालय के दो जजों का विवाद प्रतिदिन अखबारों की सुर्खियों में है। एक जज कह रहे हैं कि उनके पत्र में केंद्रीय मंत्री ए. राजा का नाम था। पत्र प्राप्त करनेवाले जज कह रहे हैं कि नाम नहीं था। केंद्रीय कानून मंत्री ने भी कह दिया कि नाम नहीं था। अब उस जज ने फिर सार्वजनिक रूप से कहा है कि उन्होंने पत्र में नाम लिखा था। यह क्या बचकानी बहस चल रही है? सर्वोच्च न्यायालय के जजों की गरिमा का उपहास हो रहा है। उस पत्र को सार्वजनिक किया जाए। नाम है या नहीं, पता लग जाएगा। दोनों जज तो सही नहीं हो सकते। या तो एक सच नहीं बोल रहा या फिर किसी ने पत्र में से नाम ही मिटा दिया है। तब यह और भी गंभीर मामला है। इतनी बड़ी इन संवैधानिक

संस्थाओं का यह अवमूल्यन भारतीय लोकतंत्र के लिए एक खतरा है। अब तो सिर से ऊपर चला गया पानी! भ्रष्टाचार ने सभी सीमाओं को पार कर लिया और उसे रोकनेवाले भी स्वयं उसमें लिप्त होने लग पड़े। समय आ गया है, अब देश को कुछ विशेष कर गुजरने के लिए उठ खड़ा होना होगा। कवि दुष्यंत की कुछ पंक्तियाँ याद आ रही हैं—

हो गई है पीर पर्वत सी पिघलनी चाहिए।
इस हिमालय से कोई गंगा निकलनी चाहिए॥

□

राष्ट्रसंघ : विश्व शांति की दिशा में महान् उपलब्धि

मैं आजकल भारत से बारह हजार कि.मी. दूर कनाडा के टोरेंटो नगर में अपनी बेटी के परिवार के साथ रह रहा हूँ। इस बार दीवाली पर आप सबसे दूर था। प्रियजनों की बहुत याद आई। विदेश तो पहले भी कई बार आया, पर इस बार की मेरी विदेश-यात्रा मेरे जीवन का एक अत्यंत महत्त्वपूर्ण अध्याय बन गई है।

संयुक्त राष्ट्रसंघ की महासभा में सांसदों के एक शिष्टमंडल के सदस्य के रूप में मैं इस बार न्यूयॉर्क आया था। लगातार बारह दिन न्यूयॉर्क में संयुक्त राष्ट्र सभा में भाग लेने के बाद अब अपनी बेटी के पास आया हूँ। दिल्ली से चलते समय हमें पूरी जानकारी नहीं थी कि हम सभा में भाषण दे सकते हैं या नहीं। कभी सोचा भी नहीं था कि विश्व के 192 देशों की इस महासभा में मुझे भाषण करने का अवसर मिलेगा। मुझे तीन बार बोलने का मौका मिला। पहली बार महासभा के उस भव्य सभागार में जाकर व बोलकर मैं एक ऐसी प्रसन्नता, गौरव व रोमांच का अनुभव कर रहा था, जिसे शब्दों में व्यक्त करना संभव नहीं है। मेरी धर्मपत्नी संतोष मेरे साथ आई हैं। मेरा जब भाषण हुआ तो संतोष भी मेरे पीछे की कुरसी पर बैठी थीं।

हम प्रतिदिन महासभा या विभिन्न समितियों की बैठकों में भाग लेते थे। संयुक्त राष्ट्रसंघ के संबंध में सुना-पढ़ा तो था पर पूरी तरह से विश्व की उस सबसे बड़ी संसद् के कार्य को देखने व समझने का अवसर पहली बार मिला। मैं इस संस्था को आज के युग की मानवजाति की एक महान् उपलब्धि मानता हूँ। भारत के मनीषियों ने कभी 'वसुधैव कुटुंबकम्' की कल्पना की थी, पर आज संयुक्त राष्ट्रसंघ ने विश्व के 192 देशों की महासभा के रूप में इस कल्पना को साकार कर दिया है।

संयुक्त राष्ट्रसंघ के मुख्य तीन भाग हैं, इनमें सुरक्षा परिषद् सबसे प्रमुख है। इसके केवल 15 देश सदस्य हैं। अब इस संख्या को बढ़ाकर 25 करने पर विचार किया जा रहा है। भारत भी सुरक्षा परिषद् का स्थायी सदस्य बनने की कोशिश कर रहा है। सुरक्षा परिषद् के सभागार में अर्द्धगोलाकार पंद्रह देशों के प्रतिनिधि बैठते हैं, बाकी सभागार में सैकड़ों की संख्या में अन्य प्रतिनिधि बैठ सकते हैं। मैंने दो बार सुरक्षा परिषद् की कार्यवाही देखी। सुरक्षा का कड़ा प्रबंध है, पर एक बार यू.एन. पास बन जाने पर कहीं जाने की कोई मनाही नहीं है। भारत की संसद् में मेरी पत्नी ऊपर अलग दर्शक-दीर्घा में ही बैठ सकती है, पर यहाँ वह मेरे बिलकुल पीछेवाली कुरसी पर बैठी थी।

सुरक्षा परिषद् के बाद महासभा है। सभी 192 देशों के प्रतिनिधि इसमें भाग लेते हैं। भव्य विशाल सभागार है। भारत के लिए निश्चित स्थान पर चार-पाँच प्रतिनिधि बैठ सकते हैं। अध्यक्ष का आसन ऊँचा है। उसके बाद वक्ता का अलग मंच है। उसके नीचे पूरी महासभा बैठती है। उसी वक्ता के मंच पर जाकर मुझे बोलने का मौका मिला। वर्ष के मुख्य अधिवेशन में सभी देशों के प्रधान या विदेश मंत्री यहाँ भाषण करते हैं। मुख्य प्रस्ताव व निर्णय यहीं पर होते हैं।

इसके बाद विभिन्न आठ विषयों पर समितियाँ हैं। प्रत्येक समिति की बैठक में सभी 192 देशों के प्रतिनिधि भाग लेते हैं। आठ बड़े भव्य सभागारों में इनकी बैठकें होती हैं। विश्व भर के देशों व मानव से संबंधित लगभग सभी विषयों पर ये समितियाँ विचार करती हैं, सहमति बनाती हैं, निर्णय करती हैं, और फिर उन निर्णयों को लागू करवाने की कोशिश भी करती हैं।

भारतीय मिशन के एक अधिकारी ने मुझे पूछा कि सब देखकर कैसा लगा? मैंने कहा, 'सारी कार्यवाही देखकर प्रसन्नता भी हुई और शर्म भी आई।' प्रसन्नता इस बात की हुई कि विश्व के 192 देशों के प्रतिनिधि बड़ी शालीनता, मर्यादा व अनुशासन के साथ अपनी-अपनी बात कहते और सुनते हैं। कोई किसी को रोकता नहीं, टोकता नहीं। भारत व पाकिस्तान साथ-साथ बैठे हैं। कभी कोई नोक-झोंक नहीं हुई। अध्यक्ष सबको समय-सीमा बता देते हैं। सब अपने समय में लगभग भाषण समाप्त कर देते हैं। यह सब देखकर प्रसन्नता हुई। पर भारत की संसद् की याद आई तो शर्म आई। भारत में एक ही देश के विभिन्न राजनैतिक दल आपस में किस अभद्रता का व्यवहार करते हैं! खुलेआम अनुशासनहीनता होती है। झगड़े-झंझट में समय बरबाद होता है। तब मैंने सोचा, काश! भारत के सांसद भी राष्ट्रसंघ महासभा से कुछ शिक्षा प्राप्त कर सकें!

अपना भाषण देकर लौटा तो पत्नी ने पूछा कि मुझे कैसा लग रहा है? मैंने कहा कि मुझे 54 साल पहले का वह दिन याद आ रहा है, जब मैं पहली बार अपने गाँव की पंचायत का पंच चुना गया था। उसके बाद पंचायत समिति, जिला परिषद्, विधानसभा और फिर लोकसभा में चुना गया। मुख्यमंत्री रहा, फिर केंद्र में मंत्री रहा। अब राज्यसभा का सदस्य हूँ। गाँव की पंचायत से लेकर राज्यसभा तक पहुँच गया था। इस बार विश्व की सबसे बड़ी संसद् राष्ट्रसंघ महासभा में भी आने व बोलने का समय मिला। मेरे लिए यह परम सौभाग्य का अवसर है।''

राष्ट्रसंघ महासभा व आठ समितियाँ विश्व मानव समाज से संबंधित लगभग सभी विषयों पर चर्चा करती हैं। इन चर्चाओं से एक जनमत बनता है, सहमति बनती है। निर्णय भी होते हैं। सभी निर्णय सब जगह पूरे लागू नहीं हो पाते होंगे, पर उनसे बननेवाले जनमत का दबाव ठीक दिशा में काम करता है। मैं राष्ट्रसंघ के सहस्राब्दि विकास लक्ष्य कार्यक्रम से सबसे अधिक प्रभावित हुआ। पूरे एक दिन कई घंटे तक उस पर चर्चा हुई। विश्व के 192 देशों और 23 अंतरराष्ट्रीय संस्थाओं ने मिलकर सन् 2000 में एक शिखर सम्मेलन में गरीब देशों की मदद करने के लिए यह ऐतिहासिक प्रस्ताव पास किया था। इस महालक्ष्य के आठ उद्देश्य हैं—गरीबी व भुखमरी को समाप्त करना, सार्वभौमिक प्राथमिक शिक्षा का प्रबंध, महिला सशक्तीकरण, शिशु मृत्यु दर में कमी, मातृ स्वास्थ्य में सुधार, घातक बीमारियों का इलाज, पर्यावरण स्थिरता और विकास के लिए वैश्विक साझेदारी। 2015 तक इन सब लक्ष्यों को पूरा किया जाना है। एक समिति में इसपर गंभीर चर्चा हुई। किस देश में ये लक्ष्य कितने पूरे हुए, नहीं हुए तो क्यों नहीं हुए और ये कब तक पूरे होंगे—इन सब बातों पर विस्तार से चर्चा सुनकर बहुत प्रसन्नता हुई। विश्व भर के गरीब लोग सोच भी नहीं सकते कि उनकी गरीबी दूर करने के लिए महासभा विचार कर रही है। यह जानकर दुःख हुआ कि भारत यह लक्ष्य प्राप्त करने में अभी बहुत पीछे है।

मानव अधिकारों पर चर्चा व्यापक व रोचक थी। सब देश इस बात पर चिंतित थे कि मनुष्य के मूलभूत अधिकारों का हनन किसी भी स्थिति में नहीं होना चाहिए। इस समिति में अपने भाषण में मैंने आतंकवाद का विशेष रूप से जिक्र किया। मैंने कहा कि आतंकवाद मानवीय अधिकारों के लिए सबसे बड़ा खतरा बन गया है। इसमें हजारों निर्दोष मारे जा रहे हैं। बहुत से देश इसकी चपेट में हैं। जो बचे हैं, वे भी नहीं बचेंगे, यदि समय रहते इस पर काबू नहीं पाया गया।

न्यूयॉर्क अमेरिका का विश्व के सबसे अमीर लोगों का एक चमचमाता

आलीशान नगर है। इसे 'विश्व का स्वर्ग' भी कहा जा सकता है। संयुक्त राष्ट्रसंघ के मुख्यालय के आस-पास तो मानो एक छोटी दुनिया ही बसी है। विश्व के 192 देशों के राष्ट्रसंघ में प्रतिनिधियों के कार्यालय लगभग वहीं पर हैं। भारत के राष्ट्रसंघ में स्थायी मिशन का कार्यालय वहीं पर है। किसी देश में दूतावास की तरह यह पूरा एक दूतावास है।

पूरे बारह दिन राष्ट्रसंघ की बैठकों में भाग लेकर मुझे बहुत प्रसन्नता हुई और मानवजाति की इस उपलब्धि पर गौरव हुआ। मुझे विश्वास हो गया कि अब किसी भी देश में कोई हिटलर या मुसोलिनी नहीं बन पाएगा। मुझे अब किसी विश्वयुद्ध की संभावना नजर नहीं आती।

भारत की संसद् का अधिवेशन वर्ष में तीन बार होता है। गंभीर चर्चा तो अब बहुत कम होती है। परंतु राष्ट्रसंघ में सुरक्षा परिषद्, महासभा तथा आठ समितियों के अधिवेशन लगभग पूरे साल चलते रहते हैं। मानव संबंधी शायद ही कोई विषय हो, जिस पर वहाँ चर्चा न होती हो। चर्चा भी शांत व गंभीर वातावरण में होती है। विश्व में बढ़ते भ्रष्टाचार की चर्चा पूरे दिन हुई। मुझे उसमें बोलकर बड़ी प्रसन्नता हुई थी। विश्व के प्रबुद्ध देश यदि राष्ट्रसंघ को और अधिक प्रभावी बनाने का प्रयत्न करें तो यह विश्व-शांति की दिशा में एक बड़ी उपलब्धि होगी।

□

महँगाई की मार और मुद्रास्फीति

भारत की आर्थिक स्थिति प्रतिदिन जटिल होती जा रही है और उसमें कुछ विरोधाभास उभरकर सामने आ रहे हैं। एक तरफ अमीरी बढ़ रही है। विश्व के करोड़पतियों की संख्या में भारत के करोड़पतियों की संख्या बढ़ती जा रही है। दूसरी तरफ गरीबी भी बढ़ रही है। गरीबी से लाचार लोगों की आत्महत्या के समाचार आ रहे हैं। बेरोजगारी और गरीबी से लाचार और निराश युवक अपराध के जगत् में प्रवेश कर रहे हैं। दिल्ली के आस-पास का राजधानी क्षेत्र एक अपराध क्षेत्र बनता जा रहा है। इतना ही नहीं, इसी वर्ग के नौजवान आतंकवाद और माओवाद के रास्ते पर भी बढ़ रहे हैं। आज की आर्थिक स्थिति की यह एक बड़ी त्रासदी है कि एक तरफ अमीरी चमक रही है और दूसरी तरफ गरीबी सिसक रही है। विकास का पूरा लाभ मुट्ठी भर लोगों में सिमटकर रह गया है।

देश में महँगाई की स्थिति का पता सरकार द्वारा घोषित मुद्रास्फीति की दर से लगाया जाता है। जब यह दर बढ़ती है तो समझा जाता है कि महँगाई बढ़ रही है और जब यह दर घटती है तो समझा जाता है कि महँगाई दर घट रही है। भारत सरकार द्वारा मुद्रास्फीति के लिए मूल्य सूचकांक का निर्धारण भी एक बहुत बड़ा विरोधाभास बन गया है। सरकार की तरफ से मुद्रास्फीति कम होने की घोषणा होती है और बाजार में आवश्यक वस्तुओं के भाव बढ़ जाते हैं। आम आदमी हैरान हो जाता है, जब एक तरफ तो वह अखबार में पढ़ता है कि मुद्रास्फीति शून्य हो गई है और दूसरी तरफ बाजार में उसे अरहर की दाल 90 रुपए प्रतिकिलो में मिलती है। यह बात समझ से बाहर हो जाती है कि सरकारी घोषणा के अनुसार मुद्रास्फीति की दर घट रही है तो फिर महँगाई क्यों बढ़ रही है?

एक तरफ आम आदमी पर महँगाई की मार पड़ती है, तो दूसरी तरफ मुद्रास्फीति की दर कम होने की घोषणा से महँगाई के घावों पर नमक छिड़का जाता है! समझ नहीं आता कि भारत की सरकार देश के आम आदमी के साथ ऐसा मजाक क्यों करती है?

भारत में 26 करोड़ लोग गरीबी की रेखा से नीचे रहते हैं। संयुक्त राष्ट्रसंघ की खाद्य रिपोर्ट के अनुसार इनमें से 20 करोड़ लोग लगभग भूखे रहते हैं। वे मुश्किल से आधा-अधूरा रूखा-सूखा खाकर जीवन का बोझ ढोते हैं। उस रिपोर्ट में कहा कि विश्व में सबसे अधिक भूखे लोग भारत में रहते हैं। सरकार की मुद्रास्फीति और मूल्य सूचकांक से इन लोगों की परिस्थिति और आवश्यकता का कोई संबंध नहीं है। यह बिलकुल भ्रामक है और जमीन की सच्चाइयों से इसका कोई संबंध नहीं है। आज आर्थिक सुधारों में सबसे बड़ा सुधार यह हो सकता है कि भारत सरकार का मुद्रास्फीति के लिए मूल्य सूचकांक मापने का तरीका बदला जाए, ताकि वह महँगाई की सही स्थिति बता सके।

भारत सरकार मुद्रास्फीति की दर तय करने के लिए लगभग 435 वस्तुओं के मूल्यों का हिसाब लगाती है। ये मूल्य थोक मूल्यों पर आधारित होते हैं। भारत के केवल चार बड़े नगरों के मूल्य देखे जाते हैं। इन वस्तुओं में अधिकतर वे वस्तुएँ आती हैं, जिनका आम आदमी के प्रतिदिन के उपयोग में कोई स्थान नहीं होता। केवल चार बड़े नगरों के थोक भाव का हिसाब रखा जाता है और पूरे वर्ष के थोक भाव का औसत निकाला जाता है। पूरे देश में हजारों नगर और लाखों गाँव हैं। थोक व्यापारियों से वस्तु निकलकर परचून व्यापारी तक पहुँचते-पहुँचते कई हाथों से निकलती है। प्रत्येक स्तर पर वस्तु मुनाफा लेकर बेची जाती है, इसलिए थोक मूल्य और अंतिम स्तर के उपभोक्ता मूल्य में बहुत अंतर होता है। महँगाई का असली बोझ तो अंतिम स्तर के उपभोक्ता पर पड़ता है। थोक व्यापारी और बीच के सब व्यापारी तो खरीदकर बेचते हैं और बेचने के लिए ही खरीदते हैं।

सरकारी आँकड़ों के अनुसार मार्च, 2009 में वार्षिक मुद्रास्फीति सबसे कम 0.8 प्रतिशत पर पहुँच गई थी। परंतु उस समय खाद्य वस्तुओं में 10 प्रतिशत मूल्य बढ़ गए थे। 'बिजनेस लाईन' के 20 मार्च, 2009 के अंक में दिए आँकड़ों के अनुसार मुद्रास्फीति 0.44 पर पहुँच गई, जबकि उसी अवधि में खाद्य पदार्थ 10.16, दालें 10.99, चीनी 22.37 और दूध 7.01 प्रतिशत बढ़ गया था।

यह बात समझना बिलकुल भी कठिन नहीं है कि थोक मूल्य सूचकांक का आम आदमी की महँगाई से कोई संबंध नहीं है। परे देश की महँगाई के संबंध में भी

यह सही सूचक नहीं है। शायद यही कारण है कि विश्व के केवल 24 देश थोक मूल्य सूचकांक का प्रयोग करते हैं, जबकि 157 देश उपभोक्ता मूल्य सूचकांक का प्रयोग करते हैं। थोक मूल्य सूचकांक महँगाई की असली स्थिति नहीं बताता। सरकार उसमें अपने हित में हेर-फेर भी कर सकती है और करती है।

मुद्रास्फीति और मूल्य सूचकांक आर्थिक दृष्टि से बड़े महत्त्वपूर्ण हैं। विश्व के अधिकतर देशों में आर्थिक नीति का निर्धारण मुद्रास्फीति पर होता है, पर दुर्भाग्य से भारत में यह निर्धारण गलत और सरकारी हित में बनाई मुद्रास्फीति पर होता है।

भारत सरकार द्वारा प्रकाशित इस वर्ष की आर्थिक समीक्षा के पृष्ठ 68 पर इस विरोधाभास को स्पष्ट देखा जा सकता है। उसके अनुसार 2008-09 में थोक मूल्य सूचकांक का आँकड़ा 25.43 है। उसी अवधि में औद्योगिक कर्मचारी का उपभोक्ता मूल्य सूचकांक 46.02, शहरी छोटे कर्मचारी का 47.13, ग्रामीण मजूदर का 66.77 और खेत मजदूर का 69.15 है। इससे स्पष्ट है कि थोड़ा मूल्य सूचकांक तो 25.43 है, पर नीचे के स्तर के खेत मजदूर का उपभोक्ता सूचकांक 69.15 है। यह 45 अंकों का अंतर है। सरकार महँगाई का निर्धारण 25 पर करेगी, जबकि गरीब पर वह महँगाई लगभग 70 अंकों की है। इससे स्पष्ट है कि थोक मूल्य के मुकाबले गरीब पर महँगाई की मार तीन गुणा अधिक पड़ती है। महँगाई की असली मार जिस गरीब पर पड़ती है, उसका हिसाब भी ईमानदारी के साथ सरकार लगाने को तैयार नहीं है।

सरकार पूरे देश के लिए थोक मूल्य सूचकांक का निर्धारण करती है। उपभोक्ता मूल्य सूचकांक का निर्धारण केवल चार वर्गों औद्योगिक कर्मचारी, शहरी छोटे कर्मचारी, ग्रामीण मजदूर और खेत मजदूर के लिए किया जाता है। परंतु पूरे देश की मुद्रास्फीति का निर्धारण केवल थोक मूल्य सूचकांक पर किया जाता है। यह आम आदमी के जीवन की सच्चाई से कोसों दूर होता है।

इस संबंध में भारत सरकार ने एक कमेटी का गठन किया था, जिसने मई, 2008 में अपनी रिपोर्ट दी। उस रिपोर्ट के अनुसार मुद्रास्फीति तय करने का आधार वर्षों पहले का है। देश की आर्थिक स्थिति में कई परिवर्तन आ चुके हैं, परंतु उसके आधार में कोई संशोधन नहीं हुआ। इस कमेटी ने भी मुद्रास्फीति आँकने में उपभोक्ता मूल्य सूचकांक का सुझाव दिया था।

यह हैरानी की बात है कि विश्व के 157 देश अपनी नीतियों का निर्धारण उपभोक्ता मूल्य सूचकांक पर करते है, परंतु भारत में पूरे देश के लिए उपभोक्ता मूल्य सूचकांक निर्धारित ही नहीं किया जाता। परिणाम यह होता है कि महँगाई की सही

तसवीर न सरकर के सामने रहती है और न ही जनता के सामने। क्या यह गरीब आदमी के साथ बहुत बड़ा मजाक नहीं है कि सरकार मुद्रास्फीति की दर घटाने की घोषणा करती है और बाजार में आवश्यक वस्तुओं के मूल्य आसमान छूने लगते हैं ?

इस बार राज्यसभा की चर्चा में मैंने इस सवाल को बड़े जोर से उठाया था। चर्चा महँगाई के विषय पर हो रही थी। सरकार की ओर से कृषि मंत्री शरद पवार चर्चा का जबाव देने वाले थे, परंतु जब मैंने मुद्रास्फीति की विषय को बड़े जोर से रखा तो स्वयं वित्त मंत्री प्रणव मुखर्जी लोकसभा छोड़कर राज्यसभा में आए और उन्होंने मेरी इन बातों का उत्तर देने की कोशिश की। अंत में उन्होंने इस कमी को स्वीकार किया और यह आश्वासन दिया कि सरकार ने एक समिति बनाई है, जिसको अति शीघ्र इस विषय पर अपनी रिपोर्ट देने को कहा जा रहा है। दुर्भाग्य यह है कि ऐसी समितियों की रिपोर्ट समय पर आती नहीं, और अगर आ भी जाए तो उसपर अमल नहीं होता है।

भारत के आर्थिक क्षेत्र में यह एक बड़ा और महत्त्वपूर्ण आर्थिक सुधार होगा कि एक विश्वसनीय व व्यावहारिक मुद्रास्फीति की नीति बनाई जाए। थोक मूल्य सूचकांक भी निर्धारित किया जाए। परंतु महँगाई की सही तसवीर सामने लाने के लिए उपभोक्ता मूल्य सूचकांक निर्धारित किया जाए। गरीबी रेखा के नीचे के सब लोगों का उपभोक्ता मूल्य सूचकांक बिलकुल अलग निकाला जाए। राष्ट्रीय मुद्रास्फीति का आधार थोक नहीं अपितु उपभोक्ता मूल्य सूचकांक हो।

□

सांसद निधि का एक और सच

पिछले संसद् अधिवेशन में जब सांसद निधि दो करोड़ रुपए से बढ़ाकर पाँच करोड़ रुपए की गई थी तो उसका सब ओर विरोध हुआ था। अब एक गैर-सरकारी संस्था 'मास फॉर अवेयरनेस' की रिपोर्ट के बाद वह विरोध और मुखर हो गया है। इस रिपोर्ट में कहा गया है कि 15वीं लोकसभा में 2010-11 के दौरान आधे से अधिक सांसदों ने सांसद निधि का सही ढंग से इस्तेमाल नहीं किया। 20 सांसदों ने तो इसे बिलकुल खर्च ही नहीं किया।

इससे पहले कैग की रिपोर्ट में इस निधि के दुरुपयोग का आरोप लगा था। 2006 में एक स्टिंग ऑपरेशन में 7 सांसदों को ठेकेदारों से रिश्वत लेते हुए रँगे हाथों पकड़ा गया था। 2004 की कैग की एक रिपोर्ट में कहा गया था कि 1,800 करोड़ रुपए खर्च नहीं हुए। इस प्रकार के और भी कई आरोप लगते रहे हैं।

इन सब आरोपों में सच्चाई है, परंतु क्या किसी योजना में भ्रष्टाचार होने पर यही एक मात्र इलाज है कि उसे बंद कर दिया जाए। आज सरकार का कौन सा विभाग है, जिसमें भ्रष्टाचार नहीं होता। यदि यही कसौटी रखी जाए तो किस-किस विभाग और योजना को बंद किया जाएगा।

इस बार की रिपोर्ट में यह आरोप लगा है कि आधे से अधिक सांसदों ने इसका उपयोग नहीं किया। सरकार के बहुत से ऐसे विभाग हैं, जिनमें 31 मार्च आने पर जल्दबाजी में अनाप-शनाप खर्च किया जाता है और कितने ही विभागों में कागजी बिल बनाए जाते हैं। भारत सरकार विश्व बैंक, एशिया बैंक व कुछ देशों से बहुत सा ऋण लेती है। कुछ देशों से विकास के लिए अनुदान भी मिलता है। कुछ वर्ष पूर्व यह तथ्य सामने आया था कि इस ऋण और अनुदान में से बहुत सा धन समय पर खर्च नहीं होता और उसके लिए भारत सरकार को जुर्माना अदा

करना पड़ता है। मुझे याद है कि एक बार मुख्यमंत्रियों के सम्मेलन में इसकी चर्चा हुई थी और तत्कालीन वित्तमंत्री ने इस सारे धन को खर्च करने का आग्रह किया था। एक रिपोर्ट के अनुसार 2004 से 2009 तक भारत सरकार को 700 करोड़ रुपए जुर्माना देना पड़ा। 1991 तक केवल विश्व बैंक व एशिया बैंक को ही 1400 करोड़ रुपए जुर्माने के रूप में देने पड़े थे। भ्रष्टाचार व अयोग्यता इस देश में कहाँ नहीं है।

यदि कुछ सांसद निधि का उपयोग नहीं करते तो इसी कारण से निधि को बंद करने का कोई औचित्य नहीं है। सच तो यह है कि आज की व्यवस्था में भ्रष्टाचार समाप्त करने और अनुशासन लागू करने की हिम्मत नहीं है। यदि कुछ सांसद इस निधि में से भ्रष्टाचार करते हैं तो उनके विरुद्ध काररवाई क्यों नहीं की गई। ऐसे सांसद पूरे देश की प्रतिष्ठा को मिट्टी में मिलाते हैं। उनकी तो संसद् की सदस्यता ही समाप्त कर दी जानी चाहिए। जो धन का पूरा उपयोग नहीं करते उनके विरुद्ध भी काररवाई की जा सकती है।

संसद् की एक रिपोर्ट के अनुसार 2010 और 2011 में कुल 1,531 करोड़ रुपए सांसद निधि के लिए आवंटित किए गए थे, उनमें से 1,073 करोड़ रुपए खर्च किए गए। इस प्रकार 70 प्रतिशत धन खर्च हुआ है। जिन 30 प्रतिशत सांसदों ने धन का उपयोग नहीं किया, उस संबंध में काररवाई की जा सकती है। पिछले कुछ वर्षों में भूकंप और सुनामी जैसी राष्ट्रीय आपदाओं में सांसदों ने अपनी निधि से 54 करोड़ रुपए खर्च किए। संसद् की एक रिपोर्ट के अनुसार, इस धन का उपयोग सामाजिक कार्यों में किया जाता है। 2009 और 2010 में हिमाचल प्रदेश के लिए 12 करोड़ रुपए का आवंटन हुआ और खर्च 12 करोड़ 4 लाख रुपए किया गया। इसी वर्ष मेरे खाते में 2 करोड़ 1 लाख रुपए सांसद निधि आई और मैंने 2 करोड़ 99 लाख रुपए खर्च किए।

कुछ सांसदों को छोड़कर बाकी अपनी जमीन से जुड़े हुए होते हैं। उन्हें आम लोगों, गाँव और गरीब की समस्याओं का पता होता है। अधिकतर सांसद इस निधि का ठीक से उपयोग कर रहे हैं। कई बार बहुत सी समस्याएँ प्रशासन के ध्यान में नहीं आतीं या उन पर खर्च करने के लिए पर्याप्त धन नहीं होता। लखनऊ में अटल बिहारी वाजपेयीजी ने अपनी निधि से सार्वजनिक उपयोग के लिए एक भवन का निर्माण करवाया है। कारगिल के प्रथम शहीद सौरभ कालिया के नाम पर। मैं पालमपुर में 'सौरभ कालिया वन बिहार' नाम से एक महत्त्वपूर्ण स्मारक का निर्माण करवा रहा हूँ, जो पूरे प्रदेश में अपनी किस्म का एक विशेष

शहीद के नाम पर पर्यटन स्थल होगा। इसी प्रकार पूरे देश के कुछ सांसद इस निधि से महत्त्वपूर्ण काम करवा रहे हैं। यदि कहीं गलतियाँ हो रही हैं तो उन्हें सख्ती के साथ रोका जाना चाहिए। सांसद निधि रहनी चाहिए। उसमें किसी भी प्रकार का भ्रष्टाचार करनेवाले सांसदों की संसद् सदस्यता ही समाप्त की जानी चाहिए। इस निधि से होनेवाले सभी निर्माण कार्यों का विशेष ऑडिट होना चाहिए। प्रकाश में आई सभी कमियों को दूर करने के लिए नियमों में बदलाव होना चाहिए।

□

शपथ लेना तो सरल है, पर निभाना बहुत ही कठिन है

कृषि विश्वविद्यालय के उप-कुलपति बड़े दिनों से एक कार्यक्रम में आने का मुझसे आग्रह कर रहे थे। मैंने उनका आग्रह स्वीकार किया। कार्यक्रम का ब्योरा मिला तो उत्सुकता भी हुई और थोड़ी हैरानी भी। पशु चिकित्सा महाविद्यालय में स्नातकों की शिक्षा पूरी होने पर एक विशेष शपथ समारोह होता है, यह मुझे मालूम नहीं था।

बहुत भव्य-गंभीर वातावरण में कार्यक्रम हुआ। सभी स्नातकों ने खड़े होकर अपने भावी जीवन में कर्तव्य-पालन की शपथ ली। उन्हें आशीर्वाद और शुभ कामनाएँ दी गईं। मैं लंबी सोच में पड़ गया। मुझे ध्यान आया, देश के सभी नेता किसी साधारण कार्यक्रम में नहीं, प्रदेशों की विधानसभाओं और संसद् में खड़े होकर शपथ लेते हैं और यह शपथ ईश्वर को साक्षी मानकर संविधान के प्रति ली जाती है। नेता एक बार नहीं, बार-बार शपथ लेते हैं। सदस्य निर्वाचित होने पर फिर मंत्री पद सँभालने पर दुबारा शपथ ली जाती है। कुछ नेताओं ने कई बार शपथ ली होगी। मैं अपने बारे में सोचने लगा तो मैंने ही लगभग 11 बार शपथ ली है।

मेरे मन में प्रश्न उठा। सब नेता शपथ तो लेते हैं, पर उसे निभाते कितने हैं। मैंने अपने पूरे सार्वजनिक जीवन में शपथ निभाने की पूरी कोशिश की है। कई बार उसके लिए मूल्य भी चुकाया और पद भी छोड़ा। सोचकर आज भी स्वाभिमान से सिर ऊँचा हो जाता है, पर बहुत से नेताओं का व्यवहार निराशाजनक है।

मुझे ध्यान आया कि तिहाड़ जेल में बैठे हुए कलमाड़ी, ए. राजा और कनिमोझी ने भी शपथ ली थी। इस प्रकार पूरे देश के सब नेताओं ने एक बार

नहीं, कई बार शपथ ली थी। नेता ही नहीं, उच्च अधिकारी भी शपथ लेते हैं। देश में लोकतंत्र है। पूरे देश का शासन नेता और अधिकारी ही चला रहे हैं। आज भारत विश्व के सबसे अधिक भ्रष्ट देशों में गिना जा रहा है। दुनिया में सबसे अधिक गरीब भारत में रहते हैं। ये वही बार-बार ईश्वर की साक्षी में संविधान की शपथ लेने वाले नेता व अधिकारी हैं, जिन्होंने इस देश को लूटा, महाभ्रष्ट बनाया व अति गरीब बनाया।

1947 से पहले की पीढ़ी ने देश को आजाद करवाया। बलिदान दिए। हँसते-हँसते फाँसी के फंदों को चूमा। 1947 के बाद की पीढ़ी ने खून के बलिदान से प्राप्त की हुई इस आजादी को कितना सँभालकर रखा है, यह सोचकर माथा लज्जा से झुक जाता है। कुछ क्षेत्रों में देश ने उन्नति भी की है। हम आगे भी बढ़े हैं। इस प्रगति से इनकार नहीं किया जा सकता परंतु आज दुनिया के महा भ्रष्ट देशों में भारत का नाम ऊपर है। दुनिया में सबसे अधिक गरीब भारत में रहते हैं। विश्व गुरु और सोने की चिड़िया कहा जानेवाला भारत आज महा भ्रष्ट हो गया और भूखों का देश बन गया। देश को चलाने वाले उन नेताओं ने जो शपथ ली थी, उसका क्या हुआ।

ऐसा लगता है, इस देश में केवल रस्में ही निभाई जा रही हैं। सबकुछ नौटंकी बन गया। नेता बड़े-बड़े पदों पर बैठकर बड़े-बड़े भाषण देते हैं। उच्च अधिकारी भी शपथ लेकर उपदेश करते हैं। इन्हीं की मिली-भगत से देश का 300 लाख करोड़ रुपया लूटा जाता है और विदेशी बैंकों में जमा हो जाता है। बड़े-बड़े साधु-संत लाखों लोगों के बीच प्रवचन करते हैं परंतु कुछ को छोड़ कर बाकी सब खोखले सिद्ध होते हैं। ऐसा लगता है कि देश में सबकुछ धंधा बन गया। राजनीति भी और धर्म भी।

वहीं कार्यक्रम में बैठे-बैठे मुझे एक गीत की कुछ पंक्तियाँ याद आईं, जो मैं संघ की शाखा में कभी-कभी गाया करता था—

शपथ लेना तो सरल है पर निभाना ही कठिन है
साधना का पथ कठिन है साधना का पथ कठिन है।

शपथ लेने की रस्म तो रोज निभाई जा रही है, पर उसे पूरा करने का कर्तव्य पूरा नहीं किया जा रहा। गीत की ये पंक्तियाँ महत्त्वपूर्ण हैं—

तप-तपस्या के सहारे इंद्र बनना तो सरल है
स्वर्ग का ऐश्वर्य पाकर मद भुलाना ही कठिन है।

चुनाव की तपस्या करके कोई विधायक, सांसद मंत्री बन सकता है परंतु उस ऐश्वर्य को पाकर अहंकार और लालच भुलाना कठिन है। ऊँचे पदों पर पहुँचने वाले क्या कुछ कर रहे हैं, सोचकर शर्म आती है।

विश्व के कुछ देश ट्रांसपेरेंसी इंटरनेशनल की रिपोर्ट के अनुसार सबसे अधिक ईमानदार देश हैं। वहाँ कम-से-कम भ्रष्टाचार है। वहाँ साधु-संतों के भाषण, प्रवचन, मंदिर, पूजा-पाठ, गंगा-यमुना स्नान नहीं होता। फिर वे ईमानदार क्यों हैं? भारत में धर्म-प्रवचन, नेताओं के भाषण दिन-रात गूँजते रहते हैं, फिर भारत महाभ्रष्ट क्यों हो गया?

महात्मा बुद्ध ने हिंदू धर्म के कर्मकांड पर प्रहार किया था। तब धर्म कर्मकांड के शिकंजे में फँस गया था। बौद्ध धर्म हिंदू धर्म के विरुद्ध नहीं, बल्कि हिंदू धर्म के थोथे कर्मकांड के विरुद्ध एक विद्रोह था। स्वामी दयानंद और स्वामी विवेकानंद तथा देश के कितने ही महापुरुषों ने इस कर्मकांड के विरुद्ध लगातार संघर्ष किया था। स्वामी विवेकानंद धर्म का मूल तत्त्व भुलाकर कोरे कर्मकांड का घोर विरोध करते रहे। एक बार तो यहाँ तक कह दिया कि यदि इस प्रकार कोरे कर्मकांड में लगे रहोगे तो एक दिन पागल हो जाओगे। आज सचमुच कुछ लोग शपथ लेने का कर्मकांड कर रहे हैं, पर पद व धन के लिए पागल हो गए हैं। आज एक बार फिर भाषण व शपथ के कर्मकांड से भारत को बाहर निकालने की आवश्यकता है।

□

और अब न्यायपालिका भी

समाज को विकृति नहीं, संस्कृति चाहिए

मनुष्य जीवन भावनाप्रधान है, तर्कप्रधान नहीं। जीवन का आधार आस्थाएँ और विश्वास है। उन्हें तर्क की तराजू पर नहीं तौला जा सकता। विज्ञान और तकनीक के विकास के बाद भी विश्व के अधिकतर देशों में परंपराओं और आस्थाओं का महत्त्व है। भारत में तो पूरा जीवन ही आस्थाओं और भावनाओं की नींव पर टिका हुआ है। देश की न्यायपालिका द्वारा इन आस्थाओं पर तर्क की चोट दुर्भाग्यपूर्ण और चिंतनीय है।

दिल्ली उच्च न्यायालय ने समलैंगिकता को न्यायपूर्ण बताकर उसे सम्मान का अधिकार दे दिया। यह भारतीय भावनाओं पर ही ठेस नहीं अपितु एक भयानक विकृति को न्यायसंगत व सम्मानीय बताने की भयंकर भूल भी है। प्रकृति सृजन चाहती है। सृजन न हो तो यह ब्रह्मांड समाप्त हो जाए। प्रतिपल पूरी प्रकृति में, पेड़-पौधे सब में मिलन और सृजन हो रहा है। सृजन ही सृष्टि का मूल है। यह सृजन नर व नारी के मिलन से होता है। नर और मादा का यह भाव मनुष्य में ही नहीं, पेड़-पौधों में भी है। समलैंगिकता से सृजन नहीं हो सकता। वह प्राकृतिक नहीं है, अपितु वह मनुष्य की एक निंदनीय विकृति है। शायद हर युग में, हर समाज में इस प्रकार की विकृतियाँ रही हैं, और आगे भी रहेंगी। पर कोई भी सभ्य समाज ऐसी विकृतियों को सम्मानपूर्वक स्वीकृति नहीं देता। उसका परिणाम यह होता है कि ऐसी विकृतियाँ कम रहती हैं, बढ़ती नहीं। हाईकोर्ट के निर्णय ने इस विकृति को सम्मान देने की भूल की है।

मनुष्य ने प्रकृति से छेड़छाड़ की और आवश्यकता से अधिक दोहन कर लिया उसी के कारण ग्लोबल वार्मिंग के रूप में एक भयंकर संकट पूरी पृथ्वी के सामने आ खड़ा हुआ है। दुनिया भर के विद्वान् चिल्ला रहे हैं कि 'प्रकृति की ओर वापस जाओ। प्रकृति से सहयोग करो, विरोध करोगे तो मिट जाओगे।' पर भारत का न्यायालय प्रकृति नहीं, विकृति को सम्मान दे रहा है।

सिने तारिका खुशबू के बयान पर उठे बवाल के बाद सुप्रीम कोर्ट ने जो फैसला सुनाया है, उसने एक ओर विकृति को नया सम्मान दिलवा दिया और विवाह जैसे प्रमुख सामाजिक संस्थान की पुनर्व्याख्या के लिए समाजशास्त्रियों को विवश कर दिया है। शादी से पूर्व स्त्री-पुरुष के इकट्ठे रहने को न्यायोचित बताकर न्यायपालिका ने 'विवाह' जैसे पवित्र संबंध की खिल्ली उड़ाकर मानवीय रिश्तों की गरिमा को भी ठेस पहुँचाई है। 'लिव-इन-रिलेशंस' भारतीय संस्कृति के विपरीत है; क्योंकि यह प्रकृति के विपरीत है और सामाजिक, नैतिकता एवं व्यवस्था को ध्वस्त करने वाला है।

'खुशबू मामले' का आगाज वर्ष 2005 में इस सिने तारिका द्वारा चेन्नई में एक पत्रिका को दिए गए साक्षात्कार के बाद हुआ, जिसमें उन्होंने विवाह-पूर्व सुरक्षित यौन-संबंधों का समर्थन किया है। खुशबू के इस व्यक्तिगत विचार से मध्य भारत के बहुत से राज्यों में विवाह-पूर्व संबंधों को लेकर तारिका के खिलाफ आवाज बुलंद की गई। विरोध करनेवालों का तर्क था कि इससे युवा मानसिकता कलुषित हुई है। चेन्नई की विभिन्न अदालतों में खुशबू के खिलाफ 28 मामले दर्ज किए गए। अपने विरुद्ध दर्ज आपराधिक मामलों को समाप्त करने के लिए खुशबू ने चेन्नई की उच्च अदालत में गुहार लगाई, जिसे कोर्ट ने रद्द कर दिया। अंततः खुशबू ने सुप्रीम कोर्ट का दरवाजा खटखटाया।

विद्वान् न्यायाधीशों ने एक साथ रहने के इस मामले पर 'राधा-कृष्ण' का उदाहरण देकर धार्मिक और आस्थावान् भारतीय समाज के उच्च मूल्यों को अनदेखा कर दिया। यदि वे इतना कह देते कि इकट्ठा रहने में किसी कानून का उल्लंघन नहीं होता तो भी कोई बड़ी भूल नहीं होती, पर इसे न्यायोचित ठहराने में राधा-कृष्ण का जिक्र एक भयंकर भूल है। माननीय न्यायाधीशों ने पौराणिक संदर्भों के विषय में विशेषज्ञों के माध्यम से संपूर्ण एवं पुष्ट जानकारी जुटाने का कष्ट भी नहीं किया। वस्तुतः भगवान् श्रीकृष्ण 14 वर्ष के थे, जब उन्होंने गोकुल छोड़ दिया था और राधा तो उस समय केवल बारह वर्ष की थी। गोकुल छोड़ने के बाद राधा और कृष्ण पूरे जीवन में कभी नहीं मिले। 'भागवत' के मूल पाठ में तो राधा का वर्णन ही नहीं आया है। ऐसा कहा जाता है कि यह वर्णन तो बाद में लोककथाओं के माध्यम से भगवान् कृष्ण के साथ जुड़ा। हाँ, राधा-भाव प्रेम और श्रद्धा की उस अनन्य भक्ति का परिचायक रहा है, जिसे भक्ति और रीतिकालीन कवियों ने अपनी कविता का विषय बनाया। उदारवादिता के नाम पर हिंदू देवी-देवताओं पर बेरोक-टोक टीका-टिप्पणी करनेवालों को हमारा समाज जिस शालीनता से माफ कर देता है, वह अपने आप में एक मिसाल है। इसके विपरीत यदि किसी अन्य धर्म के देवी-देवताओं पर इस तरह की टिप्पणी होती तो शायद कोहराम मच गया होता।

मनुष्य एक सामाजिक प्राणी है। विशिष्ट भावनाओं के कारण इसे पृथ्वी के अन्य प्राणियों से अलग एवं विशेष स्थान प्राप्त है। धर्मपरायण भारतीयों की भावनाओं को तर्क की कसौटी पर नहीं परखा जा सकता। मनुष्य केवल बुद्धि का प्राणी नहीं है। बुद्धि, हृदय, भावना, शरीर, आत्मा—सब मिलाकर मनुष्य का अस्तित्व निर्माण करते हैं।

सर्वोच्च न्यायालय के इस निर्णय के बाद युवक-युवतियाँ बिना विवाह के इकट्ठा रहना शुरू करने लगेंगे। इससे उन्हें एक नया सम्मान और प्रेरणा मिल गई। यदि इस 'लिव-इन-रिलेशंस' से संतान भी उत्पन्न होने लगे तो समाज में उनका क्या स्थान होगा, इस पर न्यायालय ने विचार नहीं किया। ऐसी संतानों को समाज कभी स्वीकार नहीं करेगा। पूरे समाज में एक निरंकुशता आ जाएगी। न्यायालय ने इसके दूरगामी परिणामों के बारे में जरा भी विचार नहीं किया। न्यायालय ने इस निर्णय से करोड़ों भारतीयों की भावनाओं की अवमानना की है। यदि न्यायालय की अवमानना अपराध है तो न्यायालय द्वारा करोड़ों लोगों की भावनाओं की अवमानना भी अपराध है। कम-से-कम सर्वोच्च न्यायालय को राधा-कृष्ण के नाम का जिक्र करने के लिए देश से खेद प्रकट करना चाहिए। विश्व भर के करोड़ों ईसाइयों का विश्वास है कि ईसा मसीह का जन्म 'कुँवारी मैरी' से हुआ था। तर्क के तराजू पर यह बात खरी नहीं उतरेगी। शरीर-विज्ञान के स्तर पर भी इसे स्वीकार नहीं किया जाएगा। परंतु यह करोड़ों लोगों की आस्था का प्रश्न है, अतः इस पर न कभी सवाल उठाया जाता है और न कभी उठाया जाएगा। ईसा जैसे महान् पुरुष को जन्म देनेवाली माँ कामवासना से प्रेरित नहीं रही होगी। कोई दिव्य भाव रहा होगा, इसलिए प्रतीक रूप में कुँवारी कह दिया गया होगा। करोड़ों मुसलमान भाइयों का विश्वास है कि श्रीनगर (कश्मीर) की हजरतबल दरगाह में हजरत मोहम्मद साहिब का पवित्र-बाल (मोएमुकद्दस) रखा हुआ है। यह बाल उन्हीं का है, इसे कोई विज्ञान अथवा तर्क सिद्ध नहीं करता, और करना भी नहीं चाहिए। आखिर आस्था का प्रश्न जो है।

सृजन के मूल में 'शिव' और 'शक्ति' के मिलन के रूप में पुरुष और नारी विद्यमान है। पूरे ब्रह्मांड में नर और मादा के मिलन से सृष्टि का सृजन हो रहा है। फूल खिल रहे हैं, वृक्षों पर फलों की बहार आ रही है। प्रत्येक जीव-जंतु, पशु-पक्षी इस प्रक्रिया से सृजन के नियम को आगे बढ़ा रहे हैं। विवाह इस कड़ी में एक महत्त्वपूर्ण स्तंभ है। विवाह इस प्राकृतिक आवश्यकताओं को एक सामाजिक व्यवस्था में बाँधता है। इसी से सभ्यता और संस्कृति का जन्म होता है। यदि आस्थाएँ और व्यवस्थाएँ न हों तो पूरे समाज में उच्छृंखलता छा जाएगी। □

बचत की खोखली बातें

सरकारी खर्चों में बचत करने का विषय देश की आर्थिक व्यवस्था के लिए इतना आवश्यक है कि यदि इस पर ध्यान नहीं दिया गया तो देश एक गहरे आर्थिक संकट में फँस सकता है। इस अत्यंत महत्त्वपूर्ण विषय पर चर्चा शुरू हुई है। इसका स्वागत है। पर डर यही है कहीं यह चर्चा एक राजनैतिक नौटंकी बनकर न रह जाए। इस वर्ष का बजट दस लाख बीस हजार करोड़ का है। पिछले उधारों की किश्त 3 लाख 43 हजार करोड़ रुपए तक पहुँच गई है। इसके अलावा पेंशन पर 48 हजार करोड़ रुपए खर्च होंगे। दूसरी ओर सरकार की अपनी शुद्ध आय केवल 6 लाख 18 हजार करोड़ रुपए है। यह सोचकर ही डर लगने लगता है कि बाकी सभी खर्चे यानी सरकारी कर्मचारियों का वेतन, सुरक्षा, सेना का पूरा खर्च—सब उधार लेकर किया जाएगा। जिस देश के पास अपनी सेना का खर्च चलाने के लिए भी बजट में धन नहीं है, उस देश की स्थिति कितनी चिंताजनक है, यह अनुमान लगाया जा सकता है। भारत सरकार द्वारा कुल 22 लाख 40 हजार करोड़ रुपए का ऋण लिया जाएगा। वापस 2 लाख करोड़ किया जाएगा। अगले वर्ष कुल ऋण 25 लाख करोड़ हो जाएगा। प्रतिवर्ष बढ़ते ऋण का बोझ का संकट बन जाएगा। यह आर्थिक स्थिति अत्यंत गंभीर है। साधारण तरीके से इसका समाधान नहीं होगा। कुछ विशेष 'शल्य-क्रिया' करने की आवश्यकता है। देश में लगभग 30 करोड़ लोग गरीबी रेखा से नीचे रहते हैं। 12 करोड़ लोग बिलकुल भुखमरी की हालत में है। किसान आत्महत्या करने पर विवश हो रहा है। ऐसे देश की सरकार को एक-एक पैसा बचाकर बचत करनी चाहिए। परंतु स्थिति यह है कि पूरे देश की सरकार शाही तौर-तरीके से चल रही है। फिजूलखर्ची की सीमा नहीं है। भारी-भरकम प्रशासन लगातार बढ़ता जा

रहा है। इस विषय पर पहले भी चर्चा हुई है, 'प्रशासनिक सुधार आयोग' अपनी रिपोर्ट दे चुका है। पाँचवें वित्त आयोग ने भी बहुत से सुझाव दिए हैं, परंतु कोई कारवाई नहीं हुई।

1957 से 1971 तक सरकारी कर्मचारियों के पदों में 71 प्रतिशत की बढ़ोतरी हुई। स्वायत्त संस्थाओं की संख्या भी बढ़कर 301 हो गई। इसका कुल बजट बढ़कर 8 हजार करोड़ हो गया। केंद्र सरकार के कर्मचारियों का वेतन भार 33 हजार करोड़ हो गया। प्रदेश सरकारों को भी वेतन बढ़ाना पड़ा। इसी को ध्यान में रखकर पाँचवें वित्त आयोग ने सुझाव दिया है कि अगले 10 वर्षों में 3 प्रतिशत प्रतिवर्ष पद घटाए जाएँ। वेतन आयोग की सिफारिशें पर वेतन तो बढ़ा दिए, पर पद घटाने की सिफारिश पूरी करने का साहस सरकार दिखा सकेगी, इसकी आशा बहुत कम है। केंद्र और राज्य के प्रशासनिक ढाँचे में बुनियादी सुधार की आवश्यकता है। मैं अपने अनुभव से कह सकता हूँ कि कम-से-कम बीस प्रतिशत पद एकदम समाप्त किए जा सकते हैं, कुछ विभागों और उप-विभागों में कटौती की जा सकती है। सरकारी कार्यक्रम उत्सव, सम्मेलन, अधिकारी और मंत्रियों के दौरे—इन सबमें बहुत अधिक बचत की जा सकती है। 1977 में मैं पहली बार हिमाचल प्रदेश का मुख्यमंत्री बना। बहुत अधिक विकास करने की इच्छा थी, पर साधन बहुत कम थे। मैंने बचत का अभियान शुरू किया। यह अभियान मुख्यमंत्री कार्यालय से शुरू किया, टेलीफोन कम किए, मुख्यमंत्री प्रवास में 40-50 गाड़ियों का काफिला चलता था, उसे बंद किया। प्रथम और दूसरी श्रेणी के 74 पद समाप्त किए। सैकड़ों अनावश्यक टेलीफोन काटे गए। सरकारी गाड़ियों का सबसे अधिक दुरुपयोग शनिवार और रविवार को होता था। बहुत से अधिकारी प्रवास बताकर छुट्टी के दिन परिवार सहित सैर-सपाटा करते थे। यह निर्णय किया गया कि शनिवार और रविवार को सरकार की कोई भी गाड़ी नहीं चलेगी। कुछ आवश्यक अपवाद छोड़े गए। इस प्रकार के बहुत से निर्णय लिये गए। छोटे से हिमाचल प्रदेश के उस समय के छोटे से बजट में करोड़ों रुपए की बचत हुई थी।

भारत सरकार का शुद्ध प्रशासनिक व्यय 4 लाख करोड़ रुपए का है। इसमें से 20 प्रतिशत की बचत तो एकदम की जा सकती है। इस प्रकार 80 हजार करोड़ रुपए बचाए जा सकते हैं। यह बचत केवल भारत सरकार की है। पूरे देश की राज्य सरकारें भी प्रशासनिक व्यय में इतनी बचत कर सकती हैं। केंद्र सरकार राज्य सरकारों को विश्वास में लेकर यह निर्णय करे और सभी सरकारें प्रशासनिक व्यय में 20 प्रतिशत कटौती का निर्णय सख्ती से निभाएँ। यदि सख्ती के साथ भ्रष्टाचार को रोका जाए तो

करोड़ों-अरबों रुपए की बचत हो सकती है। विदेशी बैंकों में 64 लाख करोड़ रुपए से भी अधिक धन बेईमानी से जमा कराया गया है। उसे वापस लाने का कोई ईमानदार प्रयत्न नहीं हो रहा है। इसे किसी भी तरीके से वापस लाना सरकार का कर्तव्य है।

भारत सरकार एक कानून बनाए। उसके अनुसार गलत तरीके से विदेशी बैंक में धन जमा कराना अपराध घोषित किया जाए। कानून में यह प्रावधान हो कि जिन लोगों ने विदेशी बैंकों में धन जमा कराया है, वे यदि 6 महीने के अंदर उसकी स्वयं घोषणा कर दें तो उनके विरुद्ध कारवाई नहीं होगी और धन का कुछ भाग उन्हें दे भी दिया जाएगा। छह मास के बाद ऐसे लोगों के विरुद्ध कानूनी कारवाई की जाएगी। ऐसा सख्त कानून बनाने की सरकार हिम्मत दिखाए तो ऐसे लोग हाथ जोड़कर सरकार के दरवाजे पर खड़े हो जाएँगे। यह एक त्रासदी है और विरोधाभास भी कि भारत में एक तरफ अमीरी चमक रही है और दूसरी तरफ गरीबी सिसक रही है। ऐश्वर्य आया पर कुछ हाथों में सिमटकर रह गया। विकास हुआ पर सामाजिक न्याय नहीं हुआ। आर्थिक विषमता, गरीबी व भ्रष्टाचार कैंसर की तरह व्याप्त हो गया है। अब तो ऑपरेशन से इसका इलाज करना होगा। नेता नौटंकियाँ न करें, अपितु यह ऑपरेशन करने का साहस दिखाएँ।

□

न्यायपालिका असहाय क्यों ?

जस्टिस पी.डी. दिनाकरण को सुप्रीम कोर्ट के कोलिजियम ने सिक्किम उच्च न्यायालय के मुख्य न्यायाधीश के पद पर स्थानांतरित कर पुनः एक बार न्यायपालिका की विश्वसनीयता पर प्रश्नचिह्न लगा दिया है।

दिनाकरण इससे पूर्व कर्नाटक हाईकोर्ट के चीफ जस्टिस थे और सुप्रीम कोर्ट में पदोन्नति के दौरान उनपर आय से अधिक संपत्ति अर्जित करने और सरकारी भूमि पर अवैध कब्जा करने जैसे गंभीर आरोप कर्नाटक हाईकोर्ट के वकीलों द्वारा लगाए गए हैं। इन आरोपों का ज्ञापन गत वर्ष सितंबर मास में इन वकीलों ने सुप्रीम कोर्ट के मुख्य न्यायाधीश जस्टिस के.जी. बालाकृष्णन, जस्टिस बी.एन. अग्रवाल, जस्टिस एच.एस. कपाडिया और जस्टिस तरुण चटर्जी तथा जस्टिस कबीर को प्रेषित किया था। मद्रास बार कौंसिल के इन सदस्यों ने दिनाकरण की तमिलनाडु में हाईकोर्ट के जज के रूप में नियुक्ति के दौरान तमिलनाडु के थिरूवल्लूर जिला में तथा वेलोर जिला के अराकोनम कस्बे में 550 एकड़ के करीब अवैध भूमि खरीदने का आरोप लगाया है। यह भूमि जस्टिस दिनाकरण ने अपनी पत्नी, दो बेटियों और दो निकट संबंधियों के नाम से खरीदी। इस जमीन में 41.27 एकड़ जमीन सार्वजनिक भूमि है और 88.33 एकड़ भूमि ऐसी है, जिसे तमिलनाडु सरकार द्वारा भूमिहीन गरीबों के लिए वर्गीकृत किया गया है। जस्टिस दिनाकरण द्वारा गाँव की इस जमीन पर कब्जा करने के बाद इसी गाँव के लगभग 600 दलित परिवारों को राज्य सरकार के आदेश के बावजूद जमीन नहीं मिल पाई है।

जस्टिस दिनाकरण पर यह भी आरोप है कि उन्होंने सार्वजनिक संपत्ति पर कब्जा कर ग्रामीणों द्वारा इस्तेमाल किए जाने वाले मुश्तरका जल-स्रोतों, ग्रामीण सड़कों, कुलहों, चश्मों आदि को कब्जे में लेकर उसके इर्द-गिर्द बाड़ लगा दी है,

ताकि ग्रामीण इन स्रोतों का इस्तेमाल न कर सकें। बाड़ लगाकर दिनाकरण ने स्थानीय ग्रामीणों को गाँव की मुश्तरका संपत्ति के इस्तेमाल से रोक दिया है। इस कार्य के लिए उनपर अपने पद का दुरुपयोग कर पुलिस बल के प्रयोग का भी आरोप है। अवैध कब्जाई इस जमीन की अनुमानित कीमत 1100 करोड़ रुपए से अधिक है। जस्टिस दिनाकरण पर कई मामलों में अनुचित न्यायिक आदेश देने का भी आरोप है।

सारे आरोप इतने गंभीर हैं कि इनपर तुरंत काररवाई की जानी चाहिए थी। लेकिन काररवाई तो एक तरफ, उन्हें पदोन्नत करने का निर्णय कर दिया गया। साधारण कर्मचारी की नियुक्ति के पूर्व भी उसके संबंध में पूरी छानबीन की जाती है। यह सचमुच बड़ी हैरानी की बात है कि सुप्रीम कोर्ट के न्यायाधीश जैसे पद पर पदोन्नति से पूर्व इन तथ्यों का ध्यान नहीं रखा गया। यह पूरी प्रक्रिया और सुप्रीम कोर्ट के कोलिजियम की कार्यप्रणाली पर प्रश्नचिह्न लगाता है। यदि प्रबुद्ध वकील आगे न आते तो दिनाकरण पदोन्नत हो गए होते। लेकिन बाद में वह निर्णय वापस लेकर उन्हें छुट्टी पर जाने का आदेश दिया गया। दिनाकरण ने इस आदेश को मानने से इनकार कर दिया और कर्नाटक हाईकोर्ट के चीफ जस्टिस के रूप में डटे रहे। उनके इनकार ने न्यायपालिका की खिल्ली उड़ाई। अब दिनाकरण का तबादला चीफ जस्टिस के रूप में सिक्किम हाईकोर्ट कर दिया गया है। इससे पूर्व सुप्रीम कोर्ट के कोलिजियम की अनुशंसा पर राष्ट्रपति ने 30 मार्च को जम्मू व कश्मीर के भूतपूर्व मुख्य न्यायाधीश का तबादला सिक्किम कर दिया था। यदि राष्ट्रपति ने एक मास के भीतर दुबारा से जस्टिस दिनाकरण के तबादले का आदेश कर दिया तो स्वतंत्र भारत के इतिहास में संभवत: पहली बार किसी मुख्य न्यायाधीश को एक मास के भीतर बदलने का रिकॉर्ड भी कायम हो जाएगा।

जब सुप्रीम कोर्ट ने दिनाकरण को अवकाश पर जाने की सलाह दी तो सब को राहत मिली थी। वे कर्नाटक के मुख्य न्यायाधीश के पद पर तो बैठे थे, पर कोई काम नहीं कर रहे थे। केवल कार्यालय का काम करते थे। पूरा वकील समुदाय उनके विरुद्ध था। उसी समय केंद्र सरकार के कानून मंत्री वीरप्पा मोइली ने सार्वजनिक रूप से कहा था कि दिनाकरण कानून से ऊपर नहीं हैं। सबको लग रहा था कि दिनाकरण अवकाश पर चले जाएँगे, परंतु तब सब को हैरानी हुई जब दिनाकरण ने अवकाश पर जाने से इनकार कर दिया। उन्होंने सुप्रीम कोर्ट की सलाह भी नहीं मानी और केंद्र सरकार का इशारा भी नहीं समझा। सबसे हैरानी तब हुई जब सब असहाय से दिखे और लाचार सुप्रीम कोर्ट ने श्री दिनाकरण का तबादला सिक्किम हाईकोर्ट में कर

दिया। उसके तुरंत बाद सिक्किम के वकील संघ ने उनका कड़ा विरोध किया कि जो कर्नाटक में मुख्य न्यायाधीश नहीं हो सकता, वह सिक्किम में कैसे हो सकता है? इन परिस्थितियों से यह प्रश्न पैदा होता है कौन किसका उपहास उड़ा रहा है? न्यायपालिका को सुप्रीम कोर्ट चला रहा है या आरोपों में घिरे दिनाकरण?

दिनाकरण द्वारा सरकारी भूमि पर अवैध कब्जा और पद के दुरुपयोग पर आपराधिक मामला बनता है। दिनाकरण ने 'तमिलनाडु भूमि-सुधार (फिक्सेशन ऑफ सीलिंग ऑन लैंड) ऐक्ट-1961' का उल्लंघन किया है, जिसके तहत पाँच लोगों का एक परिवार 15 एकड़ से अधिक भूमि नहीं रख सकता। जो तथ्य सामने आए हैं, उनके अनुसार दिनाकरण ने देश के कानून का उल्लंघन किया है तथा अपराध किया है। उन्हें पद से हटाने के लिए राज्यसभा द्वारा महाभियोग की काररवाई तो चल रही है, पर क्या पद से हटाना ही काफी है? कानून का उल्लंघन करने के लिए कोई सजा नहीं होनी चाहिए? क्या कानून के सामने सब बराबर नहीं हैं? केंद्र सरकार और सुप्रीम कोर्ट बिलकुल असहाय दिखाई दे रहे हैं। न्यायपालिका की प्रतिष्ठा दाँव पर लगी दिख रही है। इतनी बड़ी संस्था एक ऐसे व्यक्ति के सामने बौनी लग रही है जो आरोपों से घिरा है।

देश और समाज के हित में यही है कि सुप्रीम कोर्ट सभी तथ्यों को सामने रखते हुए दिनाकरण पर अतिशीघ्र आपराधिक मामला दर्ज करे और न्यायपालिका को उपहास का पात्र बनने से बचाए।

□

न्याय में विलंब भी एक अन्याय है

एक आरुषि का हत्यारा आज तक नहीं मिला। देश का पूरा तंत्र खोज कर रहा है, परंतु असली हत्यारे का अभी तक कुछ भी पता नहीं लगा और एक रुचिका को आत्महत्या करने पर विवश करनेवाला अपराधी 19 वर्ष तक अपने पद पर बैठकर दनदनाता रहा और पूरी व्यवस्था को जेब में डालकर उसका मजाक बनाता रहा। यह आज की शासन व्यवस्था की एक दुर्भाग्यपूर्ण तसवीर है।

रुचिका के मामले में बहुत कुछ लिखा गया है और लिखा भी जा रहा है। परंतु क्या यह सब प्रयास किसी तर्कसंगत परिणाम पर पहुँचेंगे ? यह प्रसन्नता का विषय है कि देर से ही सही, पर इस प्रश्न पर एक प्रबल जनमत खड़ा हुआ और सबको आशा बँधी है कि न्याय मिलेगा। परंतु यह उससे भी अधिक दु:ख का विषय है कि इसमें इतने लंबे 19 वर्ष का विलंब हुआ।

जनभावनाओं का यह विस्फोट एकदम इतना प्रबल कैसे हो गया ? इसे लोग और मीडिया लगभग भूल गए थे। मैं सोचता हूँ कि यदि न्यायालय राठौर को उसके केस में आरोपित अपराध की अधिकतम सजा दो साल दे देता और न्यायालय से बाहर निकलते हुए राठौर के चेहरे पर दु:ख होता तथा आँखों में आँसू होते तो शायद जनभावनाओं का यह विस्फोट न होता ! तब शायद कुछ भी न होता। केवल छह मास की सजा और सबका मजाक करती हुई राठौर के चेहरे की वह क्रूर मुसकराहट और उससे पहले कुछ हँसी के ठहाके—यह सब देखकर जनभावनाएँ एकदम भड़क उठीं। ऐसा लगा कि राठौर मुसकराकर कह रहा है कि सब मेरी मुट्ठी में है, मैं इसको भी निपट लूँगा !

आज की व्यवस्था का इससे बड़ा मजाक क्या हो सकता है कि 19 वर्ष तक वह अपराधी अपने पद पर बैठा रहा। सरकार, नेता, पुलिस, सी.बी.आई. और एक

सीमा तक न्यायपालिका भी उसकी प्रत्यक्ष व परोक्ष सहायता करते रहे। रुचिका जैसी एक लड़की से छेड़छाड़ की गई और फिर एफ.आई.आर. दर्ज नहीं की गई। केवल एफ.आई.आर. दर्ज कराने के लिए उच्च न्यायालय और सर्वोच्च न्यायालय के दरवाजे खटखटाए गए। उसके बाद भी इतना लंबा समय लग गया। रुचिका को स्कूल से निकाल दिया गया। उसके पिता को प्रताड़ित किया गया, उसके भाई पर झूठे मुकदमे बनाए गए, पुलिस थाने में उसकी पिटाई होती रही—यह सबकुछ जब-जब, जिस-जिस स्तर पर हो रहा था, क्या वहाँ के नेताओं और अधिकारियों की आत्मा मर गई थी? क्या उनके परिवारों में छोटी नन्ही खिलती रुचिकाएँ नहीं थीं? यह सब सोचकर मन परेशान हो जाता है। सबकी अंतररात्मा क्यों पथरा गई थी? एक पुलिस अधिकारी इतना प्रभावशाली हो गया था कि सब उसके आगे झुके खड़े थे।

उन्हीं दिनों मैं हिमाचल से दिल्ली जा रहा था। ट्रेन में अखबार पढ़ा। रुचिका के संबंध में पूरा ब्योरा छपा था। अखबार पढ़ते-पढ़ते मेरी आँखें सजल हो गईं। मैंने वह पन्ना अपनी पत्नी संतोष की ओर बढ़ाया। पूरा ब्योरा पढ़कर वह तो रोने ही लग पड़ी और सजल नेत्रों से मेरी ओर देखकर उसने कहा, ''आप केंद्र सरकार में मंत्री हैं। हरियाणा में आपके सहयोगी एन.डी.ए. की सरकार है। फिर यह सबकुछ हो रहा है?'' मैं संतोष की ओर देखता रहा। कोई उत्तर मेरे पास नहीं था। कितनी ही देर हम दोनों चुपचाप रहे और सारे अखबार एक तरफ रख दिए संतोष ने कहा कि हमारे घर में भी तो तीन बेटियाँ हैं। उसके बाद हम दोनों कोई बात नहीं कर सके।

दिल्ली पहुँचकर मैं सीधा अपने मंत्रालय में आया। अपने कार्यालय का कमरा बंद कर लिया। स्टेनो को बुलाकर श्री ओम प्रकाश चौटाला को एक पत्र लिखवाया। इस बीच मैंने कह दिया था कि मुझे मिलने के लिए मेरे कमरे में कोई न आए। पत्र लिखवाकर, देखकर मैंने कहा कि इसे तुरंत भिजवा दो। उसके बाद मैंने अपना नियमित काम शुरू किया। इस बीच लगभग एक घंटा बीत गया था। मेरे निजी सचिव तथा व्यक्तिगत स्टाफ के कुछ लोग अंदर आए। उन्हें चिंता थी कि मैं इतनी देर अकेला क्यों बैठा रहा? मैंने उन्हें सारी बात बताई और कहा कि मुझे डर लग रहा था कि आप में से कोई मुझे यह पत्र न लिखने की सलाह न दे, इसलिए पत्र भिजवाने के बाद ही आपसे बात करना चाहता था।

मैंने एक पत्र श्रीमती मधु आनंद को भी लिखा और लगातार इस अन्याय के विरुद्ध संघर्ष करते रहने के लिए उनकी सराहना की। दो दिन के बाद ये पत्र समाचार-पत्रों में छपे, टिप्पणी हुई, बहुत चर्चा भी हुई। एक समाचार-पत्र ने तो यहाँ तक लिखा कि जो शांता कुमार ने किया, वह तो श्री अटलजी व अडवाणीजी को करना चाहिए

था। कुछ लोगों ने मेरे पत्र को अच्छा नहीं समझा। अटलजी से मेरी शिकायत हुई। मैं उनके पास चला गया। मैंने लिखे हुए पत्र की प्रति दिखाई और इस संबंध में अपने मन की बात कही—अटलजी ने पत्र देखा, वे कुछ देर चुप रहे। उनकी आँखें सजल हो गईं और मेरी ओर देखकर कहने लगे, 'अच्छा किया, आपने पत्र लिखा।'

मेरी यह इच्छा थी कि एन.डी.ए. इस मामले पर सक्रिय होता और हरियाणा सरकार को अतिशीघ्र न्याय दिलाने के लिए विवश करता। मुझे आज भी लगता है कि हम सबको उस समय इससे भी अधिक कुछ करना चाहिए था।

राठौर अपने पद पर बैठकर यह सब करते रहे और सरकार ने उनकी पदोन्नति कर दी। प्रशासनिक आधार पर उनको सभी आरोपों से मुक्त कर दिया। इतना ही नहीं, उत्कृष्ट सेवाओं के लिए 'राष्ट्रपति सम्मान' के लिए केंद्र सरकार को उनके नाम की सिफारिश कर दी। वे कैसे लोग होंगे, जिन्होंने रुचिका से छेड़छाड़ करना, उसे स्कूल से निकलवाना, एफ.आई.आर. दर्ज न होने देना, उसके भाई के विरुद्ध पर मुकदमे बनाना और उसके परिवार को लगातार पीड़ित करना—इन सबको उत्कृष्ट सेवा का नाम दिया होगा। उनको उत्कृष्ट और निकृष्ट में जरा भी भेद पता न था। उनमें अंतरात्मा नाम का कुछ भी न रहा होगा।

इस सारे लंबे संघर्ष में लगे रहने के लिए आनंद परिवार सचमुच बधाई का पात्र है। अपनी लड़की नहीं अपितु अपनी लड़की की सहेली के लिए न्याय का इतना लंबा संघर्ष करना कोई साधारण बात नहीं है। जब पूरी व्यवस्था उस शक्तिशाली राठौर के इशारे पर नाच रही थी, तब उस परिवार के मुकदमे में पैरवी करके वकील पंकज भारद्वाज ने भी साहस का परिचय दिया है। इन सबको, समाज को व सरकार को सम्मानित करना चाहिए।

अब आशा बँधी है कि उस परिवार को न्याय मिलेगा और राठौर को अपने अपराध की पूरी सजा मिलेगी। परंतु इतना ही पर्याप्त नहीं होगा। जिन-जिन लोगों ने प्रत्यक्ष या परोक्ष इस अपराध में राठौर की मदद की, उन सबको सजा मिलनी चाहिए। यह मामला एक विशेष उदाहरण बनना चाहिए। बड़े-बड़े पदों पर बैठे हुए अधिकारियों और नेताओं से पूछा जाना चाहिए कि वे कठपुतली क्यों बने रहे ? अपराध करने में प्रत्यक्ष या परोक्ष मदद करना भी एक अपराध है। इस सारे प्रकरण की परिणति ऐसी होनी चाहिए कि फिर कभी किसी रुचिका को इस प्रकार प्रताड़ित होकर आत्महत्या करने पर विवश न होना पड़े और कोई इस प्रकार पूरे तंत्र का मजाक न उड़ा सके।

□

न्यायपालिका की गरिमा के लिए दिनाकरन इस्तीफा दें

राज्यसभा के 75 सदस्यों ने पिछले दिनों राज्यसभा के सभापति हामिद अंसारी के समक्ष एक याचिका प्रस्तुत कर कर्नाटक हाईकोर्ट के मुख्य न्यायाधीश पी.डी. दिनाकरन पर संसद् में महाभियोग चलाने का अनुरोध किया है। इससे पूर्व वर्ष 1992-93 में सुप्रीम कोर्ट के न्यायाधीश जस्टिस वी. रामास्वामी पर महाभियोग का अनुरोध संसद् में किया गया था, जिसे खारिज कर दिया गया था। जस्टिस दिनाकरन पर लगाए गए आरोप संगीन हैं। आय से अधिक संपत्ति, सरकारी भूमि के अधिग्रहण के अतिरिक्त 11 और आरोप याचिका में लगाए गए हैं। महाभियोग की इस याचिका पर कांग्रेस और डी.एम.के. को छोड़कर लगभग सभी राजनीतिक दलों के सदस्यों ने हस्ताक्षर किए हैं।

जस्टिस दिनाकरन ने हाल ही में एक टी.वी. न्यूज चैलन को दिए गए साक्षात्कार में कहा है कि वह अपने पद से त्यागपत्र नहीं देंगे, क्योंकि उनपर लगाए गए आरोप निराधार और तथ्यहीन हैं तथा वह कोर्ट में बराबर आते रहेंगे। जस्टिस दिनाकरन ने पद नहीं छोड़ने का वक्तव्य देकर न्यायपालिका की गरिमा को ठेस पहुँचाई है। पिछली आधी सदी में देश के नैतिक मूल्यों का लगातार अवमूल्यन होता जा रहा है। आस्थाएँ टूट रही हैं और संस्थाएँ विकृत हो रही हैं। सार्वजनक जीवन का यह अवमूल्यन सबसे अधिक चिंताजनक है। भारतीय सेना और न्यायपालिका आज तक इन मूल्यों को सँभालकर रख पा रही थीं, लेकिन कुछ समय से, दुर्भाग्यवश इन दोनों संस्थाओं में भी मूल्यों की गिरावट प्रारंभ हो गई है।

कर्नाटक हाईकोर्ट के मुख्य न्यायाधीश पी.डी. दिनाकरन का मामला अत्यंत

दुर्भाग्यपूर्ण और चिंताजनक है। उनपर लगे गंभीर आरोपों को देखकर यह हैरानी होती है कि सुप्रीम कोर्ट के लिए उनकी पदोन्नति कैसे कर दी गई? देश के सर्वोच्च न्यायालय के इतने महत्त्वपूर्ण पद पर बिठाने से पहले इन सब आरोपों पर विचार क्यों नहीं किया गया?

सरकार के विभिन्न विभागों में किसी भी कर्मचारी की नियुक्ति से पहले उसके चरित्र एवं आचरण के संबंध में पूरी रिपोर्ट मँगवाई जाती है। जस्टिस दिनाकरन के मामले में यदि इस प्रकार के गंभीर आरोप पदोन्नति के बाद ध्यान में आए तो हमारी प्रक्रिया में गंभीर कमी है। यदि ध्यान में आने के बाद भी पदोन्नति कर दी गई तो यह करनेवालों की कार्यप्रणाली पर एक बड़ा प्रश्नचिह्न है।

निस्संदेह यदि समय पर विरोध का स्वर नहीं उठता और देश के प्रसिद्ध वकील रामजेठमलानी व एस. नरीमन इस संबंध में सुप्रीम कोर्ट का ध्यान आकर्षित नहीं करते तो जस्टिस दिनाकरन इन आरोपों के बावजूद सुप्रीम कोर्ट के न्यायाधीश पद पर आसीन हो गए होते।

कर्नाटक हाईकोर्ट के मुख्य न्यायाधीश ने अपने गाँव में भूमि पर अवैध कब्जा किया। जिला कलेक्टर ने इसकी पुष्टि की और रिपोर्ट भेजी। अवैध कब्जा करनेवाले को सजा देनेवाला स्वयं अवैध कब्जा कर रहा है। जब यह कब्जा हो रहा था, उस समय पूरा प्रशासन कैसे सोया रहा? गाँव के गरीब लोगों ने शिकायत की होगी, पर हाईकोर्ट के मुख्य न्यायाधीश के विरुद्ध शिकायत सुनने की हिम्मत किसी ने भी नहीं दिखाई होगी। पूरे देश में सरकारी भूमि का अवैध कब्जा करना एक आम बात हो गई है। अवैध निर्माण तो भारत की राजधानी दिल्ली में वर्षों से हो रहा है।

कुछ धनवान् और प्रभावशाली लोगों ने रिश्वत देकर अनुमति ले ली। अवैध निर्माण करनेवालों की प्रशासन सहायता करता रहा या चुपचाप उनके काले कारनामे देखता रहा। बहुत पहले दिल्ली में अवैध निर्माण का मामला सर्वोच्च न्यायालय में गया। तब उस अवैध निर्माण को हटाने के आदेश दिए गए। बुलडोजर से करोड़ों रुपए की संपत्ति गिरा दी गई। पूरी इमारतें नीचे आ गईं। इस काररवाई में कई लोग आर्थिक रूप से प्रभावित हुए।

हिमाचल प्रदेश जैसे छोटे राज्य में भी बहुत से प्रभावशाली लोगों ने सरकारी भूमि पर अधिग्रहण करके सेब के बगीचे लगाए हैं। यह दुर्भाग्य का विषय है कि प्रभावशाली लोग सरकारी भूमि को चोरी का माल समझकर हड़पते रहते हैं।

चिंता का विषय तो यह है कि उच्च न्यायालय का मुख्य न्यायाधीश भी इस

अवैध काम में शामिल हो गया है और किसी ने कुछ नहीं किया। शायद वर्षों तक यह अधिग्रहण होता रहा। इसके बावजूद सुप्रीप कोर्ट के लिए दिनाकरन की पदोन्नति की संस्तुति भी कर दी गई और उनपर लगाए गए आरोपों पर किसी प्रकार की काररवाई नहीं हुई।

दिनाकरन पर आय से अधिक संपत्ति इकट्ठा करने के अतिरिक्त अपने पद के दुरुपयोग का आरोप है। वकीलों की संस्था द्वारा इस पदोन्नति का विरोध किया गया। देश के दो प्रसिद्ध वकीलों श्री रामजेठमलानी और श्री एस. नरीमन ने सुप्रीम कोर्ट में उनकी शिकायत की। दिनाकरन को पदोन्नत नहीं किया गया। उनके बारे में चयन मंडल ने जो सिफारिश की थी, उसे वापस ले लिया गया है। परंतु अभी तक भी वह मुख्य न्यायाधीश की कुरसी पर बैठे हैं। उन्हें काम करने से रोकने के लिए जो कुछ वकीलों ने किया, उसे भी उचित नहीं ठहराया जा सकता।

आज की एक बड़ी त्रासदी यह है कि समाज ने भ्रष्टाचार से लगभग समझौता कर लिया है। भ्रष्टाचार से समझौता करनेवालों की फेहरिस्त दिन-प्रतिदिन लंबी होती जा रही है। प्रजातंत्र के सुदृढ़ स्तंभ मीडिया को भी भ्रष्टाचार की नजर लग गई है। मीडिया में पहले भ्रष्टाचार पीत पत्रकारिता और ब्लैकमेलिंग के रूप में होता था, लेकिन अब 'पेड न्यूज' प्रचलन ने मीडिया जगत् में भ्रष्टाचार की नवीनतम पद्धति को ईजाद किया है। सारी दाल ही काली हो जाए तो न्यायपालिका कैसे बच सकती थी? देश के सर्वोच्च न्यायालय के न्यायाधीशों की नियुक्ति के लिए इस प्रकार की अनदेखी अनुचित है।

यह सोचकर बहुत दुःख होता है कि इतने उच्च पदों पर काम करनेवाले लोगों की अंतरात्मा कहाँ मर गई है? इन ऊँचे पदों पर बैठने से पूर्व कार्यनिष्ठा एवं गोपनीयता की शपथ दिलाई जाती है। क्या इन लोगों की अंतरात्मा पथरा गई है? कोई डर, कोई शर्म कहीं बाकी नहीं रही है?

समाज की सुव्यवस्था के लिए प्रेरणा और प्रताड़ना दोनों आवश्यक हैं। उच्च पदों पर बैठे हुए लोगों के जीवन से नीचे तक यह प्रेरणा मिलनी चाहिए कि वे ईमानदार लोग हैं और समाज व देश के लिए पूरी जिम्मेदारी के साथ अपना काम कर रहे हैं। दुर्भाग्य से यह प्रेरणा लगभग समाप्त हो गई है। हर क्षेत्र में ऊँचे-ऊँचे पदों पर बैठे हुए लोग भ्रष्टाचार में संलिप्त हैं और उनका जीवन इस प्रकार के आदर्श और नैतिकता को प्रेरणा नहीं दे रहा है। दूसरी आवश्यकता है प्रताड़ना। गलत काम करते हुए यदि कोई पकड़ा जाए तो उसे कानून के अनुसार पूरी सजा मिलनी चाहिए। देश का दुर्भाग्य है कि न पूरी प्रेरणा रही है और न प्रताड़ना! राष्ट्र के पूरे जीवन का

लगातार अवमूल्यन होता जा रहा है।

कभी भारत को 'विश्व गुरु' अथवा 'सोने की चिड़िया' कहा जाता था। उसे अब विश्व की प्रसिद्ध संस्था 'ट्रांसपेरेंसी इंटरनेशनल' ने अपनी सर्वे रिपोर्ट में 'महाभ्रष्ट देश' कहा है। स्वतंत्रता-प्राप्ति के 60 वर्षों के बाद भी भारत का यह अवमूल्यन अत्यंत दुर्भाग्यपूर्ण है। अधिकतर लोगों ने भ्रष्टाचार से समझौता कर लिया है। कुछ भ्रष्टाचार कर रहे हैं। देश को हानि तो हो रही है। कुछ ने आँखें मूँद ली हैं; परंतु छाती तानकर उसके विरोध में खड़े होनेवाले बहुत कम बचे हैं।

न्यायपालिका जैसी संस्थाओं का अवमूल्यन देश के लिए एक बहुत बड़े खतरे की घंटी है। समय रहते इस संबंध में देश के कर्णधारों को पूरी व्यवस्था करनी चाहिए। दिनाकरन के विरुद्ध काररवाई करने से संकोच नहीं करना चाहिए। जब देश की न्यायपालिका की प्रतिष्ठा का प्रश्न हो तो ऐसे में सर्वोच्च न्यायालय को तुरंत उन्हें त्यागपत्र देने के लिए कहना चाहिए। अगर वे न मानें तो उन्हें पद से हटाने की अन्य औपचारिकताएँ पूरी करनी चाहिए। ग्लोबल वार्मिंग से देश में होने वाले प्रलय को तो हम कुछ समय के बाद भोगेंगे, लेकिन सभी संस्थाओं का अवमूल्यन, बढ़ता भ्रष्टाचार, राजनीति व न्यायपालिका तथा मीडिया में बढ़ते हुए इस अवमूल्यन की प्रलयच्छाया कभी भी समाज को लील सकती है।

□

एक साक्षात्कार : जीवन के पचहत्तर वर्ष पूरे होने पर

प्रश्न : आप अपने सफल जीवन के 75 वर्ष पूरे कर रहे हैं, इस अवसर पर आपके मन में आज क्या लग रहा है?

उत्तर : जीवन के लंबे सफर के इस अंतिम मोड़ पर आकर मुझे परम संतोष का अनुभव हो रहा है। प्रभु-कृपा से मैं अपने आदर्शों के अनुसार जीवन जी पाया। सफर की ऊबड़-खाबड़ पगडंडियों और रास्तों में से चलते-चलते यहाँ तक पहुँचा हूँ। ईश्वर ने बहुत कुछ करने का मौका दिया। एक छोटे से गाँव में एक साधारण परिवार में जन्म लेकर मैं अपने देश और प्रदेश में पद व प्रतिष्ठा प्राप्त कर जीवन को सफल बना सका। मैं इसके लिए परिवार, समाज और प्रभु का धन्यवादी हूँ।

प्रश्न : आप छोटी आयु में राजनीति में आ गए। आपको उस समय राजनीति में आने के लिए प्रेरणा कहाँ से मिली?

उत्तर : स्कूल शिक्षा प्राप्त करते समय राष्ट्रीय स्वयंसेवक संघ के संपर्क में आया। देशसेवा करने की तीव्र इच्छा पैदा हुई। दसवीं पास करने के बाद प्रचारक के रूप में निकल गया। कुछ समय के बाद भारतीय जनसंघ में काम करने लगा। प्रारंभ से ही केवल अपने लिए नहीं, देश और समाज के लिए कुछ करने की इच्छा रही। उस आयु में वह इच्छा इतनी तीव्र थी कि 19 वर्ष की आयु में, 1953 में हुए कश्मीर-आंदोलन में सत्याग्रह करके दस महीने मैं जेल में खुशी-खुशी बिता सका। राजनीति में मेरी प्रेरणा देश सेवा की रही है।

प्रश्न : राजनीति में आने के आपके क्या आदर्श थे ? क्या आप उन्हें प्राप्त कर सके हैं ?

उत्तर : सेवा और नैतिक मूल्यों की राजनीति मेरा आदर्श रहा। अपने लंबे राजनैतिक सफर में मैंने उन आदर्शों को निभाने का प्रयत्न किया है। कई बार जीवन में सत्ता और पद के मुकाबले मैंने आदर्शों को प्राथमिकता दी और उसके लिए मूल्य भी चुकाया है।

प्रश्न : आपने हिमाचल प्रदेश में 'काम नहीं तो दाम नहीं' लागू किया। क्या उसके कारण आपकी पार्टी को चुनाव में हानि हुई ?

उत्तर : कोई भी देश केवल नैतिक मूल्यों के आधार पर महान् बनता है। मेरे लिए सत्ता की तुलना में नैतिक मूल्य और आदर्श हमेशा बड़े रहे। उसके लिए कई बार राजनीति में और वोटों की राजनीति में असफल रहा। उसका मुझे दुःख नहीं, अपितु गौरव है; क्योंकि एक दार्शनिक ने कहा है—"जीवन में कुछ पराजय विजय से भी अधिक गौरवशाली होती हैं।"

प्रश्न : आपने राजनीति में रहते हुए भी अपने लेखन कार्य को निभाया। आपकी प्राथमिकता क्या है ? क्या पहले राजनेता है या लेखक ?

उत्तर : पहले और बाद में और अंत में मैं एक देशभक्त हूँ। मैंने विभिन्न रूपों में उसी लक्ष्य को पूरा करने की कोशिश की है। राजनीति में रहते हुए भी देश की सेवा, नैतिक मूल्यों की रक्षा और दरिद्र नारायण की चिंता करने का प्रयत्न किया। इसीलिए उन उद्देश्यों को पूरा करने के लिए मैंने विभिन्न पदों पर रहकर उस प्रकार की कई योजनाएँ प्रारंभ कीं। लेखक के रूप में भी मैं उन्हीं आदर्शों को उजागर करने की कोशिश करता रहा। राजनीति की व्यस्तताओं में रहते हुए भी मेरा लेखक जीवित रहा; और लेखन-कार्य करते हुए भी मेरा राजनेता जागरूक रहा, क्योंकि दोनों साधन थे, साध्य नहीं थे।

प्रश्न : अपने लेखन-कार्य से कितने संतुष्ट हैं ?

उत्तर : बहुत संतुष्ट हूँ। कई बार सोचता हूँ तो हैरान हो जाता हूँ। राजनीति के इतने व्यस्त और अस्त-व्यस्त जीवन में रहते हुए भी मैं 15 पुस्तकें लिख पाया हूँ। 19 वर्ष की आयु में जेल-यात्रा शुरू की। फिर चला तो चलता ही रहा; न कभी रुका न कभी झुका। इतने व्यस्त जीवन में जो भी मैं लिख पाया, वह सचमुच बहुत बड़ी उपलब्धि है। इसका श्रेय केवल मुझे नहीं, प्रभु-प्रेरणा और मेरी

धर्मपत्नी के सहयोग को है।

प्रश्न : **आपने गौरवशाली राजनैतिक जीवन जिया है। एक साधारण कार्यकर्ता से प्रारंभ करके आप दो बार प्रदेश के मुख्यमंत्री रहे, केंद्र में कैबिनेट मंत्री और फिर अखिल भारतीय उपाध्यक्ष के पद पर पहुँचे। आपको क्या लगता है कि राजनीति में अभी भी आपको कुछ और करना है ?**

उत्तर : मैंने कभी न किसी पद की याचना की और न ही केवल पद के लिए काम किया। मुझे मेरी पार्टी ने जब जो काम सौंपा, मैं उसे करता रहा। मैं तो प्रभु के पास भी कभी भिखारी बनकर नहीं गया; गया तो सिर्फ आभारी बनकर गया। मुझे प्रभु ने और मेरी पार्टी ने बहुत कुछ दिया। मैं उसके लिए उनका धन्यवाद करता हूँ। मुझसे और क्या करवाना है, यह निर्णय उन्हीं को करना है। मैंने अब कोई भी चुनाव न लड़ने का निर्णय लिया है। किसी पद-प्रतिष्ठा की इच्छा नहीं; परंतु मैं जीवन के अंतिम क्षण तक देश सेवा के अपने संकल्प को पूरा करता रहूँगा।

प्रश्न : **आपको मंत्रिमंडल से त्यागपत्र देना पड़ा—ऐसा क्यों हुआ था ?**

उत्तर : मैंने सिद्धांतों से कभी समझौता नहीं किया। मंत्री पद की कुरसी के लिए अपनी आत्मा को नहीं बेचा। मुझे मंत्री पद छोड़ने पर गर्व है।

प्रश्न : **कुछ विस्तार से बताइए ?**

उत्तर : अभी सिर्फ इतना ही—विस्तार से कभी फिर।

प्रश्न : **अपने लंबे राजनैतिक जीवन में आपकी सबसे बड़ी परीक्षा कब हुई ?**

उत्तर : परीक्षा कई बार हुई—मैं चलता रहा—सँभलता रहा। इस बार विधानसभा के चुनाव के समय प्रदेश का बहुमत मुझे मुख्य मंत्री देखना चाहता था। मंडी की विशाल रैली में आदरणीय राजनाथ सिंहजी की उपस्थिति में उसका प्रदर्शन तब हुआ जब मेरे मंच पर आते ही कई मिनट तक खड़े होकर हजारों लोग तालियों की गड़गड़ाहट करते रहे। परंतु जब पार्टी हाईकमान ने प्रेम कुमार धूमलजी के पक्ष में निर्णय किया तो मैंने स्वयं को पीछे करके उस निर्णय को स्वीकार करने का साहस दिखाया। मैंने प्रेम कुमार धूमल में ही शांता कुमार को देखने का प्रयत्न किया। यदि मैं जरा भी ढीला रहता तो सरकार न बनती और मैं परीक्षा में असफल हो जाता।

प्रश्न : आप पिछले डेढ़ वर्षों से राज्यसभा में हैं। आपकी विशेष उपलब्धि ?

उत्तर : महत्त्वपूर्ण राष्ट्रीय विषयों पर राज्यसभा में बोला हूँ। वहाँ पर मैंने प्रदेश की समस्याओं को उठाने का प्रयत्न किया है।

प्रश्न : आपको लगता है कि अभी भी आपको कुछ ऐसा काम करना है, जो आप आज तक नहीं कर सके ?

उत्तर : छोटे से जीवन में कोई भी मनुष्य सबकुछ नहीं कर सकता। मैं अपने जीवन में बहुत कुछ कर पाया। ईश्वर ने मुझे कितना कुछ करने में सहयोग दिया। हिमाचल प्रदेश में पीने का पानी, अंत्योदय, प्रदेश को बिजली की योजनाओं में रॉयल्टी, दिल्ली में रहते हुए स्वजलधारा, हरियाली, करोड़ों अति गरीब लोगों के लिए अंत्योदय अन्न योजना…इस प्रकार की बहुत सी योजनाएँ प्रारंभ करने का मौका मिला। राजनीति में नैतिक मूल्यों के लिए लड़ता रहा। भ्रष्टाचार से कभी समझौता नहीं किया और इसके लिए बड़े-से-बड़ा मूल्य चुकाया। मंत्री पद से मैंने त्यागपत्र भी दिया। मुझे प्रसन्नता है कि मैं अपने आदर्शों की कसौटी पर ठीक उतरता रहा।

प्रश्न : आपको अपने जीवन में किसी बात के लिए खेद है ?

उत्तर : बिलकुल नहीं। मैं पूर्ण संतुष्ट हूँ। मुझे बहुत कुछ मिला है। मैंने अपना राजनैतिक जीवन अपनी पंचायत से पंच बनकर शुरू किया था। वहाँ से पंचायत समिति का सदस्य, फिर जिला परिषद् का उपाध्यक्ष और फिर जिला परिषद् का अध्यक्ष बना। पंचायतराज के सभी पदों पर काम किया। उसके बाद विधानसभा का सदस्य। फिर दो बार प्रदेश का मुख्यमंत्री बना और उसके बाद केंद्र में मंत्री तथा अब राज्यसभा का सदस्य बना हूँ। मैं प्रदेश भाजपा का अध्यक्ष रहा। अखिल भारतीय भाजपा का मंत्री रहा और आजकल भाजपा का अखिल भारतीय उपाध्यक्ष हूँ। मुझे प्रभु और पार्टी ने इतना कुछ दिया है कि मैं जीवन के अंतिम क्षण तक उनका आभार प्रकट करता रहूँगा।

प्रश्न : आपके जीवन का सबसे गौरवशाली क्षण कौन सा था ?

उत्तर : जब भी किसी पद पर बैठने का सौभाग्य मिला, मुझे प्रसन्नता हुई। परंतु मुझे सबसे गौरवशाली क्षण वह लगता है जब मैंने सिद्धांत और नैतिकता के लिए कुरसी को छोड़ने की हिम्मत दिखाई। 1980 में जब दल-बदल हो रहा था, तब मैं भी धन और पद का लालच

देकर अपनी सरकार कुछ समय के लिए बचा सकता था। लोग मेरी सहायता के लिए तैयार थे; परंतु मैंने ऐसा कुछ नहीं किया। मुख्यमंत्री पद से तुरंत त्यागपत्र देकर मैं सीधा शिमला के सिनेमा हॉल में सिनेमा देखने चला गया था। मुझे सिनेमा हॉल में देखकर कुछ मित्र पास आए और आँसू बहाने लगे थे। तब मैंने उन्हें कहा था कि मैं शान से इस पद पर बैठा था। सेवा और ईमानदारी से काम किया और अब उसी शान से मैंने पद छोड़ दिया। मन में कोई दुःख नहीं है, इसलिए सिनेमा देख रहा हूँ।

प्रश्न : **आप पिछले 60 वर्षों से राजनीति में हैं, उस समय की और आज की राजनीति में क्या अंतर है ?**

उत्तर : सबकुछ बदल गया। उस समय राजनीति सेवा की थी। भारतीय जनसंघ के रूप में हम लोग केवल देश सेवा की भावना से पार्टी में आए थे। आज सोचता हूँ, 60 साल पहले, 19 वर्ष की आयु में मैं जब हिसार जेल में बंद था तो मेरी आँखों में क्या सपने थे! कोई पद-प्रतिष्ठा का विचार तक नहीं आता था। देश की सेवा और एक महान् भारत बनने का सपना केवल यही हमारी प्रेरणा थी। आज की राजनीति पूरी तरह पटरी से उतर गई है। राजनीति का अपराधीकरण हो गया और व्यापारीकरण भी हो गया। भ्रष्टाचार ने राजनीति को पूरी तरह से भ्रष्ट कर दिया। राजनीति और सार्वजनिक जीवन का अवमूल्यन यदि नहीं रोका गया तो देश का भविष्य अंधकारमय हो जाएगा।

प्रश्न : **राजनीति का यह अवमूल्यन किस कारण हुआ है ?**

उत्तर : आजादी की लड़ाई के समय देश में अच्छे स्तर के देशभक्त व ईमानदार नेता थे। उन्हीं का प्रकाश नीचे तक जाता था। स्वतंत्रता-प्राप्ति के बाद धीरे-धीरे नेताओं का स्तर गिरता गया। प्रेरणा देनेवाले आदर्श नेता कम होते गए। पद और सत्ता ने राजनीति को एक धंधा बना दिया। ऊपर से चलनेवाला अवमूल्यन नीचे तक पहुँच गया। राजनीति में उच्च आदर्शवाले प्रखर नेताओं की कमी ही इस अवमूल्यन का कारण है।

प्रश्न : **आज की राजनीति में क्या सुधार हो सकता है ?**

उत्तर : असंभव नहीं है, लेकिन बहुत ही कठिन है। मेरे विचार में आज की संसदीय प्रणाली भारत के लिए उपयुक्त नहीं। इस प्रणाली में राजनीतिक अस्थिरता और भ्रष्टाचार निहित है। पूरा बुनियादी परिवर्तन

करना होगा, परंतु आज के नेताओं का इसी प्रणाली में निहित स्वार्थ हो गया है। अब स्थिति इतनी खराब हो गई है कि इस पतन में से ही नव-निर्माण की क्रांति उभरेगी।

प्रश्न : **आपके विवेकानंद अस्पताल के सपने का क्या हुआ ?**

उत्तर : प्रथम चरण 'कायाकल्प' सफलता से चल रहा है। भारत से ही नहीं, विदेशों से भी लोग आजकल उपचार कराने आ रहे हैं। दूसरे चरण सुपर स्पेशलिटी अस्पताल का काम जोरों से चल रहा है और दो वर्ष में यह पूरा हो जाएगा।

प्रश्न : **भारतीय राजनीति में परिवारवाद बढ़ रहा है, आपकी क्या राय है ?**

उत्तर : यह देश का दुर्भाग्य है कि लोकतंत्र धीरे-धीरे परिवार-तंत्र और गुट-तंत्र बनता जा रहा है। राष्ट्रीय नेता बहुत कम दिखाई देते हैं। नेता पार्टियों के है और उनमें से भी अधिक नेता अपनी पार्टियों में, अपने गुट के हैं। मैं सदा परिवारवाद के विरुद्ध रहा हूँ। कितने ही अवसर आए, मुझपर दबाव भी पड़ा; परंतु मैंने अपने परिवार के किसी भी सदस्य को पार्टी पर नहीं थोपा। इसलिए हमारे समय में कार्यकर्ता पूरे दिल से और एक जुनून से पार्टी का काम करते थे। अब पूरी राजनीति में प्रखर भावना और जुनून से काम करनेवाले कार्यकर्ताओं का अभाव होता जा रहा है। परिवारवाद और गुटबाजी इसका कारण है।

प्रश्न : **आपके जीवन में सबसे अधिक प्रभाव किसका रहा ?**

उत्तर : गीता और स्वामी विवेकानंद मेरे जीवन का आदर्श रहे हैं।

प्रश्न : **वर्तमान पीढ़ी और कार्यकर्ताओं को आप क्या संदेश देंगे ?**

उत्तर : पिछली पीढ़ी ने अपनी जवानी का रक्त देकर देश को आजाद करवाया था। उस आजादी को सँभालकर रखने की जिम्मेदारी वर्तमान पीढ़ी की है। कोई भी देश छल-कपट और भ्रष्टाचार से कभी महान् नहीं बनता। नैतिकता और मूल्यों की राजनीति लाए बिना भारत का उज्ज्वल भविष्य नहीं बनाया जा सकता। 1947 से पहले यदि देश के लिए मर-मिटने की जरूरत थी तो आज देश के लिए पूरी ईमानदारी के साथ काम करने की जरूरत है।

□□□